PBL 理论与实务

Theory and Practice of PBL

张兰霞　　周春芳　　钱金花　编著

Lanxia Zhang　Chunfang Zhou　Jinhua Qian

中国财经出版传媒集团

经济科学出版社

Economic Science Press

图书在版编目（CIP）数据

PBL 理论与实务 / 张兰霞，周春芳，钱金花编著．
—北京：经济科学出版社，2022.1
ISBN 978 - 7 - 5218 - 3418 - 5

Ⅰ. ①P⋯　Ⅱ. ①张⋯ ②周⋯ ③钱⋯　Ⅲ. ①教学模
式 - 研究　Ⅳ. ①G42

中国版本图书馆 CIP 数据核字（2022）第 021488 号

责任编辑：凌　健　杜　鹏　刘　悦
责任校对：靳玉环　齐　杰
责任印制：邱　天

PBL 理论与实务
张兰霞　周春芳　钱金花　编著
经济科学出版社出版、发行　新华书店经销
社址：北京市海淀区阜成路甲 28 号　邮编：100142
总编部电话：010 - 88191217　发行部电话：010 - 88191522
网址：www. esp. com. cn
电子邮箱：esp@ esp. com. cn
天猫网店：经济科学出版社旗舰店
网址：http：// jjkxcbs. tmall. com
固安华明印业有限公司印装
710×1000　16 开　18.5 印张　300000 字
2022 年 8 月第 1 版　2022 年 8 月第 1 次印刷
ISBN 978 - 7 - 5218 - 3418 - 5　定价：89.00 元
（图书出现印装问题，本社负责调换。电话：010 - 88191510）
（版权所有　侵权必究　打击盗版　举报热线：010 - 88191661
QQ：2242791300　营销中心电话：010 - 88191537
电子邮箱：dbts@ esp. com. cn）

序　一

现今世界是知识的世界，任何竞争最终都将转化为人才的竞争。高等教育水平是一个国家发展水平和发展潜力的重要标志，培养符合国家发展需求的人才是任何国家高等教育义不容辞的责任。当前，我国高等教育正处于内涵发展、质量提升、改革攻坚的关键时期和全面提高人才培养能力、建设高等教育强国的关键阶段。2018 年和 2019 年，教高〔2018〕2 号文件《教育部关于加快建设高水平本科教育 全面提高人才培养能力的意见》和教高〔2019〕6 号文件《教育部关于深化本科教育教学改革 全面提高人才培养质量的意见》相继颁布，并于 2019 年启动实施"六卓越一拔尖"计划 2.0。通过"六卓越一拔尖"计划 2.0 的实施，国家将引导高校全面优化专业结构，深化专业综合改革，激发学生学习兴趣和潜能，围绕让学生忙起来、教师强起来、管理严起来、效果实起来，不断深化本科教育教学改革，全力培养德智体美劳全面发展的社会主义建设者和接班人。

在这样的背景下，高校人才培养目标更加具体化，教学目标更加明确化，这对教学模式提出了更高的要求。显然，传统的以教师为中心的灌输式模式已不能适应和满足这种要求，我们必须转变教育教学思维模式，把学生作为中心和主体，加强教育教学中师生之间的相互交流，共同探讨问题的实质和有效解决方案，充分发挥学生的主观能动性，努力实现启发式与自主探究式的学习，有效营造师生和谐"双赢"的局面。

PBL 作为一种教学模式起源于 20 世纪 50 年代中期的医学教育领域，最早由美国神经病学教授霍华德·巴罗斯（Howard S. Barrows）于 1969 年在加拿大麦克马斯特大学（McMaster University）医学院开始实施，其后在世界范围内的众多高等院校中得到了广泛的传播和应用。在当今世界教学方法不断推陈出新的过程中，该教学模式能够经历半个多世纪而不衰且发展越来越广泛和深入，这与其本身具有的优点是密不可分的，具体体现在以下几个方面：

（1）利于培养学生自主学习的责任意识。围绕问题而开展各项学习活动的过程使学生能够更多、更深入地主动参与其中，每个参与者都有很多"说"的机会，并能在小组活动中培养与人相处的技巧、向他人学习的能力以及主动参与小组活动并作出贡献的习惯。

（2）利于创造良好的学习环境。PBL 教学模式中，教师作为小组学习的指导者或促进者，与学生有大量的接触机会，使得教师和学生之间更容易建立融洽和谐的关系，教师更便于采用更多个性化的教学方法，学生更便于得到有针对性的个别指导。

（3）利于促进学生的自主学习与检验。PBL 教学模式要求学生在学习过程中自我设置每个阶段的学习目标，对问题的相关部分进行独立的研究，并最终将自己收集、分析、整理的知识应用到问题的解决中去，同时还要不断地监控和反思问题的解决过程，这有效促进了学生自我学习能力的提高，增强了学生对知识及问题的理解。

显而易见，PBL 这种以问题为导向、以问题驱动教学的模式不仅体现了"以生为本、以本为本、提高教育教学质量"新时代高等教育发展的新要求，也更适合当今"双一流"大学建设对高层次人才培养的需要。

为了开展真正有利于人才培养质量提高的教育教学改革研究，东北大学先后于 2018 年和 2019 年选派了 15 名教师远赴丹麦奥尔堡大学开展为期半年的 PBL 教学方法学习与实践，并于 2020 年在国内率先成立 PBL 教学创新研究中心。该中心由多部门、跨学院共建，具有多学科专业联动，研究人员理论高、实践强等特点。该中心下设教学管理事务部、案例管理事务部、培训认证事务部、督导评估事务部、国际合作事务部等机构，其主要职责为：PBL 教学模式实施总体规划和组织协调；PBL 教学法引入对接并结合国情、校情进行模式创新；PBL 教学方案审核、督导评估与奖励；PBL 教学培训、师资认证；组织与 PBL 教学模式创新相关领域的学术研究及教改项目立项；PBL 教学模式的推广应用、国内外学术交流；组织国内外 PBL 教学模式创新相关的教学与科研合作等工作。

春播一粒粟，秋收万颗子。当年派出的老师已成为 PBL 教学模式实践的骨干，他们通过大会报告、教师工作坊、课程经验交流等方式陆续培训了近千名教师，带动了全校一百多门课开展 PBL 教学模式。PBL 教学从最初思考

"PBL 教学模式是什么?",到后来"PBL 教学模式怎么在教学中用?",再到现在"PBL 教学模式怎么做才能更好?",走过了一条边学习边实践的探索之路。作为一名教学一线的高校教师和 PBL 教学模式的推动者,同时也是全校教学活动的组织者,在 PBL 教学模式实施的过程中,我真切地感受到了一种别样的课堂氛围,而这种氛围也正是我多年来一直追求的课堂感觉和期望的景象。

应该说《PBL 理论与实务》一书是 PBL 教学创新研究中心成立以来重要的工作成果之一。该书介绍了 PBL 的内涵与特征、PBL 的基本要素、PBL 的优势与价值、PBL 的起源和几种典型的 PBL 教学模式,分析了实施 PBL 在我国面临的机遇与挑战,系统地阐述了 PBL 的理论基础和基本教学流程,并结合几个实际教学的案例加以说明。该书凝结了我校两批赴丹麦奥尔堡大学进修教师的心血,教师们在回国后结合我校的实际情况,在各自的教学工作中不断地探索和实践,创新开展了多种模式的 PBL 教学,正是他们的辛苦付出,才有了今天的这本书稿。作者能够在新冠肺炎疫情期间且教学科研任务较繁重的情况下完成这份工作实属不易,各个学科专业的教师从中体现出的协同合作精神让我深感欣慰,相信这种精神会在全校起到示范作用,从而带动更多学科专业间的交流和融合发展。

祝贺《PBL 理论与实务》一书顺利出版,期待该书能够惠及所有教育工作者,能为我国高等教育注入一股清流,并产生心灵上的共鸣。

朱志良

东北大学 PBL 教学创新研究中心常务副主任

东北大学教务处处长

2022 年 3 月 2 日

序 二

　　张兰霞教授与周春芳、钱金花两位副教授合作编著的《PBL理论与实务》即将出版，多次嘱托我作序，盛情难却，借此机会谈谈我学习PBL的感悟。

　　2018年8月底，按照东北大学的安排和要求，我与我的6位同事一起远赴丹麦奥尔堡大学（Aalborg University，Demark）学习PBL，由此开启了我个人利用PBL模式推进教学改革的步伐。实事求是地说，此次北欧之行，收获良多，主要表现有三：

　　一是收获了半年的"闭关式"身心修炼。难得有半年的时间独处，一方面努力完成关于PBL的基础学业，另一方面更多的是利用独处的时机修炼身心。对我而言，主要是通过散步和周游的方式，将"慢运动"与"快思考"融合起来，力求获得"精一"的新想法和新方法。在平时学习PBL的课余时间，独自或与团队成员几乎走遍了奥尔堡小城的大街小巷，看似漫无目的，实则印象深刻，用"窥一斑而知全豹"来形容并不为过，因为西方国家的很多地方越来越"过标准化"，印象特别深刻的是就连圣诞节的彩灯都一模一样。我们在节假日公休期间，充分利用时间资源，或约队友或独自周游欧盟的其他国度，在这有限的时间里走马观花式的"观世界"，其意义和价值可能比单纯地学习PBL还要大，大在思考后的实践。独处和静修是应对浮躁的缓冲剂，所以在孔子那里"静为噪君"；独处和静修也是继续更多创新的催化剂，所以在老子那里"静为躁君"。当思想和具体经历了独处和静修的历练过程后，人的创新和创新的人就是自信的，其创新的成果和成果的创新就会自然涌现，这涌现性，既有创新的人与成果两者的因果交互性，又有经由PBL问题意识引导人与成果创新的过程相关性，总体上则可以用中国传统文化的"立不易方"来表达，其行动则是党的十九届六中全会讲到的"坚持敢于斗争，坚持自我革命"。

二是学习了关于 PBL 的基础理论和知识。丹麦奥尔堡大学培训我们 PBL 的教师都非常负责，尤其是奥尔堡大学培训中心主任 Anette Kolmos 教授以及周春芳副教授，一位是关于 PBL 的学术导师，另一位是这个项目的召集人，两人协同 PBL 中心其他教师单独为我们 7 人授课，正合 PBL 的基本教育理念。关于 PBL 的基础理论和知识，《PBL 理论与实务》一书有详细的解读，我就不再赘述。实际上，这本书介绍的 PBL 理论与实务，已经超越了我们所学的 PBL，是整合和融合后的再现，这也是基于 PBL 基本教育理念的创新，因为 PBL 是一种可持续性教育理念，其自身也在不断发展变化。我想说的是，每一次上课之前大量的课前预习安排，授课教师会将与本次课程相关的所有素材都录入课程系统，从相关学术文章到授课 PPT 乃至一些与本次课程相关的视频和故事，一应俱全，有时候多到来不及全部预习完毕就得去上课了。在我看来，这种融合科研与教研、理论与实践的教学设计才是 PBL 的精髓所在，这与我在 2017 年设计提出并在东北大学实践的"众创式协同教学模式"有异曲同工之处。这种模式谋求实现由教师最大限度地"控制"教师与学生协同共治的转变；这种模式要求实现多位教师与多名学生最大限度地参与整个教育活动价值创新链的所有环节的开放，从而形成新的全景教育平台。

三是得到了一种具有普遍意义的大智慧。从奥尔堡大学学习 PBL 归来之后，有朋友问我："你去的这半年学习了什么？"我的回答是："I don't know!"对方很诧异地说道："你不知道你学习了什么？"我说，我学到了"我不知道!"这是怎么回事呢？实际上，这是教师们在讲授 PBL 过程中，尤其是讨论问题过程中经常说的一句话，可能是说者无心，我这个听者却有意。什么是"我不知道"？我认为它是一种大智慧，当我学会说"我不知道"时，才真正找到作为一名"师者"的感觉。"我不知道"是既往不恋，因为它要求自我主动清零；"我不知道"是当下不杂，因为它要求自我专注自我；"我不知道"是未来不迎，因为它要求自我创造未来。"我不知道"将自我聚焦于自我，也是从这开始，我给自己的称呼是"非主流无知分子"，这就是"我不知道"的智慧力量，这才是我此次游学最大的收获。而且，在后续的授课过程中，除了课程中正常应用 PBL 模式之外，我已经养成了一种要求学生每一堂理论课后必须每人针对理论内容提出一个个人问题的教学习惯，而我会在下一次课上回答学生提出的所有问题，学生对此的反映是，"老师，每次提问题都感觉非常难想怎么办？"请问，这是不是教育应该有的样子呢？是的，教育大抵应该如此。正如《你当像鸟飞往你的山》中作者讲的一句话："经过教育后，被教育者应该变得不那么确定，而不是更确定。"为什么呢？唯有如此，学生们才能肩负起未来的大任！正如 James G. March 所言，老师的幸福在于：学生理解并占有了我们的思想，并视为己出。学生们是宝石，老师的角色只是把他们磨光一点点。最后，老师会被忘记，而学生还在那里。这是思想的启蒙，而当下最具启蒙性的莫过于共同富裕。

到奥尔堡大学学习 PBL 的收获当然不止这三点，如果您想知道其余的所有收获，请参阅张兰霞教授与周春芳、钱金花两位副教授合作编著的《PBL理论与实务》，我愿意以亲历者的身份向大家推荐这本书。当下，正是理论大创新和大爆发的时代，教育需要共创逻辑，这共创逻辑是整体涌现的，从哪里开始呢？我认为，PBL 教育模式是路径之一，不妨试试。

东北大学工商管理学院教授、博士生导师
数字辽宁发展战略研究院院长　易简萃升书院创始人　孙新波
清华大学经济管理学院"链群合约"研究中心研究员　于求堂
2021 年 12 月 9 日

前　言

自 20 世纪 80 年代中期以来,科学技术取得了空前的发展。近年来,"第四次工业革命"又引起了人们的广泛关注。与前三次工业革命不同的是,第四次工业革命没有明显的、具有标志性的科学技术驱动。它是由人工智能、生命科学、物联网、机器人、新能源、智能制造等一系列创新所带来的物理空间、网络空间和生物空间的整合,其重大特征是学科交叉、知识融合和技术集成。为了能够成为第四次工业革命的参与者甚至是领导者,我国政府在2006 年的科技大会上便提出了建设创新型国家的战略,随后党的十八大又进一步强调,坚持走中国特色自主创新道路,实施创新驱动的发展战略。众所周知,人既是科学技术的载体,也是科技创新的主体。因此,要想实现真正意义上的创新驱动,必须要加强人才的培养,尤其是能够满足处于第四次工业革命中的我国经济社会需求的复合型人才的培养。

事实上,早在 1994 年,国务院发布的《中国教育与改革发展纲要》就要求,高等教育要重视培养满足社会主义建设急需的复合型人才。随后,《国家中长期教育改革和发展规划纲要(2010—2020 年)》也明确提出,要"重点扩大应用型、复合型、技能型人才的培养规模"。2018 年,教育部、财政部和国家发展改革委联合印发的《关于高等学校加快"双一流"建设的指导意见》进一步指出,高等教育要"探索建立政治过硬、行业急需、能力突出的高层次复合型人才培养新机制"。在这样的背景下,全国各高等院校纷纷采取措施,例如,增设通识类课程、设立综合实验班、实行双学位或主辅修制度等,以探寻复合型人才培养的有效路径。然而,多年的实践结果似乎并不令人满意,一些用人单位时常抱怨:从大学里招聘到的一些毕业生是具有高分低能特征的"半成品"。应该说,导致这种状况的原因是多方面的,但其中一个较为重要的原因就是:在我国高校普遍采用的传统的教学模式虽然具有诸如有助于知识的系统传授、降低教学成本、便于管理等优点，但已不能满足复合型人才培养的需要，必须探索出一条复合型人才培养的新路径。

PBL（problem & project based learning）以其独特优势为复合型人才培养提供了一条新的路径。这种于 20 世纪 60 年代在医学教育领域兴起、目前已被成功地应用到工程教育、科学教育、人文与社会科学教育等各个领域的教学模式，是西方高等教育界公认的最利于培养复合型人才的教育模式之一。研究表明，PBL 鼓励学生参与解决复杂的、结构不良的、具有多种解决方案的来自现实世界的真实问题，增强了学生参与学习活动的积极性；PBL 为学生提供了为解决现实世界中结构不良问题而开展合作学习的机会，培养了学生的批判性思维和团队合作能力；PBL 倡导学生如身在职场的人士那般去解决问题，训练并拓展了其与职业相关的多种复合能力；PBL 能够深化学生对所学理论与知识的理解和长期记忆；PBL 通过展示如何应用理论来寻找定义不明确的现实世界问题的解决方案，强化了理论与实践的深度结合。由此可见，PBL 不但可以增强学生对知识的深层理解和记忆、激发学生的学习积极性、开发学生的诸如批判性思维等的高层次思维，而且更为重要的是，它能够培养学生的多种能力。这无疑会在很大程度上弥补传统教学模式的不足，有助于复合型人才培养目标的实现。

特别幸运的是，2019 年 8 月~2020 年 2 月，作为东北大学第二批赴丹麦奥尔堡大学（Aalborg University, Demark）学习 PBL 的成员，本书的两位作者，即张兰霞、钱金花和其他几位同事获得了一次深度接触 PBL 教学模式的机会，也因此结识了时任奥尔堡大学副教授的周春芳老师。通过一系列的学习活动，我们不但了解了 PBL 的缘起、PBL 的发展历程、PBL 的经典模式、PBL 中的项目设计技巧、PBL 中的学习评价方法等，还多次置身于奥尔堡大学不同课程的实际教学活动之中，真切地感受到了 PBL 教学模式的魅力之所在。回国以后，在东北大学教务处、教师发展中心等的大力支持下，也陆续开展了一些基于 PBL 的教学改革研究与实践活动。然而，在真正地将 PBL 教学模式融入自身的教学实践之中时，我们却再一次体会到了"书到用时方恨少"的尴尬。我们真切地感受到了一种教学模式从一种文化移植到另一种文化之中的不易。与此同时，我们也在思考：如何将 PBL 引到我国的教育体制之中？如何让更多的学生从 PBL 中获益？于是，我们便产生了将自己所学所想整理成书稿的想法。在过去两年多时间里，我们结合自身多年的学习和教学实践，在查阅了大量的相关文献并进行了无数次的线上线下的讨论与交流之后，终于有了眼前这本名为《PBL 理论与实务》的书。

从总体上看，本书算是一本入门级别的教科书。全书共分为 5 章。第 1 章除了系统地阐述了 PBL 的内涵与基本特征、PBL 的基本要素、PBL 的优势与价值以外，还将 PBL 与几种典型的教学模式，诸如传统教学模式、案例教学模式进行了比较，目的是使读者对 PBL 教学模式有一个大致的了解。鉴于理论可以不断地启发实践，第 2 章便在简要地介绍了 PBL 思想渊源的基础上，对 PBL 的理论基础进行了概述，具体包括信息加工理论、社会学习理论、社会建构理论、主动学习理论、小组学习理论、情境学习理论、跨学科学习理论、体验式学习理论、终身学习理论等，这对指导基于 PBL 的教学实践是大有裨益的。第 3 章则在简要地阐述了 PBL 教学模式的国内外发展历程之后，重点对几种较为成熟且经典的 PBL 教学模式，诸如对加拿大麦克马斯特大学（McMaster University, Canada）的 PBL 教学模式、丹麦奥尔堡大学的 PBL 教学模式、新加坡共和理工学院（Republic Polytechnic in Singapore）的 PBL 教学模式和美国特拉华大学（Delaware University, USA）的 PBL 教学模式进行了介绍，并认真分析了在我国采用 PBL 教学模式面临的种种机遇与挑战。第 4 章在梳理出了基于 PBL 的基本教学流程的基础上，分别对其中包括的明确教学目标、创设问题情境、组建学习小组、确认学习问题、找寻知识缺口、进行自主学习、形成解决方案、展示学习成果、进行学习评价和学习反思等环节进行了较为具体的阐释和论述，以为基于 PBL 的教学实践的开展提供有益的指导和借鉴。第 5 章选取了几个典型学科中的典型课程，如"管理博弈""数据安全通信技术""工程制图""并行程序设计技术""有机化学""深度学习技术"作为实例，具体阐述了基于 PBL 的教学流程设计，以进一步加深读者对 PBL 基本教学流程的了解和把握，增强可操作性。

本书是集体智慧的结晶。张兰霞除负责编撰大纲的设计以及全书的统稿工作以外，还是第 1 章、第 4 章以及第 5 章中 5.1 节的执笔人；周春芳、钱金花分别是第 2 章和第 3 章的执笔人；第 5 章中 5.2 ~ 5.6 节分别由宋经平（东北大学软件学院讲师）、刘阳（东北大学机械工程与自动化学院副教授）、李传文（东北大学计算机科学与工程学院副教授）、张霞（东北大学理学院教授）和张伟（东北大学软件学院副教授）执笔。

在本书编撰的过程中，辽宁石油化工大学经济管理学院的副教授付竞瑶做了大量的资料翻译工作，我们参考并引用了大量的国内外相关文献，在此，对付竞瑶副教授与这些文献的贡献者表示诚挚的感谢！同时也对所有曾经帮助过本书编写和出版的朋友表示诚挚的感谢！我们真诚地期望本书的出版，能够激发广大教师对PBL教学模式进行探究与实践的兴趣，若它能对推进我国的教育改革进程尽些绵薄之力，我们将深感欣慰。

鉴于本书编著者的学识有限，书中难免会有疏漏之处，恳请有关专家和学者不吝赐教。

目　　录

第 1 章　PBL 概述

1.1　PBL 的内涵

从字面上看，PBL 是"problem based learning"或"project based learning"或"problem & project based learning"的缩写，一般被翻译为"基于问题的学习"或"基于项目的学习"或"基于问题和项目的学习"，也可以将其翻译为"以问题为导向的学习"或"以项目为导向的学习"或"以问题和项目为导向的学习"。

尽管从严格的意义上讲，"问题"和"项目"的含义并不完全相同，但对二者的不同理解并不影响对 PBL 本质的把握，因此，本书对此不做深入剖析。本书认为，从某种意义上讲，问题（problem）与项目（project）在 PBL 中是相辅相成的。通常情况下，项目是解决复杂性问题的一种呈现形式，项目的推进不仅是以问题为导向的，而且是以解决问题为目标的。基于此，本书中所言的PBL 可以被笼统地理解为"基于问题的学习"或"以问题为导向的学习"。这里所说的问题既指的是基于问题学习中的问题，也指的是基于项目学习中的项目。

自 PBL 一词由加拿大麦克马斯特大学（McMaster University）首次提出以后，已被成功地使用了半个多世纪，而且正逐渐地得到世界各地来自不同学科的教育工作者的高度认可。然而，时至今日，究竟何谓 PBL，尚未达成一致的看法。通过文献梳理不难发现，学者们基于不同的视角，对 PBL 进行了不同的界定。其中，较具代表性的观点包括：PBL 是一种教学方法；PBL 是一种学习环境；PBL 是一种课程设计；PBL 是一种学习方法；PBL 是一种学习机制；PBL 是一种教育哲学或教育理念；PBL 是一种教学策略；PBL 是一种教学模式；等等。

1.1.1　PBL 是一种教学方法

持这种观点的学者认为，PBL 是一种以学生为中心的教学方法（Savery，2006）。具体而言，所谓 PBL，就是学生在教师的指导下，运用所学的理论和知识，对来自现实世界中的复杂问题（通常是跨学科的且结构不良的）进行深入的分析和讨论，并为问题的解决提供可行方案的过程。

采用 PBL 教学方法的基本目的在于：践行以学生为中心的教学原则，开发学生的沟通能力、问题批判能力、逻辑分析能力、决策能力、自我评估能力等能力（Jones & Turner，2006）。

1.1.2　PBL 是一种学习环境

持这种观点的学者认为，PBL 是一种以问题驱动学习的学习环境（Duncan，2009），即在学生学习新的理论和知识之前，先给他们设定一个问题，学生在解决问题的过程中学到应该学到的理论和知识。由此可见，PBL 中的问题是学生学习和活动的焦点（Boud & Feletti，1991），它强调小组讨论和团队合作的有效性。

PBL 鼓励学生根据教师提供的线索和已经掌握的理论与知识，共同探究解决问题之道（Luo，2019）。通常情况下，学生要想解决问题，单靠教师提供的线索和已经掌握的理论和知识是远远不够的。因此，他们还要学习与之相关的新的理论和知识（Duncan & Al-Nakeeb，2006）。换句话说，就是在学生学习新的理论和知识之前，先给他们设定一个情境或者问题，并要求他们提供有针对性的解决方案（Wood，2003）。设定情境或问题的目的就是让他们意识到，要想解决问题必须要学习一些新的理论和知识。这样一来，学生学习的积极性和主动性就会在一定程度上被调动起来，他们对小组中的社会角色也会充满自信，愿意与小组成员共同合作，通过合作共同体验解决具有挑战性问题的真正意义（Zhou，2012）。

1.1.3　PBL 是一种课程设计

持这种观点的学者认为，PBL 是一种课程建构的方法（Boud & Feletti，

1997）。具体地讲，PBL 就是围绕着结构不良的、开放的、模棱两可的、来自
"真实世界"的问题进行课程设计（Fogarty，1997）。基于 PBL 进行课程设计
的目的，就是激发学生的学习热情，开发学生的批判性思维，提升学生的自
主学习能力、沟通能力和解决问题的能力（Morales-Mann & Kaitell，2001）。

1.1.4　PBL 是一种学习方法

持这种观点的学者认为，PBL 是一种协作式的学习方法（Leviajr，
2008）。学习过程以学生对来自现实世界中的问题进行探讨为中心（Boud，
1985；Boud & Feletti，1991；Spronken-Smith，2005）。这里的问题通常是开放
的、复杂的，能够激发学生的学习兴趣（Duch，2001）。学生通常以小组的形
式进行学习。在小组讨论的过程中，他们不但可以整合彼此已经掌握的理论
与知识，而且能够确定他们不知道但要解决问题时必须要学习的新的理论与
知识（White，1996）。这些新的理论与知识并不总是能够在课本之中找到的，
经常需要学生到课本以外搜索、查找学习资源，以便能够更好地解决问题。
PBL 强调，通过批判性的思维，理解并学习如何学习和合作，鼓励学生承担
更大的责任（Bridges & Hallinger，1991；Doppelt，2003）。教师的作用主要是
推进学习过程，促进小组讨论，并通过提问和分享学习经验和资料来引导学
生解决问题（Aspy et al.，1993）。这就是说，学生学习目标的实现通常是与
问题的解决结合在一起的。

1.1.5　PBL 是一种学习机制

持这种观点的学者认为，PBL 是一种以主动学习为基础，并融入了基本
教育原理和理论的学习机制（Colliver，2000）。有的学者指出，PBL 的学习过
程包括提出问题、教师引导、学生独自探究、与教师和小组成员一起分享和
讨论在独自探究中学到的理论与知识、准备并进行分享陈述等环节（Barrett，
2010）。有的学者强调，PBL 的学习者要承担更多的学习责任（Akinoglu &
Ozkardes，2007）。还有学者提出，学生使用问题中的触发因素来定义自己的
学习方式，并在讨论所学内容之前进行独立的、自我指导的学习（Wood，
2003）。根据乌特（Utecht，2003）的研究，PBL 能够帮助学生以有意义的方

式应用他们所掌握的理论和知识，以解决现实生活中可能发生的问题。

1.1.6 PBL 是一种教育哲学

持这种观点的学者认为，PBL 在教育上的内涵较为丰富。它不仅是一种教学形式或者教学方法，更是一种多元化的教育哲学或者教育理念。"以学生为中心"是 PBL 的精髓，"自发求证，自主学习"是 PBL 的精神，"知行合一，学以致用"是 PBL 的境界，"终身学习"是 PBL 的目标。

在实际教学过程中，与传统的"填鸭式"教学不同，PBL 是由学生而非教师控制的学习，具体表现为"以问题为导向""以小组为平台""以讨论为模式"。学生是学习的主体，教师是学生学习的引导者和促进者，学生围绕着问题展开主动的探索、证明、调查、预测、分析、解释、自我评价等，以小组合作学习和自主学习的方式，形成解决问题的思路和方案，进而达到学习新的理论和知识并提升学生运用所学理论和知识理解、分析和解决问题的能力的目的（董卫国等，2016）。

1.1.7 PBL 是一种教学策略

持这种观点的学者认为，PBL 是一种教学策略（Graaff & Kolmos，2007）。这种教学策略是指教师在引导学生学习的过程中，积极地组织学生主动地参与并自主地寻求解决问题的答案。具体而言，基于 PBL 的教学策略通常是这样的：由 5~8 名学生组成一个学习小组，他们在教师的引导下，共同学习解决现实世界中结构不良的问题。PBL 的学习过程通常设有牵头人（组长）、记录员、小组成员等角色。教师的作用不再是传统意义上的"教"或传递信息，而是学生学习的引导者和促进者。

在众多持有类似观点的学者中，巴莱特（Barrett，2005）的界定较具可操作性：

（1）学生首先会面对一个需要解决的问题。

（2）学生会在教师的引导下，组成学习小组，并对问题进行讨论，以澄清事实，确定解决问题需要学习的理论和知识，制订具体的行动计划。

（3）学生利用可能利用的学习资源，如图书馆、数据库、网络等，分头进行独立的研究与探索，以形成初步的问题解决思路和想法。

（4）在教师的引导下，小组成员在学习小组中分享各自搜寻到的信息以及初步形成的解决问题的思路和想法。

（5）在进行充分的沟通和交流后，形成学习小组的问题解决方案。

（6）对整个学习过程进行自我评价、同伴评价和教师评价。

由此可见，在巴莱特看来，PBL 是一种教学策略，其中包含着 PBL 教学方法、PBL 课程设计、PBL 导师制、PBL 式的教学评价、PBL 隐含的教学原则等。

1.1.8　PBL 是一种教育模式

持这种观点的学者认为，PBL 是一种以学生为中心的教育模式（Zhou & Zhu，2019），是社会学习理论的体现。在教学实践中，学生围绕着一个没有固定答案的复杂问题展开学习活动（Zhou，2016）。学生组成学习小组，通过讨论确定他们需要学习什么才能解决问题。在此基础上，按照学习计划，他们开始自主地学习解决问题所需的新的理论和知识，并反思所学理论与知识以及所采取的学习策略是否有效。教师的行为是促进学习过程，而不仅仅是提供信息和知识（Zhou，2017）。在学生解决问题的过程中，教师为他们提供引导，进而帮助他们建构理论和知识。为加深对学习过程的理解，鲍依克拉等（Poikela et al.，2009）开发了一个基于问题的学习（PBL）周期模型，如图 1.1 所示。

在这个模型中，基于问题的学习周期包括以下八个阶段：

（1）明确问题：学生通过小组讨论的方式确定共同面对且需要共同解决的问题（Hmelo-Silver，2004）。

（2）头脑风暴：学生运用已经掌握的理论和知识，对问题本身及其相关领域的内容进行讨论，以达到集思广益的目的。

（3）系统分类：依据相似的程度，学生将通过讨论呈现出来的想法或思路进行分类，并分别予以命名。

（4）选择主题：将那些最为重要且最具实际意义的想法或思路类别确定为研究主题。

（5）确定学习任务：在教师的引导下，学生明确学习任务和学习目标。

（6）知识获取：学生以自主学习的方式，通过专家组织、培训、课程作业、图书馆、网络等途径获取新的理论和知识。他们可以根据学习任务、目标以及他们认为最适合寻求信息的策略确定知识获取的方式。他们可以采用自主学习的方式进行知识的获取，也可以采用两个人一起学习甚至是小组学习的方式进行知识的获取。

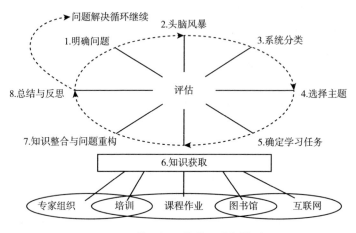

图 1.1　基于问题的学习周期模型

（7）知识整合与问题重构：在教师的引导下，学生将知识进行整合并将其运用到问题的解决与重构之中，为后续的深入学习奠定基础。

（8）总结与反思：参与者对整个学习过程，包括学生的自主学习、信息寻求行为、解决问题的技能以及小组讨论的过程等进行总结与反思，以便进行持续的改进（Zhou et al.，2015）。

在此，值得说明的是：学习评估是每个阶段必须要做的一项工作。

由此可见，PBL 使学生从被动的信息接收者转变为主动的学习者和问题解决者，其教学重点也由"教"转移到了"学"。这种教学模式使学生们能够通过解决实际问题学到新的理论和知识，而不再是通过传统意义上的死记硬背学到新的理论和知识。通过 PBL，学生解决问题、思考问题、小组合作、沟通与交流、信息获取与共享等方面的态度和能力均会受到有益的影响。

1.1.9　本书的观点

尽管学者们对 PBL 内涵的阐述存在较大的分歧，但其中所包含的核心要素基本上是相同的。首先，PBL 遵循的教育哲学是：学生不再是外部刺激的被动接受者，而是学习的主体。在整个学习过程中，学生始终掌握着学习的主动权。教师仅是意义建构的引导者和促进者。其次，PBL 是以问题为导向的。问题既是学生学习的起点，也是理论选择和知识建构的依据。再其次，PBL 是以学生为中心的。学生在解决问题的引导和激励下，确定学习目标，制订并实施学习计划。必要时，他们还会调整学习计划。最后，PBL 不仅关注学习结果，也关注学习过程。PBL 除了要考查学生是否学到了新的理论与知识以外，更要考查他们是否通过学习过程建立起了高层次的思维并提升了处理和解决现实问题的能力。

实际上，学者对 PBL 内涵的争议焦点主要体现在它的外延上，即 PBL 究竟是属于教学方法类的较窄的概念，还是属于教学策略或者教学模式类的较宽的范畴？

本书针对这个问题的回答是，PBL 的外延应该是较为宽泛的。若单纯地将其理解为一种"教"或"学"的方法，还是比较狭隘的。正如有些学者所说的那样，PBL 不仅仅是一种简单的教学方法（Vernon & Blake，1993）。之所以如是说，是因为教学方法通常是教师教的方法（教授方法）和学生学的方法（学习方法）的统一，是对教师和学生为了实现共同的教学目标，完成共同的学习任务，在教与学过程中运用的方式和手段的总称。教学方法常被划分为指导思想、基本方法、具体方法和教学方式四个层面。PBL 运用的教学策略则较为丰富，即便在相同的教学策略下，所运用的教学方法还可以是多种多样的。因此，简单地认为 PBL 是一种具体的教学方法，似乎难以深刻体会到它的深厚力量及其蕴含的魅力。唯有将其视为一种教育模式，才能彰显其真正的意义。有学者将教学模式定义为：在一定的教育思想或教育理论指导下，建立起来的较为稳定的教学活动结构框架和活动程序（毛景焕，2000）。作为结构框架，突出了教学模式从宏观上把握教学活动整体及各要素之间内部的关系和功能；作为活动程序，则突出了教学模式的有序性和可操作性。

基于此，本书对 PBL 作出如下界定：所谓 PBL，就是依据一定的教育理论和教育哲学，建立起来的以问题为导向、以学生为中心、以自主学习与小组合作学习为形式，以教师扮演的学习过程促进者与学习经验分享者角色为特征，旨在开发学生的高层次思维，培养学生的自主学习、合作学习以及终身学习等能力，最终提升学生面对复杂现实问题的决策能力和问题解决能力的一种教学模式。

1.2 PBL 的基本特征

鉴于学者们对 PBL 内涵的表述不完全一致，因此，他们在阐述 PBL 特征时的观点也不尽相同。但较为权威的观点来自 PBL 的主要倡导者、美国神经病学教授霍华德·巴罗斯（Howard S. Barrows）。他在运用 PBL 教学模式很多年以后提出，PBL 是以学生为中心的学习，这种学习通常以小组的形式呈现，PBL 中的教师是学习的引导者或促进者，PBL 中结构不良的问题既是学生学习的焦点，也是提升学生解决问题能力的手段，并且问题解决所需的信息都是学生们自主获得的（Barrows，1996）。基于此以及其他学者的观点，本书将 PBL 的基本特征归纳为：以问题为导向、以学生为中心、倡导自主学习和亲身经历、倡导小组合作学习、以开发学生的高层次思维为目的。

1.2.1 以问题为导向

PBL 是以问题为导向的学习，即问题是学习的起点，也是理论选择和知识建构的依据（Graaff & Kolmos，2003）。PBL 的核心原则就是先问题后学习，即在没有讲授任何的理论和知识之前，首先设定一个问题；其次为了解决这个问题，学生在教师的引导和鼓励下，通过自主探究、小组讨论等方式，学习所需的理论和知识，最后找到解决问题的方案。这一点与传统教学模式有着本质上的不同。传统的教学模式通常都是在学生们学习了必要的理论和知识之后，才引入需要解决的实际问题（Chin & Chia，2004）。学生们只要恰当地运用了学到的理论与知识，便可以有效地解决实际问题。

那么，到底什么是问题呢？根据《现代汉语词典》的解释，问题是要求回答或解释的题目；是需要研究讨论并加以解决的矛盾和疑难；是事故或者麻烦。当然，这是对一般问题的解释，不是对 PBL 中问题的定义。与一般的问题相比，PBL 中的问题大多具有真实性、结构不良性、开放性、能够激发学生的学习兴趣等特点（Barrows，1996；Chin & Chia，2004；Savery，2006；Hung，Jonassen & Liu，2008）。其中，真实性意味着问题与现实世界密切相关。例如，PBL 中设置的医学问题通常都是临床上常见的问题；PBL 中设置的管理问题往往出自企业真实的管理情境等。结构不良性意味着问题的目标定义和陈述均较为模糊，逻辑关系也较为复杂，问题的解决既没有普遍认同的策略加以运用，也没有任何固定的程序可以遵循，通常需要学生在已掌握的理论和知识的基础上，通过探究、分析、论证，并根据需要学习一些新的理论和知识之后，才能找到解决方案。新加坡南洋理工大学国立教育学院的克里斯汀·钦（Christing Chin）和新加坡巴耶利巴卫理公会女子中学的李格嘉（Li-Gek Chia）曾明确地提出，具有结构不良特性的问题一般具有四个特点：①未能提供问题解决所需的所有信息；②需要进一步采集新的信息，才能形成解决方案；③问题的解决方案不是唯一的；④即使找到了解决方案，学生也永远无法判断他们是否作出了正确的选择。由此可见，PBL 中结构不良性问题的设置不但可以激发学生的知识积累，而且会促使他们将新积累的知识重新应用到问题的解决之中（Hung et al.，2008）。这与那些结构较好的问题形成了鲜明的对照。一般而言，结构性较好问题的目标定义和陈述是较为明确的，逻辑关系也较为简单，达到目的潜在的解决路径通常是已知的或者较易获得的，按照固定的思维方式即可找到答案。数理化教科书上的练习题，基本上都属于结构较好的问题。实际上，正是 PBL 问题的结构不良性才导致 PBL 问题的开放性，即 PBL 问题不仅没有现成的答案，且绝大多数问题的答案不是唯一的，而且解决问题的路径和模式也是多种多样的。单靠已经掌握的理论和知识，学生是无法解决问题的，他们必须根据需要，学习一些新的理论和知识，并将其有效地运用到问题解决之中，方能找到可能的解决方案。也正是由于面对的问题具备结构不良性和开放性的特征，才增强了学生的学习动力，使其愿意迎接学习的挑战（Norman，1986）。

需要注意的是：PBL 中的问题并不总是需要解决的难题，艺术家和建筑师进行设计是问题，医生面临的两难问题和工程师面临的挑战同样也是问题。另外，那些能够运用已掌握的理论和知识来解决问题的学习不是 PBL。真正的 PBL 是在学习之前就发现了问题，然后围绕着问题的解决进行相关探究，以学习新的理论和知识并获得新的技能。巴莱特曾以做蛋糕和准备宴席为例，解释两者之间的区别。一般问题的解决类似于做蛋糕，教师首先将配方、制作流程乃至原材料等都传授给学生，然后学生根据所学作出蛋糕。而 PBL 是在没有任何配方和原材料的情况下，要求学生准备宴席。

1.2.2　以学生为中心

传统教学模式源于德国著名教育家、心理学家约翰·弗里德里希·赫尔巴特（Johann Friedrich Herbart）的四段教学法。后来由苏联教育家伊凡·安德烈耶维奇·凯洛夫（Ivan Andreevich Kairov）等进行改造后传入我国。即使是现在，传统教学模式在我国也是广为流行的。很多教师在教学中均会自觉不自觉地采用这种教学模式。传统教学模式以向学生传授系统知识、培养学生的基本技能为目标，其着眼点在于充分挖掘人的记忆力、推理能力与间接经验在掌握知识方面的作用，使学生能够比较快速有效地掌握较为丰富的信息。传统教学模式特别注重教师的权威性，认为教师是知识的垄断者和传授者，是学生获取知识的重要源泉；学生是知识的接收者，教师教什么，学生就学什么，基本上不需要自己去找寻新的理论和知识，也不需要太多的创新。在正常情况下，学生只要将教师在课堂上讲过的东西弄明白，在结课考试时就能拿到较高的分数。显而易见，传统教学模式可使学生在短时间内接收大量的信息，能够培养学生的纪律性以及抽象思维的能力。但由于它的培养形式较为单一（通常都是教师站在讲台上讲，学生坐在下面被动地听），有时学生即使将教师讲的理论和知识熟记于心，也难以将其有效地运用到实际问题的处理和解决之中，非常不利于学生创新思维的培养。

与传统教学模式不同的 PBL，强调以学生为中心。学生是学习的真正主体，是问题的解决者和知识的建构者，他们必须要担负起学习的责任。学生不仅需要自己确定将要学习的理论和知识，还要自己去找寻这些理论和知识，并设法将这些理论和知识应用于问题解决之中。在学习过程中，学生们通常在组成学习小组后，通过小组成员间的讨论确定学习目标，制订并实施学习计划，在必要的时候，还要调整学习计划。他们在不断地发现问题、提出问题、分析问题和解决问题的过程中，学习新的理论，获取新的知识。在学习的任何一个阶段，学生都是学习的中心和主体，教师不再是知识的传授者和答案的提供者，而是学习的引导者或促进者（Arambula-Greenfield，1996；Pizzini，Abell & Shephardson，1988）。教师的作用主要是创造一种学习环境，激发学生思考，鼓励学生提问，不断引导学生深入理解并解决问题，帮助学生完善其自主选择的意识和能力，而不是代替学生作出选择。

总而言之，在 PBL 中，学生是致力于解决问题的人，需要他们自己去识别问题的症结之所在，寻求解决问题的良好办法，并努力探求、理解问题的现实意义。

1.2.3　倡导自主学习和亲身经历

美国的两位学者辛迪·梅洛·西尔沃（Cindy E. Hmelo-Silver，2006）和霍华德·巴罗斯（Howard S. Barrows，2006）曾经说过，PBL 倡导学生对自己的学习负责。PBL 教师是学生学习的引导者，随着学生对自身学习进程把控能力的不断提升，教师的干预会逐渐地减少。这就意味着，PBL 是以学生为中心的自主学习。在整个学习过程中，学生始终掌握学习的主动权。从一开始面对开放性的问题情境，到明确地提出问题、制订行动计划，再到搜集相关资料、与小组成员讨论与分享、最终形成问题解决方案乃至自我反思等，都是学生自己应该做的事情。与此同时，PBL 强调学生的亲身经历，要求学生积极地参与到各项活动之中去，在"做""考察""探究""体验"等活动中，体验并感受工作与生活，以发现问题并解决问题，提升自身的问题解决能力和创新能力。

换个角度讲，学生想学什么、怎么学、在哪里学、采用什么方式学，都是由他们自己选择和决定的。他们面对开放性的问题情境，能够自主决定需要研究的问题。在此基础上，他们可以自主地确定需要学习什么样的新理论和新知识。此外，他们可以选择他们认为最合适的学习场所，如教室、图书馆、寝室、咖啡厅、公园等；他们可以利用一切可以利用的资源，如图书、期刊、互联网以及与同学讨论等，甚至可以到相关教师（不一定是他们自己的导师）或专家处寻求帮助。在自主学习的过程中，他们可以不断地探索有效的学习路径，并通过有效的学习路径，学习并掌握获取信息、甄别信息、运用信息处理和解决问题的技巧。

为了更好地解决问题，学生们通常需要整合多个课程甚至是多个学科的理论和知识。霍华德·巴罗斯教授曾经指出，在自主学习的过程中，学生应该能够访问、研究和整合来自各个学科的、与理解和解决特定问题相关的信息。就像现实世界中的人们一样，他们在工作中，总是需要将来源于多种渠道的信息整合在一起并加以应用。信息的爆炸促进了思维的碰撞，进而导致众多新学科的诞生。从多个视角展开探究，可以使学生对问题的理解更加透彻，进而找到更为理想的解决方案（Savery，2006）。

1.2.4 倡导小组合作学习

在 PBL 中，学生主要通过解决实际问题进行学习。由于问题通常较为复杂，单靠某一学生的一己之力是很难解决的，因此，学生通常以小组为单位进行学习。

学习小组的人数没有固定的数量，往往视需要而定，一般为 5～8 人（Hung et al.，2008）。学习小组中设组长 1 人，记录员 1 人，组员若干，大家各司其职。学习小组会定期不定期地召开会议，通过讨论和交流，明确需要解决的问题，确定学习目标，制订学习计划，并进行具体的任务分工。每一位小组成员都要根据学习计划，积极主动地完成被指定的学习任务，如通过互联网、期刊、专著或请教相关教师和专家等途径搜集、整理、分析所需的资料并准备报告等；与此同时，还要积极地参加小组活动。在小组活动中，除了与小组成员共享学习资料以外，还要与大家反复地进行探讨和交流，以找寻特定问题的解决之道。倘若在学习中遇到了什么困难，小组成员彼此会互相鼓励，共担责任，直至困难消失。在学习结束之后，他们会整合并共享来之不易的学习成果。由此可见，在 PBL 中，学习不仅是个人的事情，更是大家的事情。学习小组中任何一个成员的不尽心或不努力，都会在很大程度上影响整个小组的学习效果。与此同时，小组成员之间的沟通与交流也是十分必要的。倘若他们之间沟通或交流不充分或者效率不高，同样会对整个小组的学习效果产生影响。

总之，通过小组的合作学习，学生不但会学到隐藏在问题背后的理论和知识，而且他们的人际沟通、与人合作等能力也会逐渐得到提升。

1.2.5 以开发学生的高层次思维为目的

1982 年，澳大利亚教育心理学家约翰·彼格斯（John B. Biggs）和凯文·科利斯（Kevin F. Collis）在瑞士儿童心理学家让·皮亚杰（Jean Piaget）的认知发展阶段理论的基础上，提出了"可观察的学习成果结构"（structure of the observed learning outcome，SOLO）理论。SOLO 理论指出，一个人的总体认知结构是一个纯理论性的概念，是不可检测的，但回答某个问题时所表现出来的思维结构是可以检测的。他们将学生的思维结构由低到高划分为五个层次：①前结构层次（pre-structural）：学生未掌握解决问题的简单知识，找不出任何解决问题的办法；②单点结构层次（uni-structural）：学生能够找到解决问题的某个线索或信息，并根据该线索或信息解决问题；③多点结构层次（multi-structural）：学生能够找到解决问题的多个线索或信息，但无法进行有机的整合；④关联结构层次（relational structural）：学生能够找到解决问题的多个要点之间的关联，并能够整合信息以解决复杂问题；⑤拓展抽象结构层次（extended abstract structural）：学生能够超越问题本身形成个性化的推理方式，并能概括出若干抽象特征。显然，前结构和单点结构属于低层次思维，多点结构和关联结构属于中等层次思维，拓展抽象结构则属于高层次思维。

美国著名哲学家、教育家约翰·杜威（John Dewey）曾从广义到狭义，精炼地对思维进行过四类描述。他认为，第一类思维也是最广义上的思维，是指在任何时刻都会流经我们头脑的意识流，这类思维是我们每个人都在进行的，没有什么价值；第二类思维是指超越直接的观察，这类思维比较抽象，但包括一些想象和幻想，与现实没有多大关系；第三类思维是指看似可能却没有细细思考其依据的理念，它可能是不协调的，甚至是与事实相矛盾的，如果思维者停下来好好想一想，就可能拒绝这种理念的含义；第四类思维是指反省思维，这就是高层次的思维。

美国著名心理学家、教育家本杰明·布鲁姆（Benjamin Bloom）于 1956 年提出教育目标分类理论，将认知目标从低到高划分为知识（knowledge）、领会（comprehensive）、运用（application）、分析（analysis）、综合（synthesis）和评价（evaluation）六个维度。其中，知识包括对具体和普遍事物的回忆，对方法和过程的回忆或对模式、结构或环境的回忆等；理解指理解力，即个体知道正在交流的是什么，并知道怎么去运用正在交流的内容或想法，而不必再与其他事物联系起来或必须看到这一交流的事物的全部含义才懂；运用指在特定和具体的情况下，使用抽象的概念；分析则将交流分解为要素或组成部分，使思想层次清晰，表达的思想之间关系明确；综合能够把各要素和组成部分组合起来以形成一个整体；评价是为特定目的对内容和方法的价值作出判断。后来，安德森和克拉斯沃尔（Anderson & Krathwohl，2001）对此进行了修订。他们将这六个维度分别修改为记忆（remembering）、理解（understanding）、应用（applying）、分析（analysing）、评价（evaluating）和创造（creating）。修改后的六个维度及其含义如图 1.2 所示。

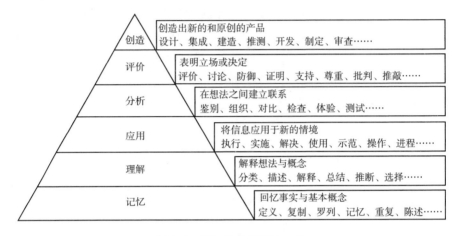

图 1.2　认知教育目标的分类

从图 1.2 可以看出，修改后的六个维度基本上是用动名词来表示的，这些动名词描述了学习者学习和运用知识的认知过程（Anderson & Krathwohl，2001），因而具有动态的性质。

人们普遍认为，记忆与理解属于较低层次的思维，应用、分析、评价和创造属于较高层次的思维，而且思维的层级越接近于金字塔的顶端，思维的复杂程度就会越高。显然，应用是复杂程度最低的高层次思维，而创造是复杂程度最高的高层次思维。

尽管学者们对高层次思维的看法尚存在差异，但还是可以抽取出一些共同的成分：高层次思维不是简单的感知、记忆、复述或应用，也不是反应式的思维，即不是简单地应答他人的问题，不是顺着别人思路做推理。反应式思维充其量是发展了他人的想法。杰出的哥本哈根学派领袖尼尔斯·亨里克和大卫·玻尔（Niels Henrik & David Bohr）曾经训诫一个学生说："你不是在思考，只是在做逻辑推理。"可见，在大师眼中，逻辑推理不等同于思考问题。高层次思维必须符合逻辑，但逻辑推理不等同于高层次思维。培养学生的逻辑推理能力固然重要，但仅有逻辑推理的训练是远远不够的。传统教学模式在学习新概念和新原理时，通常更重视逻辑推理，而不是高层次思维。

概括地讲，高层次思维是有意识的、围绕特定目标的、付出持续心理努力的，需要发散、研究、判断和反思等认知活动的复杂思维，具体包括批判性思维、系统性思维、发散性思维、创造性思维、自我反省思维等。如前所述，PBL 的主要活动就是解决问题，为此，学生必须进行一系列的以解决问题为目的的思维活动，如界定问题、分析问题、提出假设、搜集资料以及验证假设等。由于 PBL 中的问题通常是开放式的、没有现成答案的，需要学生进行批判性的思维、发散性的思维、创造性的思维等多种思维活动。例如，在 PBL 中，学生们彼此之间不但需要相互启发，各自提出不同的想法，而且要彼此评论各自的工作和想法，因此，学生需要进行自主而积极的批判性思维。另外，学生解决问题是为了从问题解决过程中反思和抽象出专业知识、解决问题的策略以及学习策略，学生必须进行自我反省思维。由此可见，PBL 为学生提供了许多开发并实践高层次思维的机会，这就为其后续顺利开展的职业生涯奠定了基础。

1.3　PBL 的基本要素

从 PBL 的内涵及其特征的阐述中不难看出，要想成功地实施 PBL，必须要有效地把握和运用 PBL 的基本要素。虽然学者们对 PBL 基本要素的表述不完全相同，但也有一些基本上没有太大的争议的观点。具体而言，PBL 的基本要素主要包括：具有建构主义特色的学习环境；真实的问题情境；拥有自主与合作学习技能的学生；能够对学生的知识建构起引领作用的教师以及有效的学习成果展示；等等。

1.3.1　具有建构主义特征的学习环境

从一般意义上讲，环境是指与某一中心事物有关的周围事物。这就是说，环境是相对于某一中心事物而言的，意味着中心事物在其特定活动展开过程中赖以持续的情况和条件。由此可以认为，学习环境是与学习活动有关的周围事物，即学习活动展开过程中赖以持续的情况和条件。但在进行文献梳理后不难发现，学者们对学习环境的理解仍然是多种多样的。其中，较具代表性的观点主要有：

（1）场所观。这是以美国科罗拉多大学教学技术系教授、美国教育传播与技术协会（Association for Educational Communication and Technology，AECT）理论与研究部主任布伦特·威尔森（Brent G. Wilson，1995）为代表的观点。他们认为，学习环境是学习者可以相互合作、相互支持的场所。在那里，学习者使用各种工具和信息资源参与问题解决的活动，以达成学习目标。他们把学习环境划分为三类，即计算机微世界、基于课堂的环境和开放的虚拟环境。

（2）资源组合观。北京师范大学教育技术学院的杨开成等在 2000 年将学习环境概括为一种支持学习者进行建构性学习的各种学习资源的组合。这里所说的学习资源，不仅包括信息资源、认知工具、人类教师等物理资源，还包括任务情境等软性资源。这种观点的重要理论支持是珀金斯（Perkins，1991）提出的学习环境五要素理论。珀金斯认为，学习环境包括信息库（学习环境中最主要的信息资源，主要向学生提供要学习所需的专业知识和教学材料）、符号簿（可以是卡片、练习本和计算机编辑器等，用于支持学习者的短时记忆，如记录思路、写下要点、处理方程等）、建构工具箱（用于帮助学生寻找特定信息、完成认知操作、实现某种设想等）、任务情境（呈现给学习者的问题解决情境）、任务管理者（学习活动的管理者）五大要素。

（3）条件观。北京师范大学教育技术学院院长武法提教授于 2000 年提出，学习环境不是一个静态的概念，这种误解来源于"学习环境仅仅是物质环境"的判断。事实上，学习环境是动态的，它与动态的学习进程是紧密联系在一起的。学习环境不仅是支撑学习过程的物质条件（场所、学习资源），还包括教学模式、教学策略、学习氛围、人际关系等非物质条件。2003 年，武教授的同事李芒等进一步地将学习环境的非物质条件解释为人与人、人与物质环境相互作用而产生的心理环境，也可称为软环境或精神环境。与此同时，他们把物质条件看作物理环境，也可称为硬环境或物质环境。西方学者诺顿和维贝格（Norton & Wiburg，2002）曾提出类似的观点。他们认为，学习环境包括物理环境、知识环境和情感环境三个方面，即进行学习的物理空间（物理环境），支持学习活动的软件、工具（知识环境）以及与学习结果具有一致性体现的适合学生的正确的价值氛围（情感环境）。

综上所述，本书认为，学习环境应该是一个综合性的概念。它既可以是一种场所，尽管这场所有时是虚拟的；也可以是各种物质资源和非物质资源的动态组合；更可以是学习活动展开过程中赖以持续的情况和条件。

　　为了使读者更好地理解具有建构主义特征的学习环境，本书在此简要阐述一下由建构主义的代表人物之一、美国宾夕法尼亚大学著名教授戴维·乔纳森（David H. Jonassen）于 1997 年提出的建构主义学习环境模型，如图 1.3 所示。

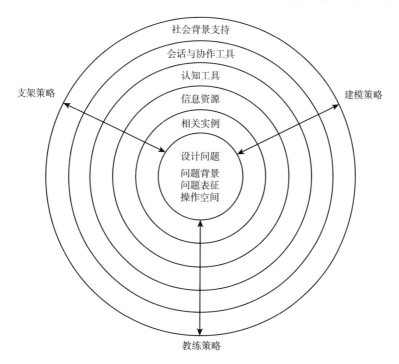

图 1.3　戴维·乔纳森的建构主义学习环境模型

　　该模型以建构主义学习理论为指导，认为学生的学习只有在特定的情境中才有意义，学习和认知都是在特定的情境中产生的，主要包括设计问题、相关实例、信息资源、认知工具、会话与协作工具、社会背景支持六个方面的内容：

　　（1）问题。戴维·乔纳森的建构主义学习环境模型中的问题包括疑问、项目、分歧等，是整个建构主义学习环境的焦点和核心，具体涉及问题背景、问题表征和问题操作空间三个方面。乔纳森分别从环境和人两个维度，对问题的背景进行了说明。首先，要考虑问题所在的物理的、社会文化的、组织的环境信息，如问题发生的时间、所在的物理资源、所在机构的性质或更具体的一些年度报告、任务陈述、利润分析报告等。其次，要考虑问题涉及的实践者或从业者的价值观、信仰、来自社会文化的期望以及习惯，他们具备的知识与技能等。此外，他提出，问题表征必须要具有趣味性和吸引力。这对学生能否投入到问题解决之中是至关重要的。至于问题的操作空间，就是为学生提供平台或工具，让学生来解决问题。

（2）相关实例。对问题的理解需要相关经验的积累和一定的心智模式，因此，给予缺乏经验的学生以一定的相关实例作为支撑。这对其在建构主义环境下解决问题至少有两点益处：一是相关实例能够增加学生解决问题的间接经验，为学生解决问题提供参照；二是相关实例可以为学生解决问题提供多种观点或解释，提升其问题认知的弹性。

（3）信息资源。为了解问题的背景与含义，建构自己的问题模型并提出相关假设，学生需要了解有关问题的详细背景并学习必要的预备知识。因此，丰富的学习资源是建构主义学习环境必不可少的组成部分。建构主义学习环境应该向学生提供丰富的、可选择的、随时可得的、与问题解决有关的各种信息资源，如文本、图片、声音、视频、动画以及可从网络上获取的有关资源等。

（4）认知工具。认知工具是支持和扩充使用者思维过程的心智模式和工具（Derry，1990），通常包括问题/任务表征工具，如表格、视频工具等；静态/动态知识建模工具，如数据库、语义网络等；绩效支持工具，如笔记本、BLOG 等；信息搜集工具，如搜索引擎等；协同工作工具，如 BBS、E-mail 等；管理和评价工具，如量规等。

（5）会话与协作工具。学习小组成员可以相互交流、讨论与协商，共同建构问题的意义。

（6）社会背景支持。建构主义学习环境的设计应考虑社会文化背景、客观环境、物质条件等社会背景能否为学习提供足够的支持，它会在一定程度上对学习能否顺利进行产生影响。

在乔纳森的建构主义学习环境模型中，还包括以下三种教学策略：

（1）建模策略。建模策略包括显性的行为建模和隐性的认知过程建模。其中，显性的行为建模用来表明学生在学习活动中应实施哪些活动以及如何实施这些活动；隐性的认知过程建模则说明学生在从事这些学习活动时应当使用的推理方法。

（2）教练策略。正确的教练策略有利于激发学生的学习动机；可以观察、指导学生的操作并提供反馈；通过分析学生的成绩还可以对他们的进一步学习提出中肯的建议。

（3）支架策略。这是根据维果斯基（Vygotsky，1978）的最近发展区理论提出的。通过对较为复杂的问题建立"支架式"概念框架，使学生自己能沿着"支架"逐步攀升，从而完成对复杂概念意义建构的一种教学策略。

1.3.2　真实的问题情境

如前所述，PBL 的核心学习原则就是"围绕问题展开"，问题是学习过程的起点，以学生的经验为基础，将学习置于现实情境之中（Graaff & Kolmos，2003）。由此可见，问题情境是 PBL 的核心所在。问题情境设计得好坏会直接影响学生的学习效果。

作为学习的最初动机和挑战，一个好的问题情境通常是由老师和学生精心设计的（Krajcik & Mamlok-Naaman，2006）。根据克拉伊奇克和玛目洛乃缦（Krajcik & Mamlok-Naaman，2006）的观点，好的问题情境应该是可行的、有价值的、情境化的、有意义的且符合道德标准的。此外，有学者提出，好的问题情境的结构应该是不明确的；没有简单的、固定的、唯一的正确答案；不仅能够激发学生运用以往的知识和经验，而且能够为其提供学习新知识和积累新经验的机会（Krajcik & Shin，2014）。还有学者提出，好的问题情境应该是真实的和具有挑战性的（Graaff & Kolmos，2003）。

归纳起来，一个好的问题情境至少具有以下六个特征：

（1）真实性。问题情境贴近于真实的工作与生活，其任务、流程、工具、绩效和质量标准等均来源于现实世界，可能会对他人产生影响，也可能会创造出来一些被他人使用或体验的东西。真实的问题情境有可能促进有意义的、智力上的成就和学习。如果问题情境是真实的，那么，学生们不但可以在新的素材和以前的经历之间建立起直接的联系，还可以将这些新的素材应用于当前的实践和未来的活动之中。不过，特别需要说明的是：真实性并不一定意味着问题真的是现实生活中真实发生的。戈登（Gordon，1998）等从 20 世纪 80 年代就开始进行创建真实问题情境的研究，但后来发现，真实情境对学生而言太过复杂，学生很难把控；而且，真实情境与学校情境之间的连续非常脆弱，很难常态化。因此，他们将研究重心转向了如何汲取真实情境中的要素上，使其可以在常态化的课堂中得以实施。他们提出，所创设的问题情境只要满足下面两个条件就算是真实的：一个条件是学生通过解决问题学到的知识和能力可以在真实世界中使用；另一个条件是学生解决问题的思路可以用于解决现实生活中的其他问题，即具有可迁移性，这种思维的真实性应该是 PBL 更强调的。因此，按照戈登等的观点，在 PBL 中，问题情境的真实主要是就所学知识与能力的真实、所运用的思维方式的真实而言的。至于它是虚构的还是真实事件的再现，是历史的还是未来的，都是可以的。

（2）界定不明确性。要求学生自己根据问题情境，确定必须要完成的学习任务及其各项子任务。

（3）长时间的投入性。为了解决问题，学生通常需要投入较长的时间进行持续地调查与研究。至于具体投入多长时间，则与学生前期知识与经验的积累以及问题的复杂程度密切相关，可能是一周、数周甚至数月的时间。

（4）合作性。在通常情况下，由于问题情境较为复杂，单靠某一个学生的力量是不足以解决问题的，因此，往往需要学生组成学习小组，在全体小组成员的共同努力下，才能达到解决问题的目的。为了提高问题解决方案的质量，学生们需要在教师的引领下，不断地对其进行反思和修正，直至产生满意的结果为止。

（5）探究视角的多元性。为了解决问题，需要学生运用自身掌握的各种资源，并集成、运用多个领域或学科的理论和知识，从多个视角展开研究，以探寻可能的解决方案。

（6）解决方案的非唯一性。针对同一问题情境，通常会存在多个不同的解决方案，而且有些解决问题的方案甚至具有竞争的特性。

1.3.3　具有自主与合作学习技能的学生

PBL 强调，学生是学习的真正主体，需要自觉地担负起学习的责任。但若真正做到这一点，学生至少要扮演好以下几种角色：

（1）自主学习者。这是在 PBL 中学生首先需要扮演好的角色。自主学习是一种主动学习、独立学习、元认知监控学习和发现学习。在学习过程中，学生需要自主设置学习目标，自主制订学习计划，并进行自我指导、自我调整和自我激励，以不断地发现问题、提出问题、分析问题和解决问题。显而易见，这对培养学生的主动性、创新性和实践能力是大有裨益的。

（2）合作学习者。由于 PBL 中问题情境通常较为复杂，单靠任何一个学生的力量都是难以解决的，因此，学生通常要组成学习小组，并以小组为单位进行学习。在学习小组中，学生们共享理论和知识，共同处理解决问题过程中遇到的各种难题。每一个小组成员均需要积极地参与小组活动，与小组其他成员相互依赖、相互交流、相互鼓励、相互评价并提出建设性的反馈，共同承担解决问题的责任；同时，需将自己在学习过程中探索、发现的信息和学习材料与小组其他成员共享。由此可见，PBL 教学模式不仅有助于提升学生学习的主动性和自我控制能力，而且对促进学生之间良好人际关系的建立及其社会技能的提升很有帮助。通过 PBL 的合作学习，每一位学生最终都有可能成为一个愿意与他人合作也善于与他人合作的人。

（3）研究者。与严格意义上的科学研究相比，学生在 PBL 中所从事的研究活动既有不同之处，也有相似之处。不同之处体现在：学生的研究活动更多地体现为探究的兴趣与过程。由于探究会涉及提出问题、猜想结果、制订方案、观察、实验制作、搜集证据、进行解释、表达与交流等活动，因此，它又与科学研究有相似之处。在 PBL 中，当学生可以从多个视角看待事物时，问题情境能够吸引并维持学生的兴趣，能够促使他们积极地寻求解决问题的方法。作为研究者，学生应了解探究的过程和方法，逐步学会科学地看待问题、思考问题，保持和发展好奇心与求知欲，形成勇于创新的科学态度。

（4）知识建构者。在 PBL 中，知识是认知主体通过主动建构获得的。由于学生是教学活动的真正主体，因此，学生必须成为知识的主动建构者。虽然对学生来说，这是一个严峻的挑战，但要想成为真正的知识构建者，学生们至少要作出以下两点改变：第一，必须要改变等着教师"喂"知识的习惯，要主动地投入到学习之中，对学习保持着强烈的期待，同时克服畏难心理，迎接智力上的挑战，对探索困难问题始终保持浓厚的兴趣和热情。第二，必须要改变原有的思维和能力结构。现在的学生大多擅长背诵与记忆，他们能够将大量的所谓"知识"熟记于心，但其思维能力普遍较差，只有少部分学生具备一定的分析和综合能力，绝大多数学生不能进行批判性、系统性和发散性等较高层次的思维，而这些较高层次的思维恰恰是构建知识的必要条件。其中，批判性思维要求学生不能盲目地接受知识，而要对事实、知识、经验持审视的态度，通过对之评价和批判发现问题；系统性思维要求学生不能习惯于把整体分割为部分，再把他们机械地组合起来，而要用系统的观点看待事物，要着重于对整体的考察，否则提出的问题与建构的解释都可能是局部的、非本质的；发散性思维要求学生能够调动各种知识和经验，从各个不同的角度思考同一个问题，以构建起全面且意义丰富的知识。当然，为了构建知识，学生也需要具备其他类型的思维能力，但这三种思维能力是最基本的，对 PBL 学习具有决定性的意义。

此外，在 PBL 中，学生会持续地进行自我评价和相互评价，并将评价结果及时地进行反馈，因而他们还会扮演评价者和反馈者的角色。

1.3.4 能够对学生的知识建构起引领作用的教师

在 PBL 中，教师不再是知识的拥有者和传授者，而是学生建构知识的促进者、引导者、高级伙伴、合作者、组织者和学习者等，具体内容如下：

（1）促进者。在 PBL 中，教师的促进者角色是指教师应从传统的知识传授者的核心角色中解放出来，把重心放在促进学生个性的和谐与健康发展上。现代社会赋予教师的职责不应是一味地向学生传递知识，更为重要的是要激发学生的思考。作为促进者的教师与学生之间构成的是一种叫作认知师徒的关系，具体表现为：学生像专家那样在实际问题解决过程中构建知识，教师则将专家在实际问题解决中所用的情境化的思维过程或策略展示出来。作为促进者，教师应该做到以下几点：①认真地观察与感受。当学生在自主观察、实验或讨论时，教师要积极地看，认真地听，真实地感受学生的所作所为和所思所想，随时掌握各种情况，并据此考虑该如何引导学生下一步的学习进程。②给学生以心理上的支持。教师应尽可能地为学生创造良好的学习氛围，并采用适当的方式，给学生以精神上的鼓励，使学生的思维更加活跃，探索热情更加高涨。③培养学生的自律能力。教师应教育学生遵守纪律，与他人友好相处。在学习过程中，教师可以运用多维指标和多样方法对学生进行评价，以引导学生进行反思或自我评价，最终得到全面发展。④营造良好的学习氛围。教师应努力引导学生养成良好的学习习惯，掌握必要的学习技巧和策略，激发学生的学习动机，培养学生的学习兴趣，为学生的学习提供各种便利。⑤与学生分享自己的情感和想法。教师不但能够与学生一起寻找真理，而且勇于承认自己的过失和错误。⑥概括学生认知结构的差异性和非智力因素的特点，促使学生积极地投身到学习之中。

（2）引导者。在 PBL 中，教师的引导者角色包括教师应引导学生发现问题，引导学生学习运用各种线上线下资源解决在学习过程中遇到的问题，引导学生使用表格、图形、统计分析等手段，对提出的问题进行合理的解释等。作为引导者，教师应该做到以下几点：①始终坚持自主性和探索性原则，将自己的一切教育行为定位于支持和帮助学生开展自主学习和自主解决问题的活动。对学生可能遇到的问题进行前瞻性的预测，以做好前期调控；在学生感到困惑或者遇到难以解决的问题时，给予适度的指导，甚至是个别指导，帮助学生分析原因，以使学生摆脱困境并作出合理的决策。对初涉 PBL 的学生而言，教师的适度引导是尤为重要的。②有意识地将学生创造性地解决问题的能力引导到正确的方向上。众所周知，创造力犹如一把"双刃剑"，既可以造福于社会，也可能对社会造成危害。因此，教师不但要引导学生创造性地解决问题，而且要将学生的创造力引导到造福他人和社会的最高境界之中，使学生能够以正确的人生观和伦理规范驾驭自己的创造。总之，在 PBL 的各个阶段，教师的引导工作就是将学生的注意力尽可能地集中于学习之中，及时抓住机会开发学生的思维能力，培养学生的科学情趣。不过，教师的引导要适度，要点到为止，以将思考和想象的空间留给学生，促进学生的质疑、探究和创新。

（3）高级伙伴。在 PBL 中，知识是依靠学生的主动建构获得的，教师不再是知识的拥有者和传授者，这就否定了客观主义教学理论赋予教师的主导地位。因此，教师的首要任务是更新观念，承认自己拥有的知识不是绝对的和永恒的，不能将自己当作知识的代言人，要努力建设与学生平等的、伙伴式的合作关系，甘愿把教学的主要舞台让给学生，自己则扮演好辅助者的角色。

（4）合作者。在传统的教学中，教师掌握着教学的主动权，教师基本上不需要与其他领域或学科的教师合作，就能够独立地完成教学任务。但在 PBL 中，学生掌握着学习的主动权，并承担着知识建构的责任。教师需要做的是引导学生"解决问题"。由于学生的学习空间和内容具有广泛性和不确定性，学生提出的问题和分析得出的解决方案也具有广泛性和开放性，有时甚至会超出教师的专业范围，导致教师很难独立地完成引导任务，因此，往往需要多位教师的密切合作。由此可见，在教育学生学会合作的同时，教师首先要学会合作。教师的合作对象可以是本学科的同事，也可以是其他学科的教师，甚至可以是社会上的相关人士，如专家、社区人员、企业界人士以及学生家长等。从某种意义上讲，教师与学生之间也是一种相互促进的合作关系。

（5）组织者。在 PBL 中，教师的组织者角色是指教师对整个教学过程的组织和管理角色，具体包括对提出的问题、教学材料、教学过程出现的问题、实验成果等的组织和管理等。由于 PBL 中学生的学习活动是分散的和自主管理的，加之学生们的学习能力、成长背景等存在差异，因此，不可避免地会在学习过程中产生这样或那样的问题。这就需要教师做好组织和管理工作，如创设轻松和谐的学习环境以及融洽的课堂气氛；适时组织学习小组的汇报和交流；一旦发现学生在学习中出现问题，及时与学生沟通，教育学生要相互尊重、相互欣赏；帮助学生克服困难，树立信心，并保持旺盛的求知欲、持续的学习兴趣与学习积极性；等等。

（6）学习者。在 PBL 中，教师的学习者角色是指教师在与学生一起学习的基础上，对教学过程中出现的问题不断地进行改进。实际上，教师成为一名合格的、成功的教育者的过程，也是不断充实、丰富和完善主观世界的过程。因此，教师的学习者角色与教育者角色不仅不冲突，而且有助于改进教育者的职能。教师的学习者角色与教育者角色可以统一在教师的言行之中。

此外，教师还要扮演评价者和反馈者的角色。在传统的教学模式中，教师的评价和反馈通常是在学生学习结束之后作出的。但在 PBL 中，教师会持续地跟踪学生的学习进程，并随时地给予具有较强针对性的评价和反馈，以使学生明晰自己学习质量的优劣及其未来的改进方向。

1.3.5 有效的学习成果展示

所谓学习成果展示，就是学生面向除了他们的同学及教师以外的更广泛的人群，通过现场介绍、公开演示、出版物发行、参与社区活动、播放视频等方式，展示他们学习成果的活动（Darling-Hammond et al.，2010）。这是 PBL 相对靠后的阶段，但也是十分重要的阶段。有学者指出，为相关受众创造产品也是 PBL 真实性标准的一种体现（Thomas，2010）。此外，学习成果展示还有以下几点益处：

（1）具有激励作用。由于要面向更加广泛的人群展示学习成果，而不仅是把"作业"交给老师或者仅在教室内做展示，因此，出于自尊等需要的满足，学生通常会尽最大的努力，以交付出"最好"的学习成果。与此同时，在学习成果展示的过程中，他们可能会得到来自父母、社区成员甚至公众的赞扬和反馈，这对学生而言，也是一种鼓舞和激励。

（2）有助于开发学生的社交和情绪管理能力。毫无疑问，在正常情况下，学习成果展示可以增强学生的自信，提升学生的沟通以及其他能力，这对改善学生的社会交往和情绪管理能力是大有帮助的。

（3）有助于创建"学习型社区"。学生公开展示他们的学习成果意味着，学生可以在更广阔的空间内与更多的人分享和讨论他们的学习成果。此时，学习的意义已不再局限于学生与教师之间的"秘密"交流，而是在相对公开的场合，相互讨论他们学到了什么、怎么学到的、可接受的绩效标准是什么以及如何使绩效变得更好等。显然，这对"学习型社区"的创建是很有帮助的。

1.4　PBL 的优势与价值

针对 PBL 的优势与价值，学者们也进行了较多的研究，并取得了较为丰富的研究成果。有学者认为，PBL 能够培养学生的决策能力和解决问题的能力、提高学生对现实问题复杂性的认识、为学生提供从多个学科学习知识的机会、可以拓展学生的学习能力、能够提升学生的跨学科思维意愿与能力、增强学生理论联系实践的能力、有助于培养学生的终身学习能力等（Boud & Feletti，1991；Drinan，1991；Barrows，1996）；也有学者提出，PBL 可以帮助学生储备广泛的知识、能够开发学生有效地解决问题的能力以及自我指导的终身学习能力、能够帮助学生成为有效的合作者、能够激发学生的内在学习动机（Hmelo-Silver，2004）。还有学者表示，PBL 是以学生而不是以教师为中心的、可以培养学生的自我控制能力、有助于学生从多维视角深入地探究事件或问题、能够培养学生解决问题的能力、鼓励学生在解决问题的同时学习新的理论和知识、可以让学生的社交和沟通能力在小组学习中得到提升、能够开发学生的高层次思维（如批判性思维、科学思维等）、促进理论与实践的融合、持续地激励教师与学生的学习、培养学生的时间管理/数据采集/报告准备与评估的能力、为学生的终身学习铺平了道路（Dincer & Güneysu，1998；Treagust & Peterson，1998；Kalaycı，2001；Senocak，2005）。此外，PBL 可以提升学生的学习乐趣（Duncan，2006）、促进学生的独立思考（Camp，1996）等也是学者们提到的 PBL 的优势与价值。

综合学者们的观点，结合我国情境和我们的思考与体会，本书认为，PBL 的优势和价值至少体现在以下几点：能够激发学生的学习内驱力；能够增强学生对知识的深层理解和记忆；能够开发学生的高层次思维；能够培养学生的多种能力；有助于推进我国的教育改革进程。

1.4.1　能够激发学生的学习内驱力

所谓内驱力，就是在需要的基础上产生的一种内部唤醒状态或者紧张状态，体现为推动有机体活动以达到满足需要的内部动力。这就是说，内驱力是由需要产生的，或者说需要是内驱力产生的原动力。美国著名教育心理学家大卫·鲍尔·奥苏贝尔（David Pawl Ausubel）曾将内驱力划分为三个类别，即认知内驱力、自我提高内驱力和附属内驱力。其中，认知内驱力是指个体渴望认知、理解和掌握知识以及陈述和解决问题的倾向；自我提高内驱力是个体通过自身努力，胜任一定的工作，取得一定的成就，以赢得一定社会地位的动机；附属内驱力则是个体为了获得权威或者长者们的认可或赞许而表现出来的把学习或工作做好的动机。应该说，这三种内驱力会同时发挥作用，但发挥作用的比重会因年龄、性别、社会阶层、民族以及人格等的不同而不同。事实上，内驱力的真正意义在于：它能唤起人们的自我教育。按照苏联著名教育理论家与实践家、教育思想的泰斗瓦·阿·苏霍姆林斯基（B. A. Cyxomjnhcknn）在《少年教育与自我教育》一书中的说法："唤起人们实行自我的教育，才是一种真正的教育。"只有当个体与他者自觉对照，反观自我，体察不足，从而激发改进和提高的愿望，自我教育才会出场。自我教育的真正目的在于自我定位、自我推动和自我发展。另一位苏联著名教育学家、心理学家赞科夫（Занков Леонид Владимирович，1980）曾经说过："教学模式一旦触及学生的情绪、意志领域，触及学生的精神需要，便能够发挥有效的作用。"PBL 能够增强学生学习内驱力的具体体现如下：

（1）PBL 能够增强学生的认知内驱力。在 PBL 中，精心设计的问题情境以及丰富的教学资源可以激发学生的好奇心，调动学生自主学习的积极性，唤起学生对学习内容的认知兴趣和求知欲望，进而增强学生的认知内驱力。

（2）PBL 能够激发学生的自我提高内驱力。在 PBL 中，以小组为单位的合作学习方式，使小组成员有机会在小组讨论、成果交流等环节中，将自己在自主学习过程中取得的学习成果，如查到的资料、经过思考分析后形成的观点和看法等，充分地进行展示，以赢得小组成员的认可或尊重。这就激发了学生的自我提高内驱力。

（3）PBL 能够促进学生的附属内驱力。与传统教学模式特别重视结果评价不同，PBL 特别强调过程评价，认为过程评价客观公允，反馈及时，能够让学生充分地感受到在学习过程中的点滴努力都会得到教师的关注与认可，从而激发其求学向上的信心与愿望，进而激发出学生的附属内驱力。

1.4.2　能够增强学生对知识的深层理解和记忆

之所以说 PBL 能够增强学生对知识的深层理解和记忆，主要是因为 PBL 是一种以问题为导向的教学模式。在 PBL 中，学生建构的知识通常是出于解决实际问题的需要，换句话说，学生学习知识的目的就是解决实际问题。正因为如此，知识的建构有了一定的缘起，也被赋予了重要的意义。与此同时，为了解决问题，学生们需要搜寻大量的信息，并对这些信息进行整理、筛选和组织，以建构知识的最终产品形式。在此基础上，他们还要亲自将建构的知识用于实际问题的解决之中，实现有效地解决问题的目的。因此，在 PBL 的整个学习过程中，学生对知识的获取不仅是主动的，而且是基于他们自身的理解和使用之后的。与传统的"填鸭式"教学模式相比，在 PBL 中，学生对知识的理解更为深入，因而对知识的记忆时间也会更加持久。

1.4.3　能够开发学生的高层次思维

研究显示，当前学生的高层次思维严重缺失，这不仅会导致其能力结构的失衡，而且会影响其就业以后的工作与生活（付海东和杜伟，2015）。应该说，造成这种状况的原因是多种多样的，但其中较为重要的原因就在于传统教育模式对学生高层次思维的开发不足。传统教育模式强调，教师对知识的单向传授和学生的被动接收，对学生的评价侧重于他们对知识的记忆、理解和简单地应用，而对知识的分析、评价和创造关注得不是很多。这自然就形成了学生的低层次思维较为发达、高层次思维较为贫乏的局面。美国教育学家克罗韦尔（S. Crowell）曾经说过："教育面临的最大挑战，不是技术，不是资源，不是责任感，而是去发现新的思维方法。"联合国教科文组织也曾呼吁，21 世纪的课堂教育，不仅要教会学生一些花哨的、灵活有趣的技巧来适应信息时代，还要教会学生如何利用高层次思维技能成为一个人……（UNESCO，2015）。由此可见，开发学生的高层次思维已成为未来教育的重要任务。

PBL 教学模式为学生高层次思维的开发提供了有效的路径。在 PBL 中，几乎每一个学习环节都离不开学生的高层次思维。例如，当面临信息有限的问题情境时，他们需要在分析、评价、批判的基础上，明确需要解决的问题；当围绕着需要解决的问题进行信息和知识的搜寻之后，他们需要对搜集到信息和知识进行分析、评价和判断，以得到有助于问题解决的有用信息和知识；当问题解决所需的信息和知识较为充足之后，他们需要创造性地提出可供选择的多个问题解决方案；当面临众多的问题解决方案时，他们需要明确每一个方案的优缺点，并基于一定的原则和目标，选择出他们认为最适宜的方案。这些学习任务的完成，均会对学生批判性思维、系统性思维、创造性思维等产生有益的影响。因此，开发学生的高层次思维是 PBL 的一个显著优势。

1.4.4　能够提升学生的复合能力

这是 PBL 的一个非常重要的优势。在 PBL 中，学生们通过解决来自现实世界的真实问题来完成学习任务。在学习开始前，学生会面对一个实际问题，之后的所有学习活动均会围绕着这个问题展开，直至这个问题得以解决。在这一过程中，学生们的复合能力包括自主学习能力、合作学习能力、人际沟通能力、信息处理能力、终身学习能力等均会得到有效的提升。

（1）自主学习能力。在 PBL 中，学生需要自主地设置学习目标，自主地制订学习计划，还要自主地实施学习计划。他们会不断地发现问题、提出问题、分析问题，积极主动地搜寻问题解决所需的各种信息，弥补自身的知识缺口，克服问题解决过程中出现的各种障碍。随着一个个"问题"得以有效地解决，他们的自主学习能力便逐渐得到提升。

（2）合作学习能力。在 PBL 中，学生面对的问题通常较为复杂，单靠任一学生的一己之力很难解决。因此，学生们一般都是以小组为单位进行学习。

在学习过程中，学生们不但要积极主动地参与小组活动，而且要与小组成员进行充分的沟通与交流，实现良性的互动，进而实现共享信息、共享知识、相互依赖、相互鼓励和相互承担责任，最终成为一名合格的合作学习者。

（3）人际沟通能力。在 PBL 中，为了完成学习任务，学生需要与多方进行有效的沟通。首先，学生需要与小组成员进行沟通，以分享信息、交流想法；其次，学生需要与教师进行沟通，以寻求引导或帮助；最后，学生需要与相关领域的专家等进行沟通，以获取更加专业的信息。为了提升沟通的有效性，在每一次沟通的过程中，学生都会体验并收获一定的沟通技巧，如明确沟通目标、使用适宜的语言、进行换位思考等。随着时间的推移，他们的人际沟通能力会逐渐得到提升，最终修炼成为人际沟通能手。

（4）信息处理能力。在 PBL 中，为了完成学习任务，学生需要使用各种信息采集、分析和表达技术，对通过各个途径搜集到的信息进行鉴别、筛选、分析和整合，并采用恰当的方式将其表达出来。他们在实现与他人共享信息的同时，也为问题的解决提供支撑和铺垫。

（5）终身学习能力。PBL 以问题为先导，强调学生的自主学习、合作学习，拓展了学生的批判性思维、系统性思维和创新性思维，提升了学生的信息处理能力、沟通能力……这一切，均是学生进行终身学习所必需的能力。

1.4.5　能够助推我国的教育改革进程

应该说，自改革开放以来，我国的高等教育实现了历史性变革与跨越式发展，取得了一个又一个具有突破性的改革与发展成就，为国家经济社会发展与民生改善作出了重大贡献，也使得我国在短暂的 40 余年内成为世界级的高等教育大国。这一点可以从以下四个方面体现出来：

（1）不断增加的高等院校数量。如图 1.4 所示，自 1978 年以来，我国高等院校的数量在逐年增加。1978 年，我国仅有 598 所高等院校，到 2020 年，我国的高等院校数量已增加到 3005 所，相当于 1978 年的 5 倍还多。

（2）日渐增长的高等院校毛入学率。如图 1.5 所示，自 1978 年以来，我国大学生的毛入学率也在不断提高。1978 年，这一指标仅为 1.55%，意味着，1978 年我国高校学生人数仅占 18 ~ 22 岁人口总数的 1.55%；到 2020 年，我国大学生的毛入学率已达 54.4%。按照美国著名教育社会学家马丁·特罗（Martin Trow）教授的观点，自 1978 年以来，我国的高等教育经历了精英教育阶段（毛入学率低于 15%）和大众教育阶段（毛入学率高于 15% 但低于 50%），目前已进入普及教育阶段（毛入学率高于 50%）。

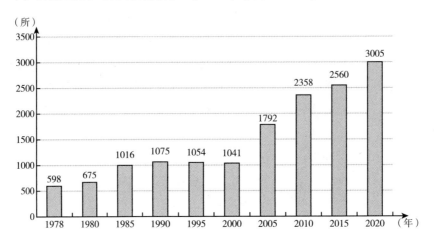

图 1.4　1978～2020 年我国高等院校数量的变化趋势

资料来源：1978～1997 年数据来源于 http：//www. doc88. com/p－93477047157. html；1998～2020 年数据来源于《教育发展统计公报》。

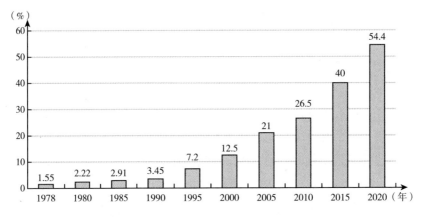

图 1.5　1978～2020 年我国大学生的毛入学率的变化趋势

资料来源：1978～1997 年数据来源于 http：//www. doc88. com/p－93477047157. html；1998～2020 年数据来源于 Wind 数据库。

（3）不断增加的在校大学生数量。随着我国高等院校数量和大学生毛入学率的不断提升，自 1978 年以来，我国高等院校的在校大学生人数自然也会不断增加。1978 年，我国高等院校的在校大学生人数仅为 86.7 万，到 2020 年，这一指标已增加到 3285.3 万，大约相当于 1978 年的 38 倍。

（4）不断增多的位列世界百强高校的数量。近年来，我国高等院校的国际声誉也在不断提升。1978 年，在世界大学声誉排名位列前 100 的高等院校中根本找不到我国高校的身影。但到 2020 年，在泰晤士高等教育发布的 2020 年世界大学声誉排名榜中，已有清华大学、北京大学、复旦大学、中国科学技术大学、浙江大学五所高校进入世界百强的行列，这标志着我国高等院校的教学与科研在国际高等教育界的认可度在不断提升。

然而，我国高等教育培养出来的部分人才却无法有效地满足我国经济社会发展的需要。一个非常典型的例子就是：有些用人单位抱怨，他们从大学里招聘到的毕业生是具有"高分低能"特征的"半成品"。这些学生知识面狭窄、专业技能较低、缺乏内驱力和创新精神，更谈不上拥有实际经验了。应该说，导致这种情况的原因是多种多样的，但一个较为重要的原因就是：我国高等院校长期以来采用的传统教育模式的弊端已日渐显现，导致培养出来的学生呈现出专业能力强、综合水平较低，理论知识丰厚、实践动手能力较弱等特征，无法有效地满足社会各界对高质量人才的需求，因此，必须对其进行改革。

为了助推我国高等教育的改革进程、快速提升其人才培养质量，我国政府已经做了大量的工作。早在 1993 年，我国政府就颁布的《中国教育改革和发展纲要》，要求高等教育要努力培养高水平的人才。2016 年，习近平总书记在全国高等教育大会上再次强调：目前我国"对高等教育的需求比以往任何时候都更加紧迫，对科学知识和卓越人才的渴求比以往任何时候都更加强烈"[①]。2017 年上半年，为主动应对新一轮科技革命与产业变革，支撑服务创新驱动发展、"中国制造 2025"等一系列国家战略，教育部积极推进新工科建设，先后形成了"复旦共识""天大行动"和"北京指南"，并发布了《关于开展新工科研究与实践的通知》，全力探索形成领跑全球工程教育的中国模式和中国经验，助力高等教育强国建设。2017 年下半年，教育部在北京召开新工科研究与实践专家组成立暨第一次工作会议，全面启动、系统部署新工科建设。来自高校、企业和研究机构的 30 余位专家，深入研讨新工业革命带

---

① 习近平. 习近平致信祝贺中国人民大学建校 80 周年［EB/OL］. 新华社, 2017 - 10 - 03.

来的新机遇、聚焦国家新需求、谋划工程教育新发展，审议通过《新工科研究与实践项目指南》，提出新工科建设指导意见。2018年6月，新中国成立以来的首次全国本科教育工作会议在四川成都召开。会议强调，高等教育要坚持"以本为本"，推进"四个回归"，加快建设高水平本科教育、全面提高人才培养能力，造就堪当民族复兴大任的时代新人。2020年7月，新中国成立以来的首次全国研究生教育工作会议在北京召开，习近平总书记参加了会议，他在会上强调，"研究生教育在培养创新人才、提高创新能力、服务经济社会发展、推进国家治理体系和治理能力现代化方面具有重要作用。各级党委和政府要高度重视研究生教育，推动研究生教育适应党和国家事业发展需要，坚持'四为'方针，瞄准科技前沿和关键领域，深入推进学科专业调整，提升导师队伍水平，完善人才培养体系，加快培养国家急需的高层次人才，为坚持和发展中国特色社会主义、实现中华民族伟大复兴的中国梦作出贡献。"[①] 2020年9月，新中国成立以来的首次全国职业教育大会在广州举行。这一切，标志着我国的高等教育已经全面进入以人才培养为根本的提质新时代。

在这样的大背景下，我国的部分高等院校也陆续地开展了一些教学改革尝试，如增设通识类课程、鼓励学生修读双学位、开展就业前的培训等，但结果似乎不尽如人意。目前，部分高校已经意识到 PBL 在引导学生的主动学习、激发学生的学习兴趣、提升学生的综合素质、提高学生的实践能力等方面的重要意义，并已着手开始基于 PBL 的教学改革研究与实践，且已取得初步的成效。他们希望在有效地发挥传统教学模式之所长的同时，运用 PBL 弥补传统教学模式的不足，使两者相得益彰，共同为培养出社会所需的高质量人才作出贡献。但若真想做到这一点，还有相当漫长的道路要走。

鉴于 PBL 已在世界各地成功地实施了半个多世纪，并受到了众多教育工作者和用人单位的高度认可，我们有理由相信，经过数年的探究与实践，PBL 定能助力于我国高等教育的改革进程，使其不断地向社会各界输送所需的高层次人才，成为推动我国经济社会发展的加速器。

---

① 新华网. 习近平对研究生教育工作作出重要指示强调 适应党和国家事业发展需要 培养造就大批德才兼备的高层次人才. 李克强作出批示［EB/OL］. http://www.moe.gov.cn/jyb_xwfb/s6052/moe_838/202007/t20200729_475754.html.

1.5　PBL 与典型教学模式的比较

为了更为深入地理解 PBL，我们选择了几种典型的教学模式或者教学方法与 PBL 进行简要的比较。为了叙述上的方便，本书将几种典型的教学模式或教学方法统称为教学模式，如传统教学模式、案例教学模式、探究式教学模式等。

1.5.1　PBL 与传统教学模式的比较

传统教学模式（lecture-based learning，LBL）是目前采用较为广泛的教学模式，也是大家比较熟悉的教学模式。传统教学模式的主要表现形式是：教师站在讲台上，根据教学大纲要求，按顺序逐渐讲解基本理论，学生坐在下面被动地接受教师传授的知识。正是基于此，传统教学模式常常被称为"填鸭式"教学模式。在传统教学模式中，教师的主体性较强，自由度比较大，学生的地位则比较被动，没有热情和动力去探究学习内容，所学习的理论与实际之间的联系不太密切（唐仕芳等，2008），对学生综合分析及推理能力的培养较为欠缺，学生毕业后很难快速地担当起应有岗位职责。

应该说，PBL 与传统教学模式之间的区别还是非常明显的，归纳起来，主要体现在以下几点：

（1）教学目标。传统教学模式注重教师对知识的传授，学生对知识的掌握较为全面、系统；PBL 则注重学生对实用性知识的学习和运用，以培养出合格的、满足社会需要的复合型人才为目标。

（2）教学设计。传统教学模式通常以学科知识为中心，PBL 则以解决问题为中心。

（3）教学形式。传统教学模式"以教师为主体，以讲课为中心"，通常采用大班全程灌输的方式讲授理论与知识，学生基本上处于被动接受的地位。PBL 则"以学生为主体，以问题为中心"，学生在教师的整体把握和引导下，积极参与，自主学习。

（4）教师角色。传统教学模式中的教师是知识的拥有者、具有至高无上的权威，教师们通常彼此独立地开展工作，以向学生传递个人经验和知识为主。PBL 中的教师则是教学的引导者、促进者、合作者、组织者和学习者，教师彼此之间相互支持，相互合作，以引导和促进学生解决问题为主旨。

（5）学生角色。传统教学模式将学生视为装载知识的"容器"，是信息与知识的被动接受者，他们彼此独立，相互竞争，主要靠记忆并重复前人的经验和知识为主要任务。PBL 则将学生视为知识的建构者，通常以小组为单位进行合作学习，他们既要进行有意义的知识建构，又要形成各种能力。

（6）学习环境。传统教学模式下的学习环境是以个人为中心的、相互竞争的环境。PBL 的学习环境则体现的是合作的和相互支持的。

（7）学科界限。传统教学模式的学科界限较为分明，彼此之间缺乏有机联系；学生对知识的运用能力较差，不利于开发学生的高层次思维。PBL 则倡导打破学科界限，倾向于将各学科知识贯穿在一个真实的问题之中，学生们在解决问题的过程中，其高层次思维也会得以有效地提升。

（8）评价方式。传统教学模式的评价方式较为单一，通常以完成某种特定学习任务的质量来评定学生的成绩，即倾向于终结性评价，并按照一定的标准将成绩划分为不同的等级。一般情况下，教师是学生成绩唯一的评定主体。PBL 的评价方式则较为灵活多样，除了总结性评价以外，还会对整个学习过程进行评价，即过程性评价，评价主体较为多元，除了教师以外，还包括学生自己以及学习伙伴等。

（9）实际效果。传统教学模式下的学生，短期知识记忆较好，长期知识记忆较差，他们的高层次思维能力、团队合作的意识与精神、沟通能力等也普遍不强。PBL 教学模式下的学生则善于探索、概括，能够娴熟地使用线上和线下资源解决问题，具备较强的沟通技巧、人际交往等复合型能力。

1.5.2　PBL 与案例教学模式的比较

案例教学模式（case-based learning，CBL）起源于 20 世纪 20 年代，由美国哈佛商学院（Harvard Business School）倡导并创立。然而，直到 20 世纪 80 年代，案例教学模式一直未受到应有的重视。但时至今日，案例教学模式已成为世界各地广为使用的一种教学模式。

简言之，案例教学模式是一种以案例为先导，以问题为基础，以学生为主体，以教师为主导的教学模式。案例是案例教学模式的灵魂，案例中的"故事"通常来源于现实的生活场景，教师通过案例将现实生活中的场景模拟和重现，使学生产生身临其境之感。学生通过模拟其中的角色，充分运用所学的理论与知识对案例中呈现的问题进行分析和决策。案例教学模式不仅能让学生在小组讨论中获得知识，而且能通过小组讨论提高人际沟通能力。由于教学中案例真实，素材丰富，有助于学生身临其境地认真对待、分析和解决问题。通过这种理论与实践相结合的教学模式，可以培养学生的终身学习、继续深造的学习理念。案例教学模式的授课对象通常是已经学习过相关理论与知识的学生，这种教学模式能够在一定程度上激发学生积极参与课堂的热情，但仍是以教师为主导的，学习及思维的节奏也是由教师把握的，缺乏因材施教的合理性。

案例教学模式的实施通常包括以下流程：

（1）根据教学目的和要求，教师需要编写或选择适宜于教学使用的案例。

（2）学生或在课上或在课下阅读案例，明晰案例内容。

（3）学生组成案例讨论小组，对案例提供的材料和信息进行分析，形成问题解决方案。

（4）案例讨论小组代表轮流发言，在课堂上展示小组讨论的成果。

（5）教师对小组讨论的结果进行点评：一方面，肯定案例讨论取得的成果，以保护和鼓励学生参与案例讨论的积极性；另一方面，指出案例讨论中存在的主要问题，并提出后续的改进建议。

由此可见，PBL 与案例教学模式之间有许多相似之处，但也存在着明显的不同（Savery，2006）。

PBL 与案例教学模式之间的相似之处主要体现在：两者都是有效的以学习者为中心的教学策略（Savery，2006），学生通过分析和解决来自现实生活中的问题，进行主动的学习和合作的学习，学生的高层次思维能够得到开发，学生的综合分析、逻辑推理、批判性思维、创造性思维以及人际沟通等能力也可以得到提升。

PBL 与案例教学模式之间的不同之处主要体现在：

（1）教学目标。说到底，案例教学模式仍然属于课程制教学模式，案例内容围绕知识体系进行组织和设计，教学目标仍然是通过案例讨论使学生加深对某个知识点和多个知识点的理解。而 PBL 模式是通过学生解决特定情境下的问题，来培养学生的多种复合能力。

（2）问题性质。案例教学模式中的问题通常是结构良好的，案例中提出问题的目的是提升学生运用所学知识解决实际问题的能力；而 PBL 中的问题通常是结构不佳的，学生面对的往往是一个特定的问题情境，而不是一个明确的问题，学生需要通过小组合作学习的方式明确需要解决的问题。

（3）知识储备。案例教学模式中的学生在面对案例中问题时，通常已经在课堂上系统地学过了解决问题所需的相关知识（通常是教师讲授的），拥有了相对充足的知识储备；而 PBL 中的学生在面对问题时，并没有学过相关的理论和知识，没有足够的知识储备。他们需要自主地找寻解决问题所需的知识"缺口"，并自主地弥补这些知识"缺口"，以找到合适的问题解决方案。

（4）教师角色。案例教学模式中的教师在课堂上处于主导地位，扮演着顾问的角色：案例设计、课前引导、课后总结、提供建议、评价学生等。因此，案例教学模式中教师仍然是专家、顾问，是课堂讨论的组织者、是学生表现和成绩的评定者。而在 PBL 中，教师像"教练"一样，在提出问题情境之后，对学生的学习仅起到引导和促进的作用。

（5）学生角色。案例教学模式中的学生基本上具有"客户"的特性，他们在老师抛出案例之后立即作出回应，基于所学知识和积累的经验对案例进行讨论与分析，并提出相应的解决方案；而 PBL 中的学生是学习责任的主要承担者，他们需要在解决问题中完成知识的建构以及能力的培养。

（6）评价方式。案例教学模式中的评价基本上是以教师为主导的，而 PBL 模式下的评价则通常是学生自评、学生互评和教师评价的有机结合。

1.5.3　PBL 与探究式教学模式的比较

PBL 教学模式与探究式教学模式（inquiry-based learning，IBL）也有很多相似之处，但也存在着些许不同（Savery，2006）。

PBL 与探究式教学模式之间的相同之处主要表现在以下三个方面：

（1）两者均是以杜威的教学哲学为理论基础的。杜威认为，教育始于学习者的好奇心。因此，通过给学生设置需要解决的问题，便可以激发出其主动学习的热情。

（2）两者均是以学生为中心的。在学习开始时，学生们会面对一个需要解决的问题；为了解决问题会收集和理解相关信息；并在收集和理解信息的过程中构建新的知识；他们会在一起讨论彼此的发现，分享彼此的经验，回味和反思他们的新发现，直至找到满意的问题解决方案。

（3）两者均侧重于学生高层次思维的开发。学生们在解决问题时，会反复地使用批判式、整合式、分析式、创造式等高层次思维。

PBL 与探究式教学模式的区别主要体现在教师的角色上。在 PBL 中，学生是学习的主体，需要对自己的学习负责，从确认问题、找寻知识缺口，到自主学习、形成解决方案等均需要学生自主地完成，教师在学生建构知识的过程中只是起到引导和促进的作用；而在探究式教学模式中，教师不单是学生学习的促进者，也是信息的提供者。

有关探究式教学模式的相关信息建议到探究式教学模式中心的网站上查询，其网址是：http：//www. biology. duke. edu/cibl/。

本章参考文献

［1］［澳］约翰·B. 彼格斯，［澳］凯文·F. 科利斯. 学习质量评价：SOLO 分类理论［M］. 高凌飚，张岩红，译. 北京：人民教育出版社，2020.

［2］董卫国，黄钢，夏强，等. 临床医学 PBL 教程（教师版）［M］. 北京：人民卫生出版社，2016.

［3］付海东，杜伟. 高校学生高阶思维能力培养策略研究［J］. 长春大学学报，2015，25（10）：110 – 112.

［4］李芒，李仲秋，黄建荣. 网络探究式学习的心理学习环境设计［J］. 中国电化教育，2003（7）：22 – 24.

［5］［美］戴维·H. 乔纳森. 学会解决问题：支持问题解决的学习环境设计手册［M］. 刘名卓，金慧，陈维超，译. 上海：华东师范大学出版社，2015.

［6］毛景焕. 当代中西教学模式比较分析：兼谈我国当代教学模式建构之不足［J］. 教育研究与实验，2000（1）：30 – 33.

［7］［美］Priscilla Norton，Karin M. Wiburg. 信息技术与教学创新［M］. 吴洪健，倪男奇，译. 北京：中国轻工业出版社，2002.

［8］［美］约翰·杜威. 我们怎样思维：经验与教育［M］. 姜文阁，译. 北京：人民教育出版社，2005.

［9］［苏］瓦·阿·苏霍姆林斯基. 少年的教育和自我教育［M］. 姜励群，译. 北

京：北京大学出版社，1984.

［10］［苏］赞科夫 Л. В. 教学与发展［M］. 杜殿坤，张世臣，俞翔辉，等译. 北京：文化教育出版社，1980.

［11］唐仕芳，朱洪春，李华强，等. 综合性医院儿科见习教学方法探讨［J］. 中国医药指南，2008，6（12）：62 – 63.

［12］武法提. 基于 WEB 的学习环境设计［J］. 电化教育研究，2000（4）：33 – 38.

［13］杨开成. 建构主义学习环境的设计原则［J］. 中国电化教育，2000（4）：14.

［14］中国社会科学院语言研究所词典编辑室. 现代汉语词典［M］. 北京：商务印书馆，1993.

［15］AKINOGLU O, OZKARDES R. The Effects of Problem-Based Active Learning in Science Education on Students' Academic Achievement, Attitude and Concept Learning［J］. Eurasia Journal of Mathematics, Science and Technology Education, 2007, 3（1）：71 – 81.

［16］ANDERSON L W, KRATHWOHL. A Taxonomy for Learning, Teaching, and Assessing: A Revision of Bloom's Taxonomy of Educational Objectives［M］. New York: Longman, 2001.

［17］ARAMBULA-GREENFIELD T. Implementing Problem-Based Learning in a College Science Class［J］. Journal of College Science Teaching, 1996, 26（1）：26 – 30.

［18］ASPY D N, ASPY C B, QUINBY P M. What Doctors Can Teach Teachers About Problem-Based Learning［J］. Educational Leadership, 1993, 50（7）：22 – 24.

［19］BARRETT T. Understanding Problem-based Learning［A］//Handbook of Enquiry and Problem-based Learning: Irish Case Studies and International Perspectives［M］. Galway: National University of Ireland Galway and All Ireland Society for Higher Education, 2005.

［20］BARRET T. The Problem-Based Learning Process as Finding and Being in Flow［J］. Innovations in Education and Teaching International, 2010, 47（2）：165 – 174.

［21］BARROWS H S, KELSONA C. Problem-Based Learning in Secondary Education and Problem-based Learning Institute［M］. Springfield: Problem-based Learning Institute, 1995.

［22］BARROWS H S. Problem-Based Learning in Medicine and Beyond: A Brief Overview［A］//Bringing Problem-Based Learning to Higher Education: Theory and Practice［M］. San Francisco: Jossey-Bass, 1996.

［23］BLOOM B, ENGLEHART M, FURST E, et al. Taxonomy of Educational Objectives: The Classification of Educational Goals［M］. New York: Longmans, 1956.

［24］BRIDGES E M, HALLINGER P. Problem-Based Learning in Medical and Managerial Education［A］//Cognitive Approaches to Educational Leadership: Cognitive Perspectives on Educational Leadership［M］. New York: Teachers College Press, 1993.

［25］BOUD D. Problem-Based Learning in Perspective［A］//BOUD D. Problem-Based

Learning in Education for the Professionals [M]. Sydney: Higher Education Research Society of Australia, 1985.

[26] BOUD D, FELETTI G. The Challenge of Problem Based Learning [M]. New York: St Martin's Press, 1991.

[27] CAMP G. Problem-Based Learning: A Paradigm Shift or a Passing Fad? [J]. Medical Education Online, 1996, 1 (1): 42 – 82.

[28] CHIN C, CHIA L G. Problem-Based Learning: Using Students' Questions to Drive Knowledge Construction [J]. Science Education, 2004, 88 (5), 707 – 727.

[29] COLLIVER J A. Effectiveness of Problem-Based Learning Curricula: Research and Theory [J]. Academic Medicine Journal of the Association of American Medical Colleges, 2000, 75 (3): 259 – 266.

[30] DARLING-HAMMOND L, MEYERSON D, LA POINTE M, et al. Preparing Principals for a Changing World: Lessons from Effective School Leadership Programs [M]. San Francisco: Jossey-Bass, 2010.

[31] DEGRAAFF E, KOLMOS A. Characteristics of Problem-Based Learning [J]. International Journal of Engineering Education, 2003, 19 (5), 657 – 662.

[32] DEGRAAFF D E, KOLMOS A. 2007. History of Problem-based and Project-Based Learning [A] //Management of Change: Implementation of Problem-based and Project-based Learning in Engineering [M]. Rotterdam: Sense Publishers, 2007.

[33] DIBCER C, SIBEL G. Examining the Permanence of Problem-Solving Training Given for the Acquisition of Interpersonal Problem-Solving Skills [J]. International Journal of Early Years Education, 2001, 9 (3): 207 – 219.

[34] DOPPELT Y. Implementation and Assessment of Project-Based Learning in a Flexible Environment [J]. International Journal of Technology and Design Education, 2003, 13 (3): 255 – 272.

[35] DRINAN J. The Limits of Problem-Based Learning [A] //BOND D, FELETTI G. The Challenge of Problem-Based Learning [M]. London: Kogan Page, 1991.

[36] DUNCAN M, AL-NAKEEB. Using Problem-Based Learning in Sports Related Courses: An Overview of Module Development and Student Responses in an Undergraduate Sports Studies Module [J]. Journal of Hospitality, Leisure, Sport and Tourism Education, 2006, 5 (1): 5 – 57.

[37] DUCH B J. Writing Problems for Deeper Understanding [A] //The Power of Problem-Based Learning [M]. Sterling: Stylus Publishing, 2001.

[38] DUNCAN M J. The Student Experience of Online Problem Based Learning in Sport and Exercise Science [J]. Practice and Evidence of Scholarship of Teaching and Learning in Higher

Education, 2009, 4 (2): 95 – 115.

[39] FOGARTY R. Problem-Based Learning and Other Curriculum Models for the Multiple Intelligences Classroom [M]. Glenview: Pearson Sky Light, 1997.

[40] GORDON R. Balance Real-World Problems with Real-World Results [J]. Phi Delta Kappan, 1998, 79 (5): 390 – 393.

[41] HMELO-SILVER C E. Problem-Based Learning: What and How Do Students Learn? [J]. Educational Psychology Review, 2004, 16 (3): 235 – 266.

[42] HMELO-SILVER C E, Barrows H S. Goals and Strategies of a Problem-Based Learning Facilitator [J]. Interdisciplinary Journal of Problem-Based Learning, 2006, 1 (1): 21 – 39.

[43] HUNG W, JONASSEN D H, LIU R. Problem-Based Learning [A] //Handbook of Research on Educational Communications and Technology [M]. Mahwah: Erlbaum, 2008.

[44] JONES R L, TURNER P. Teaching Coaches to Coach Holistically: Can Problem-Based Learning (PBL) help? [J]. Physical Education and Sport Pedagogy, 2006, 11 (2): 181 – 202.

[45] KALAYC1 N. Sosyal Bilgilerde Problem Çözme ve Uygulama [M]. Ankara: Gazi Kitapevi, 2001.

[46] KRAJCIK J, MAMLOK-NAAMAN R. Using Driving Questions to Motivate and Sustain Students' Interest in Learning Science [A] //TOBIN K. Teaching and Learning Science: An Encyclopedia [M]. Westport: Greenwood Publishing Group, 2006.

[47] KRAJCIK J S, SHIN N. Project-Based Learning [A] //The Cambridge Handbook of the Learning Sciences [M]. New York: Cambridge University Press, 2014.

[48] LEVIAJR D F, QUIRING S M. Assessment of Student Learning in a Hybrid PBL Capstone Seminar [J]. Journal of Geography in Higher Education, 2008, 32 (2): 217 – 231.

[49] LUO Y J. The Influence of Problem-Based Learning on Learning Effectiveness in Students of Varying Learning Abilities within Physical Education [J]. Innovation in Education and Teaching International, 2019, 56 (1): 3 – 13.

[50] MORALES-MANN E T, KAITELL C A. Problem-Based Learning in a New Canadian Curriculum [J]. Journal of Advanced Nursing, 2001, 33 (1): 13 – 19.

[51] NORMAN D A, SHALLICE T. Attention to Action: Willed and Automatic Control of Behavior [J]. Chip Report, 1986, 21 (5): 354.

[52] PERKINS D N. Technology Meets Constructivism: Do They Make a Marriage? [J]. Educational Technology, 1991, 31 (5): 18 – 23.

[53] PIZZINI E L, ABELL S K, SHEPARDSON D P. Rethinking Thinking in the Science Classroom [J]. The Science Teacher, 1988, 55: 22 – 25.

[54] POIKELA S, VUOSKOSKI P, KARNA M. Developing Creative Learning Environments

［A］//In Tan O S. Problem-Based Learning and Creativity ［M］. Singapore: Cengage Learning Asia Pvt Ltd. , 2009.

［55］SAVERY J R. Overview of Problem-Based Learning: Definitions and Distinctions ［J］. Interdisciplinary Journal of Problem-Based Learning, 2006, 1 (1): 9 – 20.

［56］ŞENOCAK E. Probleme Dayal ı Öğrenme Yakla Sımının Maddenin Gaz Hali Konusunun Öğretimine Etkisi Üzerine Bir Ara ştırma ［D］. Erzurum: Atatürk University Sciences Institute, 2005.

［57］SPRONKEN-SMITH R. Implementing a Problem-Based Learning Approach for Teaching Research Methods in Geography ［J］. Journal of Geography in Higher Education, 2005, 29 (2): 203 – 221.

［58］THOMAS R E. Problem-Based Learning: Measurable Outcomes. ［J］. Medical Education, 2010, 31 (5): 320 – 329.

［59］TREAGUST D F, Peterson R F. Learning To Teach Primary Science Trough Problem Based Learning ［M］. Science Education, 1998, 82 (2): 215 – 237.

［60］UTECHT J R. Problem-Based Learning in the Student Centered Classroom ［J］. Research in Education Journals, 2003. http: //www. jeffutecht. comidocs/pbl. pdf (Retrieved on 9 September 2014).

［61］VERNON D T A, BLAKE R L. Does Problem-Based Learning Work? A Meta-Analysis of Evaluative Research ［J］. Academic Medicine, 1993, 68 (7): 550 – 563.

［62］VYGOTSKY L S. Mind in Society ［M］. Cambridge: Harvard University Press, 1978.

［63］WHITE III H B. Addressing Content in Problem-Based Courses: the Learning Issue Matrix ［J］. Biochemical Education, 1996, 24 (1): 41 – 45.

［64］WILSON B G. Metaphors for Instruction: Why We Talk About Learning Environments ［J］. Educational Technology, 1995, 35 (9/10): 25 – 30.

［65］WOOD D F. Problem Based Learning: ABC of Learning and Teaching in Medicine ［J］. BMJ, 2003, 326 (2): 328 – 330.

［66］ZHOU C. Learning Engineering Knowledge and Creativity by Solving Projects ［J］. International Journal of Engineering Pedagogy, 2012, 2 (1): 26 – 31.

［67］ZHOU C, KOLMOS A, NIELSEN J D. A Problem and Project-Based Learning (PBL) Approach to Motivate Group Creativity in Engineering Education ［J］. International Journal of Engineering Education, 2012, 28 (1): 3 – 16.

［68］ZHU Z, ZHOU C. Global Perspectives on Fostering Problem-Based Learning in Chinese Universities ［M］. Hershey: IGI Globle, 2019.

［69］ ZHOU C. How Ha-Ha Interplays with Aha! Supporting a Playful Approach to Creative Learning Environments ［A］//Innovative Pedagogy: A Recognition of Emotions and Creativity in Education ［M］. Boston: Brill Sense, 2017.

［70］ ZHOU C. Fostering Creative Problem Solvers in Higher Education: A Response to Complexity of Societies ［A］//Handbook of Research on Creative Problem-Solving Skill Development in Higher Education ［M］. Hershey: IGI Globle, 2016.

［71］ ZHOU C, Otrel-Cass K, Børsen T. Integrating Ethics into Engineering Education ［A］//Contemporary Ethical Issues in Engineering ［M］. Hershey: IGI Global, 2015.

第 2 章　PBL 的思想渊源与理论基础

　　尽管 PBL 仅被成功地使用了半个多世纪，但其思想渊源却由来已久，而且能够起到支撑作用的理论基础也较为雄厚。鉴于理论可以不断地启发实践（Ramsden，1993），因此，在具体阐述 PBL 的发展历程及其基本教学流程之前，简要地回顾一下 PBL 的思想渊源及其理论基础，对增强基于 PBL 的教学实践是十分有益的。

2.1　PBL 的思想渊源

　　PBL 的思想渊源较为久远，在东方可以追溯到孔子的启发式教学和终身学习等思想，在西方可以追溯到苏格拉底的"产婆术"等教学实践（董卫国，2016）。

2.1.1　PBL 与孔子的教育思想

　　孔子（公元前 551 年～公元前 479 年）是我国古代的思想家、政治家、教育家，儒家学派的创始人。在仔细地梳理了孔子的教育思想之后不难发现，PBL 的许多理念与孔子的教育思想与实践存在着异曲同工之处。

1. 终身学习

培养学生的终身学习能力是 PBL 的重要目标。孔子不但是第一位倡导终身学习理念的思想家和教育家，还身体力行。在《论语》中，他曾对自己的终身学习阶段做过如下划分："吾十有五而志于学，三十而立，四十而不惑，五十而知天命，六十而耳顺，七十从心所欲，不逾矩。"（张圣洁等，2019）。

孔子也曾说过："学而时习之，不亦乐乎？"在孔子看来，学习是一辈子的事情，没有年龄限制。虽然孔子始终未能提出终身学习这一术语，他在 2500 多年前理解的终身学习的内涵也不可能像现在这么全面而深刻，但孔子的言论和他一生的教育实践，已经初步体现了这种精神。

2. 自主学习

自主学习是 PBL 的典型特征，也是实现终身学习的必要条件。孔子曾说："君子求诸己，小人求诸人。"也曾感叹道："古之学者为己，今之学者为人。"这里的"为己"就是为自己能量的提升做主，也包含了为自己的决定和行为负责的意思。孔子也曾谦虚地说道："无非生而知之者，好古，敏以求知者也。"这里的"敏以求知"实际上就是一种自主的行为表现。孔子的"学如不及，犹恐失之"也强调了带有责任感、危机感的"自主学习"精神。有一次，孔子对弟子们说："予欲无言。"子贡不解地问："子如不言，则小子何述焉？"孔子回答他说："天何言哉？四时行焉，百物生焉。"其实，孔子是在训诫弟子。他这句话的意思是："我若不说教，你们就不会学习了吗？你们天天面对周遭万物百事的起伏生灭，难道也要老天说教吗？"由此看来，孔子是非常注重学生的自主学习的。

3. 以学生为中心

以学生为中心是 PBL 的精髓。教师若不能认同这一理念，学生也就无法进行自主学习。孔子认为，教师与学生之间的互动存在着如下微妙的关系，即"不愤不启，不悱不发"。这就是说，在由教师或学生提出问题后，先让学生自己去思考寻找解决办法。等到学生到了"愤"的心理状态，即经过冥思苦想仍不得其解的时候，教师才去开导他；再让学生认真思考，直到学生进入"悱"的心理状态，即想说却说不出来的时候，才去启发他，使学生有"柳暗花明又一村"的豁然开朗。由此可见，孔子的这种启发式教育较好地体现了以学生为中心的教学理念。在学习过程中，他让学生始终处于主动地位，鼓励学生主动地提出问题、思考问题，鼓励学生主动地去挖掘、去探索，教师只是从旁指点，起到引导和促进的作用。

4. 小组讨论

PBL 的学习过程通常是以小组讨论的形式进行的。在 PBL 中，学生是老师，老师也是学生，既是在做中学，也是在学中做。"教"与"学"不再是传统的对立，而是类似于"阴"与"阳"之间的相辅相生。众所周知，《论语》是记录孔子和他的弟子讨论交流学习内容的书。孔子多采用对话的形式，通过一问一答，你来我往，对学生进行启发。孔子所说的"三人行，必有我师焉"就有小组讨论的色彩。孔子提出"择其善者而从之，其不善者而改之"的主张，较好地体现了小组学习的思想。其实，孔子虽有学徒三千，七十二门徒，但他的言传身教都是以小组讨论的形式生动地显现在《论语》中的。正是在小组讨论的情境中，孔子才能够充分地了解经常与他讨教的弟子的能力和个性，进而进行因材施教。其实，《论语》记载了许多生动的、表明孔子因材施教的事例。在此，仅举两个例子加以说明。

[示例一] 在《论语》（颜渊篇）中记载，樊迟、司马牛、仲弓和颜渊均曾向孔子请教过何谓"仁"，孔子却没有给出一致的答案，而是作出四种全然不同的回答：

樊迟问仁。子曰："爱人。"

司马牛问仁。子曰："仁者，其言也讱。"

仲弓问仁。子曰："出门如见大宾，使民如承大祭。己所不欲，勿施于人。在邦无怨，在家无怨。"

颜渊问仁。子曰："克己复礼为仁，一日克己复礼，天下归仁焉。非礼勿视，非礼勿听，非礼勿言，非礼勿动。"

孔子之所以作出不同的回应，是因为孔子的这四个弟子有着不同的特质。樊迟的资质较为鲁钝，孔子对他就只讲了"仁"的最基本的概念，即爱人。司马牛"多言而躁"，孔子就告诫他要想成为仁人就要说话谨慎，不要急于表态。仲弓对人不够谦恭和体谅，孔子就教他忠恕之道，要能将心比心，推己及人。颜渊是孔子的第一大弟子，已有很高的德行，孔子就用仁的最高标准来要求他：视、听、言、行，一举一动都要合乎理的规范。

[示例二] 在《论语》（先进篇）中记载，子路闻知某种道理后请教于孔子："闻斯行诸"，即他是否可以马上付诸行动，孔子回答："有父兄在，如之何其闻斯行之？"即你最好先向父兄们请示商量。后来，冉求也提出类似问题，孔子却回答："闻斯行之。"有人问孔子：为什么同一个问题却给出了两种不同的答案，孔子解释道："求也退，故进之；由也兼人，故退之。"他这句话的意思是：冉求较保守退缩，因此要鼓励他；子路过于一意孤行，所以要劝阻他。

由此可见，孔子教导弟子之良苦用心。PBL 教师在小组学习中也应有效地使用因材施教的技巧。唯有如此，才能充分发挥每一个学生的长处，回避其短处，使每一个学生的才能品行获得最佳的发展。

2.1.2　PBL 与苏格拉底的教育思想

苏格拉底（Socrates，公元前 469 年～公元前 399 年）是在孔子去世十年后，即公元前 469 年出生的，与孔子基本上是同一时代的人。他是古希腊著名的思想家、哲学家，教育家。他和他的学生柏拉图（Plato，公元前 427 年～公元前 347 年）以及柏拉图的学生亚里士多德（Aristotle，公元前 384 年～公元前 322 年）被并称为"古希腊三贤"，更被后人广泛认为是西方哲学的奠基者。在对苏格拉底的教育思想进行仔细梳理后发现，PBL 的许多理念与其同样存在着许多相似之处。

苏格拉底的教育思想及其实践主要体现在"产婆术"（art of midwifery），即"问答式教学法"中。这是苏格拉底关于寻求普遍知识的方法。通过双方的交谈，在问答过程中，不断揭示对方谈话中自相矛盾之处，从而逐步从个别的感性认识，上升到普遍的理性认识、定义与知识。苏格拉底一贯自称无知，却能帮助别人学习知识，正像他的母亲费娜瑞特（Phaenarete）一样：费娜瑞特是一个产婆，自己年老不能生育，却总能给人接生。

苏格拉底把教师比喻为"知识的产婆"。在进行教学时，他不会直截了当地将学生应该知道的知识告诉他们，而是让学生发表意见，然后用反问的方式使学生陷入自相矛盾的窘境，在排除错误之后，一步步地走向合理的结论（濮璇，2013）。

苏格拉底常在对话开始的时候，佯装自己无知，其整个教学过程基本上分为以下四个步骤：

（1）讥讽，即通过不断提问，使对方陷入自相矛盾之中，以承认自己对这个问题一无所知。

（2）助产，即帮助对方抛弃谬见，使他们找出正确、普遍的东西。换句话说，就是帮助真理产生。苏格拉底曾经对朋友说：我的母亲是产婆，我向她学到了"接生术"。所不同的是，她是肉体的接生者，我是智慧的接生者。

（3）归纳，即从个别事物中找到共性，通过对个别善行的分析比较来寻找一般的美德。

（4）定义，就是把单一的概念归纳到一般的理论和知识中去。

有一个被苏格拉底的得意弟子色诺芬（Xenophon，公元前 440 年～公元前 355 年）记录在《回忆苏格拉底》中的故事，生动地反映了"产婆术"的应用过程。

有一天，苏格拉底和一个非常自负的、名叫尤苏戴莫斯（Euthydamus）的青年讨论人需不需要学习，学习时需不需要请教教师的问题。其中，有一段涉及正义与非正义的判断。

苏格拉底首先写下了 δ 和 α 两个字母。其中，δ 代表正义；α 代表非正义，然后问道：虚伪应放在哪一边？

尤苏戴莫斯：显然应放在非正义一边。

苏格拉底：那么欺骗呢？

尤苏戴莫斯：当然是非正义一边。

苏格拉底：偷盗呢？

尤苏戴莫斯：同上面一样。

苏格拉底：奴役人呢？

尤苏戴莫斯：也是如此。

苏格拉底：看来这些都不能放在正义一边了。

尤苏戴莫斯：如果把它们放在正义一边，简直就是怪事了。

苏格拉底：那么，如果一个被推选为将领的人，率领部队去奴役一个非正义的敌国，那么能不能说他是非正义的呢？

尤苏戴莫斯：当然不能。

苏格拉底：那么，他的行为是正义的了？

尤苏戴莫斯：是的。

苏格拉底：倘若他为了作战而欺骗了敌人呢？

尤苏戴莫斯：也是正义的。

苏格拉底：如果他偷窃、抢劫敌人的财物，他的所作所为不也是正义的吗？

尤苏戴莫斯：不错。不过开始我以为所问的都是关于我们的朋友呢。

苏格拉底：那么，前面我们放在非正义方面的事，也都可以列入正义一边了？

尤苏戴莫斯：好像是这样。

苏格拉底：那么，我们是不是重新给它划个界线；这一类事用在敌人身上是正义的，用在朋友身上就是非正义的了。你同意吗？

尤苏戴莫斯：完全同意。

苏格拉底：那么当战争处于失利而又无援的时候，将领发觉士气消沉，就欺骗他们说援军就要来了，从而鼓舞了士气。这种欺骗行为应当放在哪一边呢？

尤苏戴莫斯：我看应该放在正义一边。

苏格拉底：小孩子生病不肯吃药，父亲哄骗他，把药当饭给他吃，孩子因此恢复了健康。这种欺骗行为又该放在哪一边呢？

尤苏戴莫斯：我想这也是正义行为，应该放在正义一边。

苏格拉底：又如，一个人想自杀，朋友们为了保护他而偷走了他的剑，这种行为该放在哪一边呢？

尤苏戴莫斯：同上面一样。

苏格拉底：可你不是说对朋友任何时候都要坦率无欺吗？

尤苏戴莫斯：看来是我错了。如果您准许的话，我愿意把说过的话收回。

"产婆术"的实质在于：开启学生的智慧，促进学生的积极思维活动，从而自觉地、主动地获得知识，这不但对培养学生的分析能力、推理能力、概括能力，以至于形成高层次思维具有一定的作用，而且使学生对于老师传授的知识记忆更加深刻。由此可见，苏格拉底的"产婆术"与 PBL 倡导的以学生为中心、主动学习等也是相通的。

综上所述，PBL 所倡导的多种理念均可以在中西方古代先贤处找到踪影。尽管细想起来，孔子的教育思想与实践与苏格拉底的教育思想与实践并不完全相同，也必然都带有他们所属时代的印记，不可避免地具有时代的局限性，但两者都强调的以学生为中心、注重培养学生的主动学习能力和高层次思维的培养等，对我们当今时代的教育均产生了不可估量的影响。我们坚信，他们的伟大思想不可磨灭，历久弥新，一定会在教育的历史长河里熠熠生辉。

2.2　PBL 的理论基础

作为一种教学模式，PBL 本身就充满了复杂性。应该说，时至今日，还没有哪一个教或学的理论能够充分体现出 PBL 的复杂性。洋玉（Onyon，2012）曾经指出，支持 PBL 的教育学和心理学的理论不但非常丰富，而且广泛地分布在不同的学科领域之中。葛沃兹（Gewurtz，2016）和他的同事在一项述评研究中指出，至少有与不同理论相关的八个原则可以解释 PBL：

（1）成年学习者是独立的和自主的。

（2）成年学习者是以目标为导向并由内部动机驱动的。

（3）有效的学习通常是适用于实践的学习。

（4）认知过程对学习起支撑作用。

（5）学习是主动的，而且需要积极参与。

（6）学习者之间的相互作用对学习有帮助。

（7）激活先前的知识与经验能为学习助力。

（8）阐述和反思有助于学习。

这些原则与成年人学习理论、社会学习理论、信息处理理论、协作学习理论和情境学习理论等均有关联。基于先前的研究（Hmelo-Silver & Eberbach，2012；Marra et al.，2014；Zhou，2020），本书在此主要对信息加工理论、社会学习理论、社会建构理论、主动学习理论、小组学习理论、情境学习理论、跨学科学习理论、经验学习理论和终身学习理论进行阐述。为了更好地理解这些理论，在具体阐述这些理论之前，本书首先对学习进行简要的界定。

2.2.1　学习的界定

从广义上讲，学习可以增长知识，提升能力与理解力，启发情感，端正态度，发展社会性，这些是人们在社会中生存所需的重要条件和要素（Zhou，2017）。学习的意义不是生理意义上的成熟与衰老，而是生物体能力上的持续变化（Illeris，2007）。这就意味着，若要理解人类学习的整体复杂性，就必须考虑影响学习的许多不同的因素（Zhou，2012，2016）。

尽管"学习"一词已被广泛地使用，但时至今日，究竟何谓"学习"，尚未达成共识。但归纳起来，学习的界定主要有以下四种：

（1）学习是指体现在个体身上的学习结果，也就是个体学到的东西或发生的变化。

（2）学习是指发生在个体身上的心理过程，同样是个体学到的东西或发生的变化。这可能是学习心理学所关注的学习。

（3）学习既可以理解为能够直接或间接地影响个体内在学习进程的个体与物质环境和社会环境相互作用的过程，也可以理解为体现在个体身上的学习结果。

（4）学习不仅是日常用语，也是官方或专业用语。在这种情形下，"学"与"教"似乎具有相同的含义。正是因为如此，在现实工作和生活中，人们普遍地把"教"与"学"混为一谈。

在日常用语中，以一种非特定的方式使用"学习"一词时，这些含义也是最常见的（Illeris，2007）。

由此可见，学习的内涵是广泛而复杂的。只有依据不同的学科方法，结合具体的研究领域，才能对其作出恰当而准确的界定（Burr，1995；Wenger，1998；Biesta，2009）。

从传统意义上讲，学习首先被看作一种心理事件，学习心理学是心理学最为经典的分支，但也会涉及心理学中的其他分支，如发展心理学、认知心理学、人格心理学和社会心理学等（Illeris，2007）。近年来，人们对学习的理解已在很大程度上超越了传统心理学的范畴：一方面是基于与了解身体和大脑研究相关的生物学的解释；另一方面是基于社会科学的解释，最为重要的是在社会学和社会心理学之间的"灰色地带"。因为学习总是能够提升个体的胜任力的，因此，学习最终会促进整个社会的进步。这里所说的个体胜任力指的是个体在更广泛意义上的能力，这不仅意味着某个个体掌握了某个专业领域的理论和知识，而且意味着该个体能够将这个领域的理论和知识进行广泛的应用，即该个体不仅能够将其应用于本领域之中，而且能够将其应用于本领域以外的很多不确定和不可预测的情况之中（Jørgensen，1999；Sawyer，2005）。因此，个体胜任力在很大程度上包括个体通过学习所获得的对自身的评价、态度以及所掌握的技能（Zhou，2016）。已有研究指出，人们对讨论"我们如何学习"密切相关的"灰色地带"已越来越感兴趣了（Zhou，2020）。

2.2.2　信息加工理论

信息加工理论（information processing theory）是在 20 世纪四五十年代发展起来的，是认知心理学的基础理论，主要关注的是信息是如何被编码到人们的记忆之中的，旨在解释大脑运作的一系列过程，包括收集、操作、存储、检索和分类信息等。信息加工理论虽然经常被用来指导教学设计和学习方法，但这一理论更倾向于解释信息是如何处理的，而不是学习是如何发生的。换句话说，与行为主义关注的"人们是如何对刺激作出反应"不同，信息加工理论将人类的大脑看作一台计算机或信息处理器。这不仅是信息加工理论的核心观点，而且被广泛地应用于指导与个体智力开发以及教学方面的研究之中（Frey，2018）。

根据米勒（Miller，1994）的研究，信息加工理论描述了人们的大脑是如何过滤信息的——从人们当前正在关注的东西到存储在短期或工作记忆中的东西，再到进入人们的长期记忆。他还提出了两组重要的用以建立信息加工理论框架的概念。其中，一组概念是"组块"和短期（工作）记忆容量。米勒（1994）指出，短期记忆只能容纳 5~9 个信息组块。一个信息组块可以是记忆中的任何一个有意义的部分，如数字、单词、棋位或人脸。组块和有限短期记忆容量的概念成为后来所有记忆理论的基础要素。另一组概念是信息加工，以计算机作为人类学习的模型。与计算机一样，人类的大脑接收信息并对信息进行一系列操作，改变信息的形式和内容、存储和定位信息，并据此作出反应。因此，信息加工包括信息收集、信息传递、信息编码、信息持有或保留以及需要时的信息获取或检索。

信息加工理论认为，记忆主要有三种类型，即感官记忆、短期记忆和长期记忆。其中，感官记忆是个体对通过感官接收到的信息的记忆；短期记忆（short term memory，STM）也叫工作记忆，指的是对接收到的新信息的暂时持有状态，直至其丢失或转变为长期记忆；长期记忆（long term memory，LTM）则是指那些可以无限存储且可长期保存信息的记忆。

信息加工理论指出，有效信息编码的关键在于确保信息内容是有意义的，并且可以激活先验知识。辅助编码策略包括组块（将信息加工重组为可管理的组块）、排演、想象、助记、图式激活和分等级处理（Miller，1994）。此外，信息加工理论将先验知识的激活、特异性编码和知识的精加工看作提高学习效率的重要影响因素。先验知识的激活是指学生用已经掌握的知识理解新的信息，即学习是将新信息与先验知识联系起来并建立意义的过程（Torre et al.，2006）。特异性编码是指学习发生的情境与其应用的情境越相似，学习的迁移就越容易发生。在一个情境中习得的东西越接近于其被应用的情境，学习的迁移就越可能发生（Albanese，2000）。换句话说，语境匹配就是这样的一种理论，即学习的情境越接近于回忆的情境，则唤起回忆的可能性就越大。拉夫和温格（Lave & Wenger，1991）在描述情境学习时也用过类似的概念：大多数学习都是特定于学习所处的物理和社会环境的。从这个意义上说，学习的过程应该被嵌入所学知识被使用的社会和物理环境中，因为知识本身在环境之间的转移是不易实现的（Onyon，2012）。知识的精加工是指如果知识有更多的机会被诸如讨论、交流或回答问题等精加工，就会更易于理解和掌握。

信息加工理论是 PBL 的理论基础之一。之所以如是说，是因为对 PBL 优势与价值的最早诠释就是从这一理论开始的（Schmid，1993）。根据施密特及其同事（Schmidt et al.，1989）的研究，PBL 的一个关键好处就是小组讨论可以帮助学习者激活他们的先验知识。在学习之前进行小组讨论，可以激活学习者的先验知识，并促进新信息的加工进程。小组讨论为学习者提供了详细阐述他们的理解并将他们学到的新知识与存储在长期记忆中的知识联系起来的机会。此外，信息加工理论的一个关键思想就是信息加工的适当迁移，换句话说，就是当人们在解决问题的环境中学习时，他们应该能够适时地在需要的时候检索到相关的信息（Adams et al.，1988）。知识的自发迁移通常很难实现，但随着个体实践经验和专业知识的不断增加，知识迁移的可能性也会逐步提高（Novick，1988；Novick & Holyoak，1991）。当问题解决者无法在先验知识中检索到相关信息时，就意味着知识迁移的失败。在 PBL 中，知识是在解决问题的情境下进行编码的，学生在面对需要解决的问题时，更有可能检索这些知识，尤其在职业教育中更是如此。在这种情况下，学生通常学习的是诸如医学、心理学等的基础性学科。学生的学习目标通常不仅仅是学习这些学科的知识，更为重要的是将所学的知识应用到问题解决之中。因为在 PBL 中，学生是在解决问题的过程中学习学科知识、推理策略和自主学习策略的，因此，期待迁移适当的信息加工机制并使其发挥作用是合情合理的。更多地对 PBL 的认知分析表明，在提出问题、获取先验知识、建立问题空间、寻找新知识来解决问题时，学生可以构建新的唤起先验知识的心理表征或重组现有的心理表征，包括可能使用先验知识的条件（Anderson，1982）。这个过程包括对某个个体学习和解决问题的元认知意识的开发（Hmelo & Lin，2000；Hmelo & Eberbach，2012）。

PBL 非常看重学习的认知加工过程及其促进和支持因素，因此，施密特（Schmid，1993）认为，信息加工理论为 PBL 提供了理论支撑。

2.2.3　社会学习理论

众所周知，人类所有的学习都是发生在一定的社会文化背景之下的，由此便产生了社会学习理论。社会学习理论（social learning）是由美国心理学家阿尔伯特·班杜拉（Albert Bandura，1977）在一项有关社会联系对学习的意义的研究中提出来的。

我们该如何理解社会的意义呢？有学者提出，如果说某件事是社会的，那么它会自动地相互关联并指向其他人（Zhou，2016）。韦伯（Weber，1922）将与他人行为有关的行为界定为"社会行为"。社会行为是我们日常生活的重要组成部分，既会发生在工作场所也会发生在非工作场所，并总是会指向他人（Zhou，2020）。社会学往往通过社会化的概念，促进我们对学习的理解。这里所说的学习是指个体将他们出生所在地的社会价值观、信仰和行为规范等进行内化的过程。从社会学的角度来看，个人会被社会化到特定的文化价值观、态度和信仰体系之中。他们与社会上的其他人共享特定的文化价值观、态度和信仰体系，这是所有社会赖以生存和发展的基础（Jarvis et al.，1998）。

从社会的视角来看，"互动"是一个非常关键的词汇。班杜拉（Bandura，1977）提出，社会学习理论应从认知、行为和环境三者的持续交互作用来探究人的行为。在交互的过程中，人们既有机会影响自己的命运，也存在自我影响的极限，人与其所处的环境之间存在着交互决定的影响，这种交互影响可以被看作人与环境之间发生的一种交易（Illeris，2007）。简单地讲，"交互影响"可能包括行动、沟通和合作。这就意味着，从根本上来说，学习是人类作为生物和基因进化的物种与人类发展的社会结构之间进行不断调适的过程。学习不只是发生在个体身上，在多数情况下，学习总是嵌入在为学习什么和如何学习设置框架的社会环境中（Zhou，2020）。伊莱里斯（Illeris，2007）指出，所有的学习都包含三个维度：一是内容和激励，这与人的知识获取过程有关；二是情绪或精神动力，具体包括精神能量、感受和动机；三是社会维度，这与人和环境之间的互动过程有关。这三个维度构成了一个学习的闭环，表明学习总是发生在外部社会环境的框架内，在通常情况下会决定学习的可能性。因此，学习是人的转变与社会结构演变的结合。

社会学习通常与"实践"联系紧密。温格（Wenger，1998）认为，学习是社会能力和个人经验的相互作用，是个人与其所参与的社会学习系统之间动态的、双向的关系。社会学习理论整合了通过社会参与来认知和学习过程中的各种必要元素。这些元素包括意义、实践、社群和身份。其中，"实践"可以被看作"学习者用于维续自己在特定群体中实现社会参与所需的历史和社会资源、原则框架和观点共享"。"技术娴熟"的实践使人们能够利用经验、知识和探索来增强其对成功、问题以及重大问题进行干预、解释和积极应对的能力。因此，实践常常与学习者的反思紧密相连。对实践的反思帮助人们理解其感受、思考和行为之间的联系，理解其所做的事情与其如何通过产生新的见解来提高效率之间的联系（Tan，2009）。这便进一步促进了"变革型学习"的产生。这里所说的变革型学习，就是帮助学习者反思甚至质疑那些一直以来都被人们认为是"理所当然"的东西，诸如观点、习惯性思维、思维定式等，以使学习者变得更加包容、更具鉴别力、更加开放、有更为广阔的情感空间，而且更容易进行反思，这样一来，他们就可以生成新的信仰和观念来指导其采取更为真实或合理的行动（Mezirow，2000）。通过变革型学习，学生不但可以构建起自身人格与知识间的整合，而且这种整合是建立在所有的相关环境均可以主观地建立联系并自由地产生联想的基础上的（Illeris，2007）。

基于此，社会学习更多的是探讨教育创新、课程设计与问题评价之间的联系。由此我们可能会反思，倘若从社会的视角对学习进行教学设计，那么学习者的学习能力便会得以有效提升。之所以如是说，主要是因为社会学习强调的互动、实践、经验、反思、情境学习、主动参与等概念，恰好与 PBL 的原则和特征，如以学生为中心的学习、以问题为导向的学习、小组学习、合作学习、跨学科学习等完全符合（Tan，2009）。当人们参与一个类似于 PBL 环境下的学习者之间能够互动的学习社群时，他们对世界的认识及其信念就会受到该群体的信念和价值观的影响，就像我们对世界的认识会受到我们在工作中所从事的活动的影响一样。我们的思维被与我们一起实践或共同学习者的信仰和知识影响着。正因为如此，杜菲和坎宁安（Duffy & Cunningham，1996）将学习视为一个个体与相关文化之间关系的影响及其产生变化的过程，这是因为知识和信念分布在这些群体成员之中（Salomon，1993）。这种相互作用和相互依赖在 PBL 中表现得尤为明显，因为学习者依赖其他群体成员的先验知识来帮助其完成任务或阐明解决问题所需的信念或立场（Marra，2014）。

与此同时，社会学习也有助于将 PBL 理解为一种具有系统性和创造性的学习环境（Zhou，2012），在这样的学习环境下，学习者可以通过探索、角色扮演、风险承担、反思、柔性、专注、敏感与承诺等促进自身与学习小组其他成员创造力的开发（Zhou，2020）。

2.2.4　社会建构理论

如前所述，现有的学习理论将学习视为一种基本的社会活动（Bransford，Brown & Cocking，2000）。社会建构理论（social constructivism theory）起源于皮亚杰的发生认识论，杜威的以学生、经验和活动为中心的思想以及维果斯基的社会历史文化学派等心理学思想，是认知学习理论的重要分支。作为一种学习理论和教学理论，社会建构理论被视为对传统学习理论和教学理论的一场革命，是当代教育心理学研究的新进展。

社会建构理论假设个体的理解力、重要性和意义都是在与他人的合作中发展起来的。社会建构理论中最为重要的两个假设是：①人们通过创建社会及其运行方式或模式来合理化他们的经验；②人们相信可以通过赖以生存的最基本的语言系统来建构现实（Leeds-Hurwitz，2009）。

这一理论受到了维果斯基的强烈影响，认为知识首先是在社会环境中构建，然后才被个体内化使用。维果斯基（1978）曾经指出，认知成长首先发生在社会层面，然后才发生在个体内部。在社会层面上，理解他人并构建知识可以让学习者将自己与环境联系起来。维果斯基（1978）认为，学习是学习者从当前的智力水平向更接近潜能的高水平提升的持续运动。作为社会互动的结果，这种运动发生在最近发展区（zone of proximal development，ZPD）。他将最近发展区界定为，"独立解决问题所具备的实际发展水平与通过成人指导或与更有能力的同伴合作解决问题的潜在发展水平之间的距离"（Vygotsky，1978）。因此，对人类思维的理解和对知识的理解依赖于对社会经验的理解，认知过程的力量来源于社会互动（Amineh & Asl，2015）。正如伊莱里斯

（2007）所提出的那样，社会建构主义的概念基础是将人类行为的解释视角移到了关系领域。社会建构理论将人类行为的源头追溯至人际关系，并将个体功能的理解追溯至公共功能。此外，韦尔奇（Wertsch，1997）提出，获取和学习重要的带有"符号性"的社会意义，要依赖于学习者与比自己知识更丰富的他人的社会互动。从社会建构理论的观点来看，在学习过程中考虑学习者的背景和文化是很重要的。学习者的背景帮助学习者在学习过程中创造、发现和获得知识与真理（Amineh & Asl，2015）。

社会建构理论强调，现实不是个体可以发现的东西，因为它在人类社会发明之前是不存在的。库克拉（Kukla，2000）认为，社会或群体成员共同创造了现实世界或群体的属性。此外，社会建构理论认为，由于现实不是在社会发明之前创造出来的，因此，它不是个体能够发现的东西。作为学习者的人类是感知者和表达者，通过认知和解释活动来构建自己的心理模型以解释现实的物质世界。这种建构过程包括将新想法和新现象与原有的信念和已经建构的知识表征相适应。学习者所建构的知识不仅包括知识本身，还包括关于习得这种知识所属的"情境"，即在这一情境中已习得知识的人做了什么以及这些人又想从这一情境中得到什么。与较为低等的生命形式（就我们所知的）的区别在于：人类拥有意图以及表达这些意图的能力（Marra et al.，2014）。韦尔奇（1997）认为，社会建构理论不仅像建构主义一样承认学习者的独特性和复杂性，而且将激励、利用和奖励学习者作为学习过程中不可分割的一部分。社会建构理论鼓励学习者去发现自己"版本"的真理，这将受到他/她的背景、文化或自身对世界认知的影响（Amineh & Asl，2015）。这就在一定程度上强调了学习者在从事有意义的任务时进行自主学习的重要性（Collins，2006）。

作为 PBL 最为重要的理论基础之一，社会建构理论一直被广泛讨论。社会建构论认为，在教学中，教师不再是传统意义上的教师，而是学生学习的引导者和促进者（Bauersfeld，1995；Dolmans et al.，2019）。传统意义上的教师主要采用说教式的授课方式，而 PBL 中的教师则致力于引导和促进学习者通过自主学习理解课程内容。在传统的教学模式下，学习者扮演的是被动接受者的角色，而在 PBL 教学模式下，学习者扮演的是主动学习的角色。加莫兰等（Gamoran et al.，1998）指出，社会建构理论强调，教师或教学内容应转向学习者。教师角色的重大变化要求，作为引导者和促进者的教师需要掌握一套与传统意义上的教师完全不同的技能（Brownstein，2001）。根据迪·维斯塔（Di Vesta，1987）的观点，设计出的学习环境应该支持和挑战学习者的思维。虽然提倡把解决问题的所有权交给学习者，但教师应意识到，仅仅设计一些活动或解决方案是远远不够的。最为关键和重要的目标是：帮助学习者成为一个有效的思维者。当教师同时扮演顾问和教练等多种角色时，这个目标就可以实现。相应地，珊珂（Shunk，2000）提出的社会建构主义教学方法强调，互惠教学、同伴协作、认知学徒制、基于问题的教学、网络探索、锚定教学以及其他涉及与他人互动的学习。社会建构主义的教学模式强调学习者之间以及与社会实践者之间进行合作的必要（McMahon，1997）。拉夫和温格（Lave & Wenger，1991）主张，在社会实践知识的获取中，实践者之间的关系、他们的实践以及实践所在社区的社会组织类型及其政治经济生态都是十分重要和有效的。因此，学习应该将这样的知识和实践涵盖其中（Gredler，1997；Amineh & Asl，2015）。

此外，在 PBL 中，还有大量关于"脚手架"学习的研究（Golan，Kyza，Reiser & Edelson，2002）。PBL 中的"脚手架"可以让学习者参与到可能超出他们目前能力范围的复杂问题之中。通过对任务的复杂性和困难程度的改变，"脚手架"使这些任务易于操作和管理，让学习者的最近发展区得到发展（Rogoff，1990；Vygotsky，1978）。金塔纳和他的同事们（Quintana et al.，2004）将"脚手架"视为认知学徒制的一个关键元素。他们提出，教师通过辅导和提示以及简化任务结构等方式，为学生们提供"脚手架"，而不是明确地给出最终答案，久而久之，学生就会逐渐成为越来越有成就的问题解决者。"脚手架"的一个重要特点就是它支持学生学习如何完成任务以及为什么以这样的方式去完成任务（Hmelo-Silver，2006；Hmelo-Silver & Eberbach，2012）。

当今的社会建构学习倡导者主要从学习的角度来理解建构主义，强调学习的主动性、社会性和情境性，关注如何以原有的认知、心理结构和信念为基础来建构知识。他们认为，①学习是学习者主动建构内部心理表征的过程，不仅包括结构性知识，也包括大量非结构性的经验背景。②学习过程同时包含两方面的建构：一是对新信息的意义建构；二是对原有经验的改造和重组。③学习者以自己的方式建构对事物的理解，而不是对唯一标准的理解，学习者可通过与他人的合作来实现理解的丰富和全面。

社会学习建构理论强调，真正的教学应具备知识的深层理解、高水平的思维、与现实的连续、大量的交流以及为学生进步提供的社会支持等。

对于知识，社会建构理论认为，知识在被个体接受之前是毫无意义的，不要把知识作为预先决定的东西教给学生，不能用教师的权威来压服学生，学生对知识的接受只能靠他们自己的建构来完成，以他们的经验、信念为背景来分析知识的合理性。另外，知识在具体情境中具有特异性，学习知识不能满足于教条式的掌握，而是需要不断深化，把握知识在具体情境中的复杂变化。由此看来，社会建构学习理论更为重视具体情境在教学中的重要性，强调情境化教学。

对于学习活动，社会建构学习理论认为，学习不是由教师将知识传递给学生，而是学习者自己建构知识的过程。教师的作用只是促进学生自己建构知识而已。学习者的学习应是主动的，而不应是被动的刺激接受。每个学习者都应是以自己原有的经验系统为基础对新的信息进行编码，建构自己的理解，而且原有的知识又因为新知识的进入而发生调整和改变。因此，学习不是简单的信息积累，它同时包含着由新旧经验的冲突引发的观念转变和结构重组；学习过程并不单单是信息的输入、存储或提取，而是新旧经验之间相互作用的过程。由于社会建构学习理论将学习看成一个建构的过程，以新旧经验的相互作用来解释知识建构的机制，因此，主张教学要增进师生之间及学生之间的合作，使学生看到与自己不同的观点。正因如此，社会建构学习理论特别重视教学中师生之间和学生之间的社会性相互作用，主张采用合作学习和交互式学习方法。

对于学习者，社会建构学习理论强调，学习者在接受新知识时，头脑中并不是一片空白的，在以往的日常生活和学习中，已经形成了丰富的经验。而且，有些问题即使他们没有接触过、没有现成的经验，但当他们遇到时，往往可以根据以往的相关经验，形成对问题的某种解释或推断出合乎逻辑的假设。因此，教学不能无视学生的现有知识和经验，而是要把学生现有的知识和经验作为新知识的生长点，引导学生从原有的知识经验中生长出新的知识和经验。教学不是知识的传递，而是知识的处理和转换。教师应该重视学生自己对各种现象的理解，倾听他们的想法，洞察他们想法的由来，并以此为依据，引导学生丰富或调整自己的理解。由于经验背景的不同，学习者对问题的理解常常存在差异，这是十分正常的。在学习者的共同体中，恰恰是这些差异本身构成了他们宝贵的学习资源。

总而言之，社会建构学习理论强调以学生为中心，重视学生在学习中的主体性，重视学生面对具体情境进行意义建构，重视学习活动中的师生间与学生间的"协作"和"会话"，主张建立一个宽松、民主的教学环境等。这些观点不但为 PBL 提供了理论依据，而且恰好是 PBL 特征的具体体现。

2.2.5　主动学习理论

近年来，为了摆脱普遍存在的学生被动学习的传统教学模式，让学生参与到学习过程之中的主动学习（active learning）实践逐渐开展起来。它被描述为一种可以使学生参与到自身的学习过程之中，保持学习主动性的整合策略（Prince，2004）。主动学习可以由短期课程相关的个人或小组活动组成，所有学生在课堂上就可以做。在学生进行主动学习的过程中，教师不但可以进行适当的引导，而且可以及时地处理学生的反馈并提供新的信息（Felder & Brent，2016）。主动学习还可以是学生在课堂上参与的任何学习活动，而不是被动地听老师讲课，包括帮助学生吸收所学内容的听力练习、对课程材料作出反馈的短篇写作练习以及将课程材料应用于"现实生活"和/或新问题的小组练习等（Faust & Paulson，1998）。因此，主动学习不仅包括学生参与的学习活动，还须包括学生的反馈、分析、评估和信息交流等（Marrone et al.，2018）。

简而言之，主动学习源于以下两个基本假设：一是学习本质上是一种主动的努力；二是不同的个体会以不同的方式进行学习（Meyers & Jones，1993）。与传统的"被动式学习"相比，主动学习是以学生为中心展开的（Marrone et al.，2018）教学模式。在这种教学模式中，学生能够影响学习的内容、活动类型、学习材料和学习进度。这种教学模式将学生（学习者）置于教学过程的中心位置。教师为学生提供独立学习和相互学习的机会，并指导他们掌握有效学习所需要的技能（Felder & Brent，2009）。主动学习是要求学生参与活动、鼓励他们反思想法以及让他们思考如何使用这些想法的过程。它还需要学生具有定期评估自己的理解程度和处理特定学科概念或问题的技能。通过让学生参与信息收集、思考和解决问题等能够使学生在学习中保持心理上和身体上的主动状态（Michael，2006）。

以学生为中心的教学方法包括一些技巧，如取代传统教学模式的主动学习；分配具有开放性特点、需要批判性或创造性思维才能解决的问题等。这些问题不是一个简单的文本就能解决的，而是需要学生参与模拟和角色扮演，并按照自己的节奏和/或与小组其他成员进行合作才能解决。恰当地实施以学生为中心的教学方法，可以增强学生的学习动机，使其更好地记忆知识、更深入地理解知识，并对所学科目产生更为积极的态度（Michael，2006）。然而，已经习惯了传统教学模式的学生、喜欢被动学习的学生或者对参与活动不感兴趣的学生，可能会对主动学习产生一些排斥心理与行为。因此，教师应提前做好课内或课外的活动计划，如实地工作、实习、在线讨论、独自探究等。下面罗列了一些可以在小型班和大型班的课堂学习中使用主动学习的例子（Felder & Brent，2016；Michael，2006），以供参考。

1. 思考—配对—分享

首先，给学生布置一项任务，如提出一个需要回答或解决的问题、一个需要开发的项目等，让他们独立地进行思考（思考）；其次，让他们与坐在他们身边的同学讨论自己的想法（配对）；最后，要求或者选择部分配对的同学在全班范围内分享他们的想法（分享）。

2. 合作学习小组

合作学习小组可以是正式的，也可以是非正式的；可以是分年级的，也可以是不分年级的；可以是短期的，也可以是长期的。一般来说，可以将学生划分成由 3~6 人组成的学习小组。每组选出一个组长和一个记录员。学习小组会面临一个学习任务，这个学习任务需要小组成员共同完成。在通常情况下，学生需要提前为完成小组任务做好相应的准备工作，如材料阅读或其他家庭作业等。最后，每个学习小组会形成每个学习小组的答案、论文或者项目报告等。

3. 学生主导的审查与回顾

与传统的教师主导的审查与回顾不同，学生主导的审查与回顾，顾名思义，就是让学生自己完成审查与回顾环节的工作。例如，在前半段时间里，审查与回顾可以在小组的范围内进行。此时，每个学生至少要问一个与自己不理解的内容相关的问题，并尝试回答另一个小组成员提出的问题。学生还可以练习讨论、说明和应用较难的材料或概念或者起草测试题等。在后半段时间内，审查与回顾应在全班的范围内进行，全班同学一起合作，分享更多的与问题相关的反思与讨论。

4. 游戏

诸如险境求生、填字游戏等均可以改编成课堂学习的材料，用于审查与回顾、布置作业甚至是考试之中。游戏既可以用于个人、小组，也可以用于整个班级。现在借助于一些计算机程序，就可以进行填字游戏。

5. 对视频的分析或反馈

视频为课程材料提供了另一种展示模式。选用的视频应相对简短。在上课前，教师应预先估计一下学生观看视频后可能的反应，并设计一些需要学生讨论的问题以及一些重点想法清单，这将有助于学生们集中注意力。在视频播放结束后，教师可以让他们单独或两人一组回答一些关键问题或者写一篇"评论"与反馈或者应用一个理论进行分析与阐释等。

6. 学生辩论

学生辩论可以是正式的，也可以是非正式的；可以是个人的，也可以是团体的；可以是给予评分的，也可以是不给予评分的。辩论不仅能够让学生有机会阐述自己的观点或立场，还能够调动他们收集数据、捋顺逻辑来支持自己的观点和立场的积极性。辩论也可以锻炼学生语言表达的能力。在辩论开始前，有些教师可能会首先询问某些学生对某一问题的看法，再让他们与提出相反观点的其他同学进行辩论。

7. 案例分析

首先，引入一个供学生阅读的案例；其次，让学生运用课堂上学到的概念、数据和理论讨论和分析案例，他们可以以个人或小组的形式开展工作，也可以以思考—配对—分享的方式开展工作，还可以将此与课堂作业结合起来。

8. 概念地图

概念地图又称为思维导图，是表达发散性思维的有效且实用的图形工具。概念地图运用图文并重的技巧，把各级主题间的关系用相互隶属与相关的层级图表现出来，把主题关键词与图像、颜色等建立记忆链接。概念地图鼓励学生对模型、想法与概念间的关系进行视觉展示，利用包含概念的线和圆圈画图，并在概念之间的线上填写连接性的短语。概念地图可以由学生独立绘制，也可以由小组成员共同绘制。

将上述这些技巧整合到主动学习之中，有助于创建宽松的学习环境，激励学生更好地学习未来职业所需的理论和知识（Auster & Wylie，2006；Richards & Marrone，2014）。有关主动学习的 85 篇研究文献显示，在澳大利亚的商科教育中，大学本科教育阶段便开展了让学生接触真实世界的主动学习实践（Marrone et al.，2016）。还有一些研究探讨了合作学习（Opdecam & Everaert，2012）、各种游戏和模拟（Bentley，Brewer & Eaton，2009）以及移动学习（Murphy et al.，2014）方法。研究发现，社会互动对个体认知能力的开发是至关重要的（Carroll & Ryan，2007）。与学生同教师讨论相比，学生与同龄人的讨论能提供更广泛的视角，这在仅仅依靠于教师难以得到学生反馈的教室里是很难实现的（Rubin，2006）。

2.2.6　小组学习理论

与小组成员一起工作不仅可以促进学生对知识的获取，还可以提升他们的其他能力，如沟通能力、协作能力、解决问题的能力、独立学习能力、信息分享能力等。这是有理论基础的。

任何社会或文化因素的影响都可以通过个人—群体—环境的交互作用来理解。这种影响可能发生在人际和环境的相互作用之间。周春芳（Zhou，2014）认为，在问题解决的课程教学中，应该采用小组活动快速地获取观点、利用网络和互动清晰地描述问题、利用小组讨论与交流产生想法，这对培养学生的高层次思维能力，如分析推理能力、将多种信息进行整合的能力等是大有好处的。

研究表明，小组构成是影响群体小组学习效果的因素之一，因此，在决定如何组成小组时，通常会考虑能够影响小组绩效的一些关键属性，具体包括小组成员的能力（如知识、技能、经验等）、信仰（如价值观、态度、文化等）、风格（如个性、认知和行为风格等）以及人口统计学特征（如种族、性别、民族等）。与其他属性相比，小组成员的某些属性，如人口统计学特征等是相对显而易见的，并且在相同的情况下，这些显而易见的属性对群体有着更强且更为直接的影响（Paulus，2003）。一些传统的研究认为，小组构成应该是多样性的，但与此同时，这种多样性也是一把"双刃剑"。例如，汤普森和崔（Thomposon & Choi，2006）指出，多样性一方面有助于小组工作的顺利开展，因为每一个小组成员均会为出色地完成小组任务出谋划策，但另一方面也可能与小组成员满意度低、对组织的认同感弱、更大的情感冲突和成员流动等不太令人满意的结果密切相关。周春芳（Zhou，2014）指出，尽管与任务相关的小组成员多样性是必需的，但也应该尽可能地避免多样性可能带来的不利影响。

此外，小组的运行过程也是值得关注的。韦斯特和他的同事们认为，若要将知识多样性转化为有意义的创意工作，那么在小组运行过程中，就应该密切关注以下几个关键要素：明确并承诺可以分享的目标；重视参与；尊重少数对过程的影响；支持新方法、新思想；重视反馈等（Thomoson & Choi，2006）。研究人员在研究了小组成员如何合作以提高创新能力之后发现，多种不同的过程干预都有助于提高小组的学习效果。相应地，一些有助于小组产生更多新想法的技术已被开发出来，包括从想法的产生到结果的选择的头脑风暴技术（Burningham & West，1995）等。研究发现，氛围在这一过程中起着至关重要的作用（Amabile，1996）。伊斯梅尔（Ismail，2005）将氛围界定为行为、态度和感觉的重复模式，这些模式表征了组织中的生活。在个体层面的分析中，这个概念被称为心理氛围，具体是指个人对行为的感知。聚合起来之后，这个概念被称为组织氛围。因此，学习小组的氛围应是由参与工作的小组成员的感知以及分享的感知构成的。创造性的小组氛围能够使小组成员在学习过程中更有效地产生和实施创造性想法（Amabile et al.，1996）。

协作解决问题的小组是 PBL 中的一个关键特征。PBL 中的一个假设是：小组结构有助于在小组成员之间分配认知负荷、允许整个小组利用成员分散的专业知识共同解决通常对单个成员来说是很困难的问题（Salomon，1993）。在 PBL 中，学生通常会对学习问题进行划分，并成为特定问题的"专家"。研究表明，PBL 会议中的小组讨论和辩论增强了小组成员的高层次思维，促进了小组成员间的知识共享（Vye et al.，1997）。在 PBL 中，学生们经常一起工作，以构建协作性的解决办法，当然，这也需要来自教师或专家的支持。通常情况下，教师会帮助他们完成这一任务。在没有教师引导的情况下，也可以通过诸如脚本式协作、互惠教学、同伴提问、引导和利用学生角色等技巧促成小组成员间的有效协作（Palincsar & Herrenkohl，1999）。

多年来，许多教育机构都面临着学生人数增加的问题，这导致学生规模的不断变大。为了提升小组学习的成效，在 PBL 中，通常会将较为庞大的学生群体划分成较小的子群体，以强化学生之间的社会网络。这是因为在较小的群体中，学生更容易与其他同学建立起联系，这有利于他们的学习（Hommes et al. , 2014）。此外，还可以引入较小的教师引导团队。教师引导团队可以与较小的学习小组取得联系，他们彼此之间也可进行互动与分享。这些教师引导团队被称为专业学习社群（professional learning communities，PLCs）（Stoll et al. , 2006）。通过有意识地在一个大的群体中建立由学生和教师组成的较小的学习社群，学生和教师可以定期分享实践并相互学习。通过让学生与教师在共同的目标指引下进行的互惠学习，来创建师生之间的伙伴关系，进而增强彼此的承诺与赋权，让学生和教师不断地改进他们的教学实践（Bendermacher et al. , 2017）。因此，教师应该拥有合作和重新参与到教学或评估实践设计及其实施的机会，并为自己及其学习者设定和监控目标，以加强和改进教学实践（Schnellert et al. , 2008；Dolmans et al. , 2019）。

2.2.7　情境学习理论

情境学习（situated learning）或情境认知（situated cognition）是由布朗（Brown，1989）和他的同事们提出的。他们认为，当有意义的和持久的学习被嵌入尽可能相似的社会和物理环境中时，便会产生最好的效果。这一观点与大多数正式的学习模式形成了鲜明的对比，即缺乏真实的背景，远离实际的使用情境。情境学习理论认为，知识的情境设置是必不可少的，价值创造根植于我们作为学习者与周围环境建立的互动关系之中（Hung，2002）。换句话说，知识在其根源上是通过思想和它所处的现实世界之间的互动产生的。

从学习的角度来看，必须把环境作为学习的一个重要影响因素，情境不仅能够影响学习本身，而且是学习的一个组成部分。应该说，情境应该是学习的一个基本条件，也是一个众所周知的直观经验。然而，在过去几十年的时间里，它却一直被视而不见，仅有一本在1991年出版的《情境学习》一书提到了情境的概念（Lave & Wenger，1991）。

事实上，情境是具有双重属性的。它既包括学习者在当下所处的学习环境，也包括在同一时间内学习者意识到的自己所处的社会环境，如在学校、工作或休闲活动中所处的社会规范和结构等，这是情境的相对宽泛的意义（Illeris，1999）。简而言之，正如贾维斯（Jarvis，1992）指出的那样，学习发生在个体和社会之间的紧密联系之中，即学习的过程是处于个体自身的经历和他们所生活的社会文化情境的交互作用之中。这进一步巩固了本书在前面讨论的社会学习理论的观点。贾维斯等（Jarvis et al.，1998）早就意识到了以下几点：为了在不断变化中的环境中生存，社会本身必须学习如何适应；为了成为社会中的一员，个体必须学习如何扮演社会角色；如果学习失败，则社会本身将无法存续，社会中的个体也会变得不正常的或者出现功能性的失调。这就意味着，我们应把社会看作一种有生命的机体。这样一来，社会本身为了生存也需要适应环境的变化，需要具备某些功能，这就是为什么称之为"功能主义"的原因。

为了帮助学习者为未来的学习做好准备，使他们可以处理各种各样的新任务或新问题，教师应该让学习者接触一些新的信息。例如，通过讲座激发他们对任务进行比较（Bransford & Schwartz，1999）；通过任务比较，学习者可能会注意到各项任务的关键特征。这对定义不明确的任务来说是尤为重要的。例如，具有一个或多个未知元素和多种解决方案的任务通常来自现实世界之中（Jonassen，1997）。因此，当设计或重新设计课程时，应该从有意义的、真实的或与专业相关的任务开始（Harden，2018）。在学习中需要完成的任务可以以问题的形式呈现，也可以以案例或项目的形式呈现。设置学习任务基本目标是：使学生获得一套完整的知识、技能和态度，而不是零散的特定知识、技能和态度。因此，学习任务的设置不应该是知识、技能和态度的逐条传授，而应该是知识、技能和态度的整合。此外，教师设置的任务应该由简入繁，并为学习者提供层次复杂性逐步减少的框架，以促进知识的情境转移（Van Merriënboer & Kirschner，2017）。

考虑情境学习理论（situated learning theory）和社会建构理论之间较强的相似性，本书将这两种理论作为 PBL 的理论基础是相当可行的。两种理论都认为，知识不是学习者所拥有的独立事物，而是来自人们的思维及其思维与所处环境的互动。这种互动可能发生在人们与其身边的事物（如我们正在尝试修理的割草机）之间，也可能发生在人们与较为传统的信息来源（如互联网上的书和资料）之间，当然也可能发生在人们与其他个体之间。这些均是 PBL 模式下的交互类型。在 PBL 中，情境或有意义的背景在很大程度上是由学习者正在解决的结构不良的问题提供的。这种学习情境与人们日常生活和工作中所做的事情类似，人们在不断地解决结构不良的问题。由于学习者学习的意义是来自工作或学习的情境中的，仅仅源于理论是无意义的，因此，如果要进行有意义的学习，知识就应该来源于某种情境。唯有如此，对学生而言，知识才更有意义、更具综合性、更容易记住，也更容易实现迁移。导致这种现象产生的原因应该是多种多样的，但其中一个较为重要的原因就是：学生表达他们自己的理解方式（Jonassen，2006）。具体来说，为了解决问题而构建的知识应该是与任务相关的程序性知识和现象学（人们有意识地体验到的现实世界）知识。这些都是更丰富、更有意义且更令人难忘的。

2.2.8　跨学科学习理论

20 世纪 30 年代，美国社会科学研究委员会开始管理两个或两个以上不同专业协会之间的合作问题，这就产生了跨学科（interdisciplinary）的概念（Klein，1996）。在后来的研究中，格尔茨（Geertz，1980）作出较大的贡献，他把跨学科的概念引入科学研究之中。他认为，人文科学和社会科学两个领域需要进行"混合"。近年来，跨学科教育已被视为当下较为流行的教育模式（Klein，2004；Zhou，2012）。

究竟何谓跨学科，至今尚未达成共识。拉图卡（Lattuca，2002）从社会文化的视角，对其进行了界定。拉图卡认为，"跨学科的"是一个形容词，具体描述的是两个或多个不同学科之间的相互作用。这种相互作用可以是简单的思想交流，也可以是组织概念、方法、过程、认识论、术语、数据以及较大领域的研究和教育的融合。跨学科小组由在不同的学科领域接受培训的人组成，他们有不同的概念、方法、数据和术语。为了应对一个共同问题，他们被组织起来共同努力。也有学者将跨学科理解成一个回答问题、解决问题的过程。由于需要解决的问题太过广泛或者太过复杂，以至于无法用单一学科的理论和知识进行处理，因此，需要整合多个学科的理论和知识才能建构一个更加全面的问题解决视角（Lattuca，Knight & Bergom，2013）。不难看出，跨学科整合了多个学科的研究成果，从而模糊了单一学科的贡献。但实现学科整合的过程需要识别、评估和纠正彼此之间的差异，以获得新的理解。如果没有学科方法、知识或新事物洞察力的整合，跨学科是不可能实现的（Marquez et al.，2011）。它不仅会涉及非正式的思想交流，如来自不同学科的同行之间的对话，而且会涉及正式的合作，如由来自一个或多个不同学科组成的研究或教学团队（Hansson，1999）等。

基于此，有学者对跨学科学习进行了如下界定：所谓跨学科学习，就是指个体和群体将来自两个或两个以上的学科见解和思维方式结合起来，以增进他们对超出单一学科范围的学科理论与实践的理解的过程。跨学科的学习者整合来自两个或两个以上学科的信息、数据、技术、工具、视角、概念和/或理论来制作产品、解释现象或解决问题，这是用单一学科手段很难实现的（Mansilla，2010）。

从知识管理的角度看，跨学科学习反映了大学在知识产品中以及知识模型从模型Ⅰ向模型Ⅱ转变中的角色变化。吉本斯（Gibbons，1994）和他的同事在《知识的新产出》（*The New Production of Knowledge*）一书中描述了两种知识模型，即模型Ⅰ和模型Ⅱ。在模型Ⅰ中，知识产出基于单个学科，问题是在一个特定群体的学术利益主导下制定和解决的；而在模型Ⅱ中，知识是在应用环境中进行的，知识产出是跨学科的，涉及不同领域的专家，因此，问题的制定受实际问题中涉及的利益相关者的利益来支配。这与在理论或实践环境中产生的"纯"科学不同，这是应用导向的；任何技能都可以"迁移"；知识随后还会被"管理"。相对地，应用的背景描述了科学问题产生、方法的开发、结果的传播和定义使用的总体环境（Baillie et al.，2011）。

伊万尼茨卡娅（Ivanitskaya，2002）提出了如下的跨学科教育的四个发展阶段模型：

（1）单学科阶段，即学习者仅专注于某个单一学科，且仅从该单一学科中获取知识。

（2）多学科阶段，即学习者同时关注某几个学科，但这几个学科是被分别关注的，彼此之间很少有交叉与融合。

（3）有限的跨学科阶段，即学习者围绕一个中心主题整合多个学科的理论和知识进行探究，识别来自不同学科理论与知识的优势和劣势，从而开发了学习者的批判性思维。

（4）广泛的跨学科阶段，即学习者获得了元认知技能，能够将跨学科的理论与知识转移到新的学科。

根据伊万尼茨卡娅的模型，跨学科学习将开发学习者的认知技能，包括高层次思维。与单一学科的学习相比，跨学科学习为学习者提供了更多将新知识与先前获得的知识联系起来的机会。因此，跨学科的学习会更加有效。此外，跨学科学习能够激发学习者的学习动机和学习兴趣。

然而，跨学科学习也受到了一些批评。这是因为有人担心这种学习方式过于关注跨学科本身，而忽视了学科的具体内容。这样一来，意识到跨学科学习带来的挑战就变得十分重要了。这些挑战可能包括：学习者能否克服忽视互动学习的自然倾向、承担跨学科教学任务的教师能否应付那些他们没有接受过系统学习的学科（或多个学科）的理论和知识（Gero，2013）等。与此同时，跨学科学习通常需要开展有效的合作。如前所述，小组合作学习的成功取决于多个因素，从小组长到小组成员的构成、从权力困境到任务性质、从相互信任的构建到沟通的挑战等。同理，跨学科的学习同样需要一系列强有力的教学技能做支撑，以使教师和学生能够有效地解决当前社会中面临的多个复杂问题（Dezure，2010）。对学生而言，这项工作是具有挑战性的；对教师而言，这项工作的挑战性更大。因为在高等教育中，他们需要跨越学科边界，把自己相对熟悉学科的专业知识抛在脑后，去开辟新的学科领域，以更好地解决现实世界中的各种问题。

PBL 的目标是：开发学生解决问题所需的各种技能。然而，它在教学计划的实践方面受到了限制，因为学生在自己选择的、具有同质性质的学习小组中，就他们共同确定的问题开展工作，留给通过协作和沟通技巧整合来自多个学科知识的空间非常有限。为此，强调 PBL 中的跨学科特性可能是补充正式课程学习目标的可行方法。若要实现这一目标，则应该允许学生参与相关活动、强化过程性评估、鼓励学生反思并分享他们使用专业技能的经验（Gnaur et al.，2015）。与此同时，也需要教师加大对学生的引导力度，采用更为有效的小组管理方法，具体包括以下几个方面（Zhou，2020）：

（1）协调小组成员即个人的研究任务，鼓励相互支持并共同努力。

（2）确保共同成果的形成，即最终获得共同的解决方案。

（3）通过讨论小组成员对彼此的期望以及关于跨学科项目的期望来支持小组的有效运行，密切关注小组成员在学科社会化过程可能产生的冲突，以保证小组学习的有序进行。

（4）为有效地促进合作，支持参与者与其他利益相关者的谈判和合作，通过在时间、精力以及产品等方面达成的协议，来保障彼此的利益。

（5）设计、监督并设法促进小组内外部沟通的有效性。通过制定非科学目标的规则、科学目标下的媒体和语言以及小组内部有针对性的讨论，来确保小组内外部沟通的有效性。

（6）通过协商权利和义务、讨论有关评价过程和结果的标准以及调整不同学科的工作时间表来组织小组内的工作。

因此，让学生认识到跨学科工作的管理不是简单的技术管理是十分重要的，让他们知道，这是一个应该引起学生重视的非常复杂的任务。小组长也应该了解小组内成员之间的关系，诸如是否所有的小组成员均参与了合作或竞争、小组成员彼此之间是否友好、是否有不同的工作习惯或思维模式等（Paulus，2003）。

值得注意的是：在制定跨学科能力开发的衡量标准时，应同时考虑教与学两个方面，具体包括对专业和学科的认识、对学科观点的看法、对跨学科观点的看法、对学科局限性的认识、跨学科评估、找到共同点的能力、反思性和综合多种能力等（Zhou，2020）。

2.2.9　体验式学习理论

体验式学习理论（experiential learning theory）是在 20 世纪由约翰·杜威、库特·勒温（Kurt Lewin）、让·皮亚杰、威廉·詹姆斯（William James）、卡尔·荣格（Carl Jung）、保罗·弗莱雷（Paulo Freire）、卡尔·罗杰斯（Carl Rogers）等学者基于人类的学习发展理论提出来的，他们开发了一个从体验中学习的动态综合模型（Kolb & Kolb，2008）。这里的体验学习可以被定义为：创造体验并将其转化为知识、技能、态度、价值、情感、信念和感觉的过程。从某种意义上讲，它是将个体变成他们自己的过程（Jarvis et al.，1998）。简而言之，体验式学习就是通过体验学习的过程，更具体一点讲，就是通过反思来学习。因此，要想有效地理解体验式学习，就必须先了解什么是体验。换句话说，体验本身是理解体验式学习的关键。

那么，究竟什么是体验呢？有学者提出以下观点（Jarvis et al.，1998）：

（1）直接体验。这是由任何或者所有感觉到的发生的社会背景方面的体验。换句话说，直接体验就是由自己亲身经历的社会实践所获得的经验。

（2）间接体验。这是一种间接体验，几乎与体验发生的社会背景经没有什么关系，如从视频演示或理论探讨中得来的体验等。

（3）实际体验。这是一种发生在当下的体验。

（4）回忆体验。这是一种回忆过去实际经历的过程。

（5）真实体验。这是对实际环境的体验。

（6）人工体验。这是一种创造出来的体验形式，突出了某种真实的或实际体验的某些方面。

综上所述，体验式学习不仅适用于正规的课堂教育，也适用于人们生活的各个领域。体验式学习的过程是无处不在的，它时时刻刻存在于人类的活动之中。学习过程的整体性意味着它可以在人类社会的各个层面上得以运作，从个体到群体，再从群体到组织乃至整个社会（Jarvis et al.，1998；Illeris，2007；Kolb & Kolb，2009）。这就是说，在体验各种模式的过程中，人们的学习有时是有意的，有时是无意的。日常生活中的体验式学习几乎等同于有意识的生活。这也进一步说明，在以学生为中心的学习环境中，所有人都努力地利用学生过去的或者回忆的体验，并设法为他们提供获取直接体验和/或人工体验的机会，他们可以从这些体验中继续学习。

此外，两位科尔布（Kolb & Kolb，2009）还提出了体验式学习理论的六个命题：

（1）最好把学习看作一个过程，而不是结果。为了改善高等教育中的学习质量，最为重要的是，让学生参与一个能够促进他们学习的过程之中。这个过程包括对他们学习努力的有效性反馈。教育必须被看作对经验的持续重建，教育的过程和教育目标基本上是一回事儿。

（2）所有的学习都是再学习。最好的促进学生学习的过程是引出学生对某一问题的信念和想法，这样他们不但可以被检查和测试，而且可以与一些新的、更加具体的想法结合起来。

（3）学习需要解决适应世界的辩证对立模式之间的冲突。冲突、差异和分歧是推动学生学习的动力。在学习过程中，人们经常被要求在反馈与行动、感觉与思考的对立模式之间来回移动。

（4）学习是一个整体适应的过程。它不仅是认知的结果，而且会涉及整个人的综合能力，即思考、感觉、感知和行为等。它还包括其他专业的适应模型，从科学方法到问题解决、决策乃至创造力。

（5）学习是人与环境之间协同交易的结果。稳定持久的人类学习模式源自人与环境之间一致的交易模式。人们处理每一种新体验的方式决定了其所看到的选择与决策的范围。人们所做的选择和决策或在某种程度上决定了其所经历的事件，而这些事件又会反过来影响人们未来的选择。因此，人们通过选择他们所经历的实际场景来创造自己。

（6）学习是创造知识的过程。体验式学习理论提出了一种建构主义的学习理论，即社会知识在学习者的个人知识中被不断地创造和再创造。这与当前许多教育实践所基于的"传播"模式，即先存的固定观念被传递给学习者形成了鲜明对比。

如前所述，体验式学习理论将学习定义为通过体验转化来创造知识的过程。知识是掌握与转化相结合的结果。据此，科尔布（1984）开发了一个模型。该模型描述了辩证相关的两种体验把握模式，即具体经验（concrete experience，CE）和抽象概念化（abstract conceptualization，AC）以及两种辩证相关的体验转化模式，即反思观察（reflective observation，RO）和主动体验（active experimentation，AE），具体如图 2.1 所示。

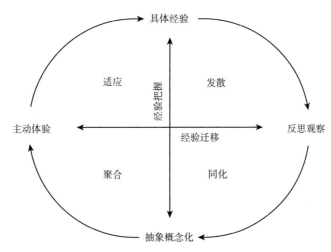

图 2.1 科尔布的体验学习循环模型

从图 2.1 中可以看到，体验式学习是一个知识构建的过程，它涉及了适应情境需求的四种学习模式之间的创造性张力。这个过程被描述为一个理想化的学习循环或螺旋。在这个循环中，学习者会接触到所有的基础性的体验、反应、思考和行动（Kolb & Kolb，2009）。

通过这样的学习循环，学习者不断地从体验中获得和检验知识。根据杜威（1938）的研究，体验的连续性原则意味着，每一个体验既可以从过去的体验中吸收一些东西，又可以在某种程度上修改以后的体验。当某个个体从一种状况过渡到另一种状况时，他的世界、他的环境可能会随之扩大或者缩小。他会发现，自己并没有生活在另一个世界里，而是生活在同一个世界中的不同部分或者不同方面。他在某种情况下学到的知识和技能可能会成为其在后续的生命中有效地理解和处理类似情况的一种工具。只要这个过程一直持续，那么生活和学习就会继续下去。

学习是一个基于体验的持续过程的事实对教育的意义重大。简单地讲，这意味着所有的学习都是再学习。如果认为学习者的头脑是空白的，那么课程设计将是多么的容易和诱人，就像我们在白纸上写下提纲一样，然而事实并非如此。每个人在进入每一个学习情境时，都会或多或少地对所要学习的主题具有一定的理解。因此，教育工作者的工作不仅是灌输新的思想，还要处理或修正旧的思想。在许多情况下，学习者对新思想的抵制往往不是源自其自身的意愿，而是源自这些新的思想与学习者已有的旧思想之间的不一致而形成的冲突。如果教育过程能够从学习者已有的思想或信念和已经掌握的理论开始，在检验并测试了这些思想和理论之后，再将新的、更为精炼的思想整合到学习者的信念系统之中，那么学习将会是十分有效的（Kolb，1984）。

然而，尽管各种类型的体验学习可能已经成为广为接受的教育理念，但由于条件的限制，在许多情况下，我们不得不通过间接体验来学习。在这种情形下，我们必须认识到，我们是在别人的体验和理解中学习新的理论和知识。我们在接受这些理论和知识之前，必须对它们严格地进行评估。如果我们不能够从间接体验中学习新的东西，那么我们对世界的认识将是非常贫乏的（Jarvis et al.，1998）。正如贝克（Beck，1992）指出的那样，社会正在不断地反思迅速改变的知识。这句话的意思就是，近年来日益加速的变化进程已使社会演变成一个风险型社会，它在时时刻刻地对自身的实践进行着反思（Jarvis et al.，1998）。同样，学习也应该从那些记住了的"事实"和知识转向不断地探寻和理解新的东西，还要以批判性的眼光看待这些需要学习的新东西。

2.2.10 终身学习理论

终身学习的思想由来已久。早在古代的中国，就有"活到老，学到老"的纯朴学习思想。在古代的日本，亦有"修业一生"的学习观念。在世界上的其他国家，早期的终身学习思想也时有所见。但与终身学习密切相关的"终身教育"一词直至 1929 年才出现，是由英国教育家巴西尔·耶克斯利

（Basil Alfred Yeaxlee）在其出版的《终身教育》一书中首先提出来的。1965年，时任联合国教科文组织成人教育局局长的保罗·朗格朗（Paul Lengrand）在联合国教科文组织在巴黎召开的第三届国际成人教育会议上正式提出终身教育的设想，并对终身教育的原理做了系统的说明。他还强调了成人教育在终身教育中的重要地位。1970年，朗格朗将其终身教育思想整理成《终身教育导论》一书公开出版（赵世平，1999）。从此，终身教育的思想日益受到世界各国的重视。

20世纪70年代末期以后，终身学习理论（lifelong learning theory）获得了蓬勃发展，无论是政府还是个人都对终身学习的本质和内涵有了更新更深入的认识，使终身学习有了广泛的群众基础和肥沃的生长土壤。人们利用这种方法学习知识和技能，以促使自己在快速变化的世界中取得成功（Sharples，2000）。

终身学习的概念可以说是起源于福雷（Faure，1972）的报告，他在其中提出了一些关于终身教育的重要观点：每个人在他的一生中都必须不断地学习。终身教育的思想是学习型社会的基石。终身教育的理念涵盖了教育的方方面面，可以说是包罗万象，进而产生协同效应。应该说，教育中没有哪个部分不是"永久的"，不是终身的。换句话说，终身教育不是一种教育体系，而是一种原则。这种原则不仅可以决定一个体系的整体结构，还可以决定体系中每一个组成部分的发展进程。

联合国教科文强调，终身教育涉及整个社会的根本变革，以至于整个社会都可以成为每个人的学习资源（Cropley，1979）。终身学习的基本前提是：学校、学院或大学不可能为学习者配备他们人生成功所需的所有知识和技能（Sharples，2000）。终身学习可以在许多环境，诸如家庭、学校、工作场所和较大的政治团体中进行。提萨特（Tissot，2004）曾经指出，终身学习的核心概念可以被定义为以下几种学习形式：

（1）正式学习，指那些在有组织的、制度化的环境中进行的学习，如在学校的学历教育或者在参加工作后的继续教育等。

（2）非正式学习，指那些嵌入在不是明确指向学习但包含着重要的学习要素的计划性活动中的学习，如在工作场所获得的职业技能等。

（3）日常学习，指那些在与家庭、工作或休闲相关的日常生活活动中进行的学习，通常被称为经验学习，在某种程度上也可以被理解为偶然的或者意外的学习。

这几种形式的学习强调，专业或职业性工作不能简单地被限制在一个固定的教育背景之中，相反，它必须无障碍地成为工作活动的一部分。同样，学习不仅可以发生在任何时候，即一个人的任何年龄段，而且可以发生在任何职业之中。它正越来越多地发生在家庭、俱乐部和虚拟社区的不同人群之中。从这些情况中获得的见解需要发展成更为广泛和有效的学习、创新、智力系统、实践和评估理论。终身学习方法可以整合学校、社区、家庭和工作场所学习的所有优点。为了解决当下的问题并参与到持续地增强自身的专业或职业技能，人们需要不断地提升他们的知识和技能（Fischer，2000）。新的教育的重要任务就是帮助人们获取能够在一生中的任何时候、任何环境下管理自己学习的能力（Bentley，1998），即终身学习能力。一个人从童年开始获得的学习能力、方法和工具就已经为其以后的学习和生活提供情境和资源（Sharples，2000）。通常情况下，发生在工作场所中的非正式学习（经常发生在学徒关系中，如实习医生的学习）具有一些有趣的特点，也适用于终身学习：

（1）需要整合问题框架和问题解决（通常发生在问题没有明确给出的情境下）。

（2）员工或学习者偶尔会面临更高的工作需求，即在他们的工作情境出现问题或遇到困难的时候。

（3）现实世界是一种资源，而不是学校里的闭卷考试。

（4）沟通起着重要的作用，可以与同事、顾客等进行讨论。

正如费舍尔（Fischer，2000）所描述的那样，学习已经越来越多地融入别人的日常工作和生活中。学习机构设置的主要目的之一就是知识的扩展，而不仅仅是为了知识的追求，如学术追求等。学习不再是仅仅发生在参加工作之前或者发生在封闭的教室之中，也不仅仅是为管理团队而进行。定义学习行为和定义生产行为是一样的，这就意味着学习并不需要特意地从生产活动中脱离出来，而且学习应该是生产活动的核心。简单地说，学习是一种新的劳动形式。

为了适应工作属性和教育属性发生着的深刻而迅速的变化，终身学习理论必须要去探索新的学习方法。这些变化包括：

（1）需要按需学习的"高科技"工作越来越普遍，这是因为任何参加工作的人都不可能掌握工作所需的所有知识。

（2）职业生涯中的变化是不可避免的，这就需要终身学习。

（3）受过教育的人和未受过教育的人所拥有的令人不安的机会差距在日渐变大（Fischer，2000）。

终身学习就是在以问题为导向的情境下，在描述问题和明确目标的基础上，不断地获取和应用知识与技能的过程。具体而言，就是：

（1）终身学习应该发生在真实、复杂的问题情境中（因为学习者不会安静地听他人对他自己问题的回答）。

（2）终身学习应该嵌入追求收获的活动之中。

（3）终身学习需要适时地按需进行，因为变化是必然的，想掌握所有的知识是不可能的，知识过时也是不可避免的。

（4）终身学习是组织支持的和协作的学习，因为个体的思维是有限的。

（5）终身学习需要具备相应的技能，因此，培养学习者的终身学习技能是十分重要的。

与此同时，这也凸显了学习所具有的基础性地位。它通常发生在学习者在日常学习过程中出现停滞时，学习者会对当前的情况进行反思以解决问题、分享想法或获得理解。它也会偶尔发生在工作场所（如当一个问题不能用一些常规的方式解决时）、在家里（如当一段谈话导致一系列的反思或讨论时）、在玩耍中（如学习一个新的游戏或运动时）。因此，终身学习主要体现的是合作而不是竞争（尽管它可能涉及短期的竞争和对抗）。个体隶属于多个鼓励学习和提供资源的群体，诸如体育俱乐部、宗教、民族团体、工作群、贸易和专业组织以及国家等（Sharples，2000）。

简单地说，终身学习首先是学习，这种学习贯穿于人的一生。实际上，"学习"是一个名词，而"终身"是描述学习类型的形容词。因此，"学会学习"是终身学习的基本要素（Cornford，2002）。

实际上，终身学习不仅仅是培训或继续教育。它必须支持多种学习机会，包括探索对概念的理解以及逐步明确对知识的实际应用等。终身学习有多种不同的形式，如学术教育、非正式的终身学习以及专业和工业培训等（Fischer，2000）。从哲学上讲，终身学习将未来社会设想为一个所有公民都能充分参与的、科学的、人文主义的学习型社会（Hager，2004）。正如有些学者所说的那样，学习者不是简单机械地对环境刺激/事件作出反应，他们是积极的探索者和创造者（Medel-Anoñuevo，Hohsako & Mauch，2001）。他们与环境的互动是由他们的假设、感知、愿望、价值观、态度、认知风格等决定的。学习者还可以预测未来的发展，检验假设和创造。伊莱里斯（2007）提出，今天，需要学习的不仅仅是知识和技能，还应该包括态度、理解力、洞察力、文化取向、解决问题的办法和一些诸如独立、有责任感、具有合作精神和灵活性的那些个体特征以及凸显这些概念下的各种能力。终身学习的视角意味着学校需要为学习者参与自主学习做好准备，因为这是他们在课堂之外的工作和生活所必需的。

应该说，上述观点主要强调了终身学习的时间（整个一生）和空间（整个社会）概念，重点关注的是终身学习对学习者的重要作用。我国学者胡啸天于 2020 年提出，终身学习的目的不仅体现在学习者身上，还应该是对共善（common good）的追求。在人类社会中，共善可以表征为知识和教育，突破个体取向的社会经济理论的狭隘限制，并有助于超越"公共利益（public good）"（UNESCO，2015）。共善是人类在本质上共享并且互相交流的各种善意，如价值观、公民美德和正义感，是通过集体努力紧密团结的社会成员关系中的固有因素（UNESCO，2015）。共善与特定的社会情境紧密相连，对于共善的认识，与不同社会情境中对于幸福和知识有机体的理解紧密相连（Lyotard，1984）。因此，终身学习理论的核心应该是探究一定社会情境中人类对于共善的追求，关注个体与社会的发展。

与此同时，胡啸天强调，随着（后）工业社会的不断发展，技术与学习之间的关系更加密切，技术从隐性维度逐渐显性化。终身学习理论框架的构建既需要从学习者的视角出发，关注终身性和全面性；也需要将技术维度引入，探讨在技术发展变革背景下的终身学习。

基于此，胡啸天以时间、空间和技术作为终身学习的三个维度，并围绕终身学习的理论核心——社会的历史性发展与个体的社会性发展，构建了终身学习的理论框架，如图 2.2 所示。该理论框架清晰地体现出终身学习是在个体与社会共同发展的张力中不断进行的。

在该理论框架中，终身学习者（个体）具有三个基本维度，即个体时间、个体空间和个体技术；而社会也具有相应的三个基本维度，即社会时间、社会空间和社会技术。两者相互交叉的域，即为终身学习实践开展的场域。终身学习实践所产生的意义具有双重性，既指向个体的社会化发展，也指向社会的历史性发展。在个体的社会化发展和社会的历史性发展张力作用下，在融合的空间中，终身学习的实践得以不断发展。这种发展也呼应了终身学习在时间方面的特征，即覆盖个体整个生命周期；能够体现终身学习的多发性和碎片化，在个体和社会相融合的空间中开展；彰显了终身学习理论与实践中一贯忽视的技术维度。

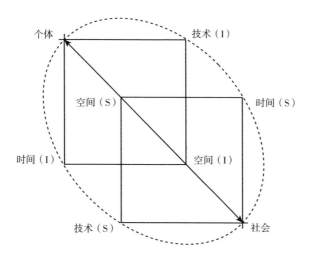

图 2.2　胡啸天的终身学习理论框架

本章参考文献

［1］董卫国，黄钢，夏强，等．临床医学 PBL 教程（教师版）［M］．北京：人民卫生出版社，2016.

［2］胡啸天．时间—空间—技术：终身学习理论框架的发展探析［J］．终身教育研究，2020（3）：25 – 33，53.

［3］濮璇．孔子与苏格拉底教育思想之比较［J］．科教导刊（上旬刊），2013（11）：13 – 17.

［4］张圣洁，闫立君，刘汛涛．论语［M］．杭州：浙江教育出版社，2019.

［5］赵世平．终身学习理论的历史发展［J］．中国成人教育，1999（8）：16 – 17.

［6］ADAMSL, KASSERMAN J, YEARWOOD A, et al. Memory Access: The Effect of Fact-Oriented Versus Problem-Oriented Acquisition［J］. Memory & Cognition, 1988, 16（2）: 167 – 175.

［7］ALBANESE M. Problem-Based Learning: Why Curricula Are Likely to Show Little Effect on Knowledge and Clinical Skills［J］. Medical Education, 2000, 34（9）: 729 – 738.

［8］ AMABILE T M. Creativity in Context ［M］. Boulder：Westview Press，1996.

［9］ AMABILE T M，CONTI R，COON H，et al. Assessing the Work Environment for Crea-tivity ［J］. Academy of Management Journal，1996，39（5）：1154 – 1184.

［10］ ANDERSON J R. A Theory of the Acquisition of Cognitive Skill ［J］. Psychological Review，1982，89（3）：369 – 406.

［11］ AUSTER E R，WYLIE K K. Creating Active Learning in the Classroom：A Systematic Approach ［J］. Journal of Management Education，2006，30（2）：333 – 353.

［12］ BAILLIE C，NEWSTETTER E W，RADCLIFFE D F. Advancing Diverse and Inclu-sive Engineering Education Practices Through Interdisciplinary Research and Scholarship ［J］. Journal of Engineering Education，2011，100（1）：6 – 13.

［13］ BAUERSFELD H. Language Games' in the Mathematics Classroom：Their Function and Their Effects ［A］ //The Emergence of Mathematical Meaning：Interaction in Classroom Cultures ［M］. US-NJ：Lawrence Erlbaum，1995.

［14］ BECK U. Risk Society：Towards a New Modernity ［M］. London：Sage Publications，1992.

［15］ BENDERMACHER G W G，OUDE EGBRINK M G A，WOLFHAGEN H A，et al. Reinforcing Pillars for Quality Culture Development：A Path Analytic Model ［J］. Studies in Higher Education，2017，44（4）：643 – 662.

［16］ BENTLEY T. Learning Beyond the Classroom ［M］. London：Routledge，1998.

［17］ BENTLEY K A，BREWER C P，EATON T V. Motivating Students to Prepare for Class and Engage in Discussion Using the Hot Seat ［J］. Journal of Accounting Education，2009，27（3）：155 – 167.

［18］ BIESTA G. Pragmatism's Contribution to Understanding Learning-in-Context ［A］ //Rethinking Contexts for Learning and Teaching ［M］. London：Routledge，2009.

［19］ BRANSFORD J，BROWN A，COCKING R. How People Learn：Brain，Mind，Expe-rience and School ［M］. Washington D C：National Academy Press，2000.

［20］ BRANSFORD J D，SCHWARTZ D L. Rethinking Transfer：A simple Proposal with Multiple Implications ［A］ //Review of Research in Education ［M］. Washington D C：Ameri-can Educational Research Association，1999.

［21］ BROWN J S，COLLINS A，DUGUID P. Situated Cognition and the Culture of Learning ［J］. Educational Researcher，1989，18（1）：32 – 42.

［22］ BROWNSTEIN B. Collaboration：The Foundation of Learning in the Future ［J］. Edu-cation，2001，122（2）：240 – 247.

［23］ BURNINGHAM C，WEST M A. Individual，Climate，and Group Interaction Processes as Predictors of Work Team Innovation [J]. Small Group Research, 1995, 26 (1): 106 – 117.

[24] BURR V. An Introduction to Social Constructionism [M]. London: Routledge, 1995.

[25] CARROLL J, RYAN J. Teaching International Students: Improving Learning for All [M]. London: Routledge, 2007.

[26] COLLINS A. Cognitive Apprenticeship [A] //Cambridge Hand-book of the Learning Sciences [M]. New York: Cambridge University Press, 2006.

[27] COLLINS J W, O'BRIEN N P. The Greenwood Dictionary of Education [M]. Westport CT: Greenwood, 2003.

[28] CORNFORD I R. Learning-to-Learn Strategies as a Basis for Effective Lifelong Learning [J]. International Journal of Lifelong Education, 2002, 21 (4): 357 – 368.

[29] CROPLEY A J. Lifelong Learning: Issues and Questions [A] //Lifelong Education: a stocktaking [M]. Hamburg: UI, 1979.

[30] DAS S, DEY P, BASU A. Classification and Mapping of Learning Objectives to Appropriate Learning Materials [C]. EDULEARN16 Proceedings, 2016: 4593 – 4596.

[31] DEWEY J. Experience & Education [M]. New York: Kappa Delta Pi, 1938.

[32] DOLMANS D H J M. How Theory and Design-Based Research Can Mature PBL Practice and Research [J]. Advanced in Health Science Education, 2019, 24 (1): 879 – 891.

[33] DEZURE D. Interdisciplinary Pedagogies in Higher Education [A] //FRODEMAN R. The Oxford Handbook of Interdisciplinarity [M]. New York: Oxford University Press, 2010.

[34] DI VESTA F J. The Cognitive Movement and Education [A] //GOLVER J A, RONNING R R. Historical Foundations of Educational Psychology [M]. New York: Plenum Press, 1987: 37 – 63.

[35] FAURE E, et al. Learning to Be: The World of Education Today and Tomorrow [M]. Paris: UNESCO, 1972.

[36] FAUST J L, PAULSON D R. Active Learning in the College Classroom [J]. Journal on Excellence in College Teaching, 1998, 9 (2): 3 – 24.

[37] FELDER R M, BRENT R. Teaching and Learning STEM: A Practical Guide [M]. San Francisco: Jossey-Bass, 2016.

[38] FISCHER G. Lifelong Learning: More Than Training [J]. Journal of Interactive Learning Research, 2000, 11 (3): 265 – 294.

[39] FREY B. The SAGE Encyclopedia of Educational Research, Measurement, and Evaluation [M]. Thousand Oaks: SAGE Publications Inc, 2018.

[40] GAMORAN A, SECADA W G, MARRETT C B. The Organizational Context of Teaching and Learning [A]. In Handbook of the Sociology of Education, Springer US, 2000: 37 – 63.

［41］ GERO A. Interdisciplinary Program on Aviation Weapon Systems as a Means of Improving High School Students' Attitudes towards Physics and Engineering ［J］. International Journal of Engineering Education, 2013, 29 (4): 1047 – 1054.

［42］ GEERTZ C. Blurred Genres: the Refiguration of Social Thought ［J］. American Scholar, 1980, 49 (2): 165 – 179.

［43］ GEWURTZ R E, COMAN L, DHILLON S, et al. Problem-Based Learning and Theories of Teaching and Learning in Health Professional Education ［J］. Journal of Perspective in Applied Academic Practice, 2016, 4 (1): 59 – 70.

［44］ GIBBONS M, LIMOGES C, NOWOTNY H, et al. The New Production of Knowledge: The Dynamic of Science and Research in Contemporary Societies ［M］. London: Sage Publications, 1994.

［45］ GNAUR D, SVIDT K, THYGESEN M K. Developing Students' Collaborative Skills in Interdisciplinary Learning Environments ［J］. International Journal of Engineering Education, 2015, 31 (1): 257 – 266.

［46］ GREDLER M E. Learning and Instruction: Theory into Practice ［M］. Upper Saddle River, NJ: Prentice-Hall, 1997.

［47］ HAGER P. Lifelong Learning in the Workplace? Challenges and Issues ［J］. Journal of Workplace Learning, 2004, 16 (1/2): 22 – 32.

［48］ HANSSON B. Interdisciplinarity: For What Purpose? ［J］. Policy Sciences, 1999, 32 (4): 339 – 343.

［49］ HARDEN R M. Ten Key Features of the Future Medical School-Not an Impossible Dream ［J］. Medical Teacher, 2018, 40 (10): 1 – 6.

［50］ HMELO-SILVER C E. Design Principles for Scaffolding Technology-Based Inquiry ［A］ //O'DONNELL A M, HMELO-SILVER C E, ERKENS G. Collaborative Reasoning, Learning and Technology ［M］. Mahwah NJ: Erlbaum, 2006: 147 – 170.

［51］ HMELO-SILVER C E, EBERBACH C. Learning Theories and Problem-Based Learning ［A］ //BRIDGES S, MCGRATH C, WHITEHILL T. Researching Problem-Based Learning in Clinical Education: The Next Generation ［M］. New York: Springer, 2012: 3 – 17.

［52］ HMELO-SILVER C E, LIN X. Becoming Self-directed Learners: Strategy Development in Problem-Based Learning ［A］ //EVENSEN D, HMELO-SILVER C E. Problem-Based Learning: A Research Perspective on Learning Interactions ［M］. Mahwah NJ: Erlbaum, 2000: 227 – 250.

［53］ HOMMES J, ARAH O, GRAVE W, et al. Medical Students Perceive Better Group Learning Processes When Large Classes Are Made to Seem Small ［J］. PLOS, 2014, 9 (4): 1 – 11.

［54］HUNG D. Situated Cognition and Problem-Based Learning: Implications for Learning and Instruction with Technology ［J］. Journal of Interactive Learning Research, 2002, 13 (4): 393 – 415.

［55］ILLERS K. How We Learn: Learning and Non-Learning in School and Beyond ［M］. London: Routledge, 2007.

［56］ISMAIL M. Creative Climate and Learning Organization Factors: Their Contribution towards Innovation ［J］. Leadership and Organization Development Journal, 2005, 26 (8): 639 – 654.

［57］IVANITSKAYA L, CLARK D, MONTGOMERYAND G, PRIMEAU R. Interdisciplinary Learning: Process and Outcomes ［J］. Innovative Higher Education, 2002, 27 (2): 95 – 111.

［58］JARVIS P, HOLFORD J, CRIFFIN C. The Theory and Practice of Learning ［M］. London: Kogan Page Limited, 1998.

［59］JONASSEN D H. Instructional Design Models for Well-structured and Ill-structured Problem-solving Learning Outcomes ［J］. Educational Technology Research and Development, 1997, 45 (1): 65 – 94.

［60］JONASSEN D. Accommodating Ways of Human Knowing in the Design of Information and Instruction ［J］. International Journal of Knowledge and Learning, 2006, 2 (3/4): 181 – 190.

［61］JORGENSEN P S. What is Competence? ［J］. Uddannelse, 1999 (9): 4 – 13.

［62］KLEIN J T. Interdisciplinarity and Complexity: An Evolving Relationship ［J］. CO Special Double Issue, 2004, 6 (1/2): 2 – 10.

［63］KOLB D A. Experiential Learning: Experience as the Source of Learning and Development ［M］. Englewood Cliffs: Prentice-Hall, 1984.

［64］KOLB A Y, KOLB D A. Experiential Learning Theory: A Dynamic, Holistic Approach to Management Learning, Education and Development ［A］//The SAGE Handbook of Management Learning, Education and Development ［M］. London: SAGE Publishing, 2009: 42 – 68.

［65］KUKLA A. Social Constructivism and the Philosophy of Science ［M］. Psychology Press, 2000.

［66］LATTUCA L R. Learning Interdisciplinarity, Sociocultural Perspectives on Academic Work ［J］. The Journal of Higher Education, 2002, 73 (6): 711 – 739.

［67］LATTUCA L R, KNIGHT D, BERGOM I. Developing a Measure of Interdisciplinary Competence ［J］. International Journal of Engineering Education, 2013, 29 (3): 726 – 739.

［68］LAVE J, WENGER E. Situated Learning: Legitimate Peripheral Participation ［M］. Cambridge: Cambridge University Press, 1991.

[69] LEEDS-HURWITZ W. Social construction of reality [A] //LITTLEJOHN S, FOSS K. Encyclopedia of Communication Theory [M]. Thousand Oaks: Sage Publications, 2009: 892 – 895.

[70] Lyotard J F. The Postmodern Condition: A Report on Knowledge [M]. Minneapolis: University of Minnesota Press, 1984.

[71] MANSILLA V B. Learning to Synthesize: the Development of Interdisciplinary Understanding [A] //The Oxford Handbook of Interdisciplinarity [M]. New York: Oxford University Press, 2010: 288 – 308.

[72] MARGETSON D. Why is Problem-Based Learning a Challenge? [A] //The Challenge of Problem-Based Learning [M]. London: Kogan Page, 1998: 36 – 44.

[73] MARQUEZ J J, MARTINEZ M L, ROMERO G, et al. New Methodology for Integrating Teams into Multidisciplinary Project-based Learning [J]. International Journal of Engineering Education, 2011, 27 (4): 746 – 756.

[74] MARRA R, JONASSEN D H, PALMER B, et al. Why Problem-Based Learning Works: Theoretical Foundations [J]. Journal on Excellence in College Teaching, 2014, 25 (3/4): 221 – 238.

[75] MARRONE M, TAYLOR M, HAMMERLE M. Who Is Active in Active Learning: A Systematic Literature Review of Business Literature [J]. Academy of Taiwan Business Management Review, 2016, 12 (2): 63 – 73.

[76] MARRONE M, TAYLOR M, HAMMERLE M. Do International Students Appreciate Active Learning in Lectures? [J]. Australasian Journal of Information System, 2018, 22 (12): 1 – 20.

[77] MCMAHON M. Social Constructivism and the World Wide Web-A Paradigm for Learning [C]. Paper Presented at the ASCILITE Conference. Perth, Australia, 1997.

[78] MEDEL-ANONUEVO C, OHASKO T, MAUCH W. Revisiting Lifelong Learning for the 21st Century [M]. Hamburg: United Nations Educational, Scientific, and Cultural Organization, 2001.

[79] MEYERS C, JONES T. Promoting Active Learning: Strategies for the College Classroom [M]. San Francisco: Jossey-Bass, 1993.

[80] MICHAEL J. Where's the Evidence That Active Learning Works? [J]. Advances in Physiology Education, 2006, 30 (4): 159 – 167.

[81] MILLER G A. The Magical Number Seven, Plus or Minus Two: Some Limits on Our Capacity for Processing Information [J]. Psychological Review, 1994, 101 (2): 343 – 352.

[82] MURPHY A, FARLEY H, LANE M, et al. Mobile Learning Anytime, Anywhere:

What Are Our Students Doing?　[J]. Australasian Journal of Information Systems, 2014, 18 (3): 331 – 345.

[83] NAYEF E G, YAACOB N R N, ISMAIL H N. Taxonomies of Educational Objective Domain [J]. International Journal of Academic Research in Business and Social Sciences, 2013, 3 (9): 166 – 175.

[84] NOVICK L R. Analogical Transfer, Problem Similarity, and Expertise [J]. Journal of Experimental Psychology: Learning, Memory, and Cognition, 1988, 14: 510 – 520.

[85] NOVICK L R, HOLYOAK K J. Mathematical Problem Solving by Analogy [J]. Journal of Experimental Psychology: Learning, Memory & Cognition, 1991, 17 (3): 398 – 415.

[86] ONYON C. Problem-Based Learning: A Review of the Educational and Psychological Theory [J]. The Clinical Teacher, 2012, 9 (1): 22 – 26.

[87] OPDECAM E, EVERAERT P. Improving Student Satisfaction in a First-Year Undergraduate Accounting Course by Team Learning [J]. Issues in Accounting Education, 2012, 27 (1): 53 – 82.

[88] PALINCSAR A S, HERRENKOHL L R. Designing Collaborative Contexts: Lessons from Three Research Programs [A] //The Rutgers Invitational Symposium on Education Series: Cognitive Perspectives on Peer Learning [M]. Lawrence Erlbaum Associates Publishers, 1999: 151 – 177.

[89] PAULUS P B. Group Creativity: Innovation through Collaboration [M]. USA: Oxford University Press, 2003.

[90] PRINCE M. Does Active Learning Work? A Review of the Research [J]. Journal of Engineering Education, 2004, 93 (3): 223 – 232.

[91] QUINTANA C, REISER B J, DAVIS E A, et al. A Scaffolding Design Framework for Software to Support Science Inquiry [J]. Journal of the Learning Sciences, 2004, 13 (3): 337 – 386.

[92] RAMSDEN P. Theories of Learning and Teaching and the Practice of Excellence in Higher Education [J]. Higher Education Research and Development, 1993, 12 (1): 87 – 97.

[93] RAUK R P. Knowledge Integration: Theory to Practice in Physical Therapy Education [J]. Journal of Physical Therapy Education, 2003, 17 (1): 39 – 47.

[94] RICHARDS D, MARRONE M. Identifying the Education Needs of the Business Analyst: An Australian Study [J]. Australasian Journal of Information Systems, 2014, 18 (2): 165 – 186.

[95] ROGOFF B. Cognition as a Collaborative Process [A] //Handbook of Child Psychology [M]. New York: Wiley, 1998.

[96] RUBIN R S. The Academic Journal Review Process as a Framework for Student Developmental Peer Feedback [J]. Journal of Management Education, 2006, 30 (2): 378 – 398.

[97] SALOMON G. Distributed Cognitions [M]. New York: Cambridge University Press, 1993.

[98] SAWYER R K. Social Emergence: Societies as Complex Systems [M]. New York: Cambridge University Press, 2005.

[99] SCHMIDT H G. Problem-Based Learning: Rationale and Description [J]. Medical Education, 2010, 17 (1): 11 – 16.

[100] SCHMIDT H G. Foundations of Problem-Based Learning: Some Explanatory Notes [J]. Medical Education, 1993, 27 (5): 422 – 432.

[101] SCHMIDT H G, DEGRAVE W S, DEVOLDER M L, et al. Explanatory Models in the Processing of Science Text: The Role of Prior Knowledge Activation through Small Group Discussion [J]. Journal of Educational Psychology, 1989, 81 (4): 610 – 619.

[102] SCHMIDT H G, VAN DER MOLEN H T, TE WINKEL W W, et al. Constructivist, Problem-Based Learning Does Work: A Meta-analysis of Curricular Comparisons Involving a Single medical School [J]. Educational Psychologist, 2009, 44 (4): 227 – 249.

[103] SHARPLES M. The Design of Personal Mobile Technologies for Lifelong Learning [J]. Computers & Education, 2000, 34 (3/4): 177 – 193.

[104] SHUNK D H. Learning Theories: An Educational Perspective [M]. Upper Saddle River: Prentice-Hall, 2000.

[105] STOLL L, BOLAM R, MCMAHON A, et al. Professional Learning Communities: A Review of the Literature [J]. Journal of Educational Change, 2006, 7 (4): 221 – 258.

[106] TISSOT P. Terminology of Vocational Training Policy: A Multilingual Glossary for an Enlarged Europe [M]. Luxembourg: Office for Official Publication of the European Communities, 2004.

[107] THOMPOSON L, CHOI H S. Creativity and Innovation in Organizational Teams [M]. London: Lawrence Erlbaum Associates, 2006.

[108] TORRE D M, DALEY B J, SEBASTIAN J L, et al. Overview of Current Learning Theories for Medical Educators [J]. American Journal of Medicine, 2006, 119 (10): 903 – 907.

[109] UNESCO. Rethinking Education: Towards a Global Common Good? [M]. Paris: UNESCO Publishing, 2015.

[110] VAN MERRIENBOER J J G, KIRSCHNER P A. Ten Steps to Complex Learning: A Systematic Approach to Four-Component Instructional Design [M]. London: Routledge, 2017.

[111] VYE N J, GOLDMAN S R, VOSS J F, et al. Complex Mathematical Problem Solving by Individuals and Dyads [J]. Cognition and Instruction, 1997, 15 (4): 435 – 484.

[112] VYGOTSKY L S. Mind in Society [M]. Cambridge: Harvard University Press, 1978.

[113] WENGER E. Communities of Practice, Learning, Meaning and Identity [M]. New York: Cambridge University Press, 1998.

[114] WERTSCH J V. Vygotsky and the Formation of the Mind. Cambridge [M]. MA: Harward University Press, 1997.

[115] YEAXLEEe B A. Lifelong Education [M]. London: Cassell, 1929.

[116] ZHOU C. Group Creativity Development in Engineering Education in Problem and Project-Based Learning Environment [M]. Aalborg: Akprint, 2012.

[117] ZHOU C. A Student Project as An "Extra Group Member": A Metaphor for the Development of Creativity in Problem-Based Learning [J]. Akademisk Kvarter, 2014 (9): 223 – 235.

[118] ZHOU C. Going towards Adaption, Integration and Co-creation: a Conclusion of Research on Creative Problem-Solving Skills Development in Higher Education [A] //A Handbook Research on Creative Problem-Solving Skills Development in Higher Education [M]. Hershey: IGI Global, 2016.

[119] ZHOU C. How Ha-Ha Interplays with Aha! Supporting a Playful Approach to Creative Learning Environments [A] //Innovative Pedagogy: A Recognition of Emotions and Creativity in Education [M]. Rotterdam: Brill, 2017: 107 – 124.

[120] ZHOU C. Introducing Problem-Based Learning (PBL) for Creativity and Innovation in Chinese Universities: Emerging Research and Opportunities [M]. Hershey: IGI Global, 2020.

第3章 PBL 的发展及其在我国面临的机遇与挑战

3.1 PBL 的发展概况

3.1.1 PBL 的兴起

无论是作为一种教学现象，还是作为一种教学思想、教学模式，PBL 都不是一种全新的东西。它有着悠久的历史，在东方和西方都有其思想渊源和实践脉络。"学起于思，思源于疑。"在我国古代，孔子的启发式教学思想对所有后世的教育思想都有着深远的影响。在西方，亚里士多德曾说过："思维是从疑问和惊奇开始的。"问题教学的早期发展至少可以追溯到古希腊时期苏格拉底的"产婆术"（王天一等，1997）。从苏格拉底到卢梭，再到杜威，我们可以看到问题教学的发展进程。到了 20 世纪，受实用主义哲学的影响，问题教学受到越来越多的教育学、心理学学者的支持和提倡。心理学家中最早对问题解决给予专论的当属威廉·詹姆斯，杜威则在儿童中心主义理论基础上提出"做中学"的思想（赵祥麟等，1981）。在 20 世纪 50 年代末至 60 年代初期，苏联教育家马赫穆托夫、马丘什金、列尔耐尔等在思维心理学研究成果的基础上，形成了问题教学理论（问题解决教学研究课题组，2000）。马赫穆托夫于 1957 年出版的专著《问题教学》在苏联被誉为"当代问题教学的理论与实践的百科全书"。

作为一种教学模式，PBL 起源于 20 世纪 50 年代中期的医学教育领域（米卓琳等，2019）。最早由美国神经病学教授霍华德·巴罗斯（Howard S. Barrows）于 1969 年在加拿大麦克马斯特大学（McMaster University）医学院开始实施。针对传统医学教学方法单纯注重知识传授而忽视学生各种技能培养的弊端，巴罗斯设计了一系列超越常规案例研究的问题。他不是把所有知识向学生和盘托出，而是要求学生研究一个具体的病例，提出恰当的问题，并自己拟定解决问题的方案（Barrows & Mitchell，2010）。这样不仅使学生加深对各种可应用的医疗工具的了解，而且使学生日益精通"临床推理过程"。在医学院使用"基于问题的学习"的学生成了"自我指导的学习者"，这样的学习者心怀求知求学的渴望，深知自己的学习需要，善于选择和利用现有的资源来满足自己的需要。巴罗斯将这种新方法规定为"起自于努力理解和解决一个问题的学习"（Barrows，1972）。从此，在麦克马斯特大学范围内以巴罗斯为代表的一些教师开始从事这方面的实践和研究。PBL 作为一种明确的教学模式诞生了（Barrows & Tamblyn，1980；Barrows，2010）。

3.1.2　PBL 在国外的发展概况

1983 年春，在荷兰的马斯特里赫特（Maastricht）举行了第一届 PBL 教学模式国际研讨会，来自美国、加拿大、荷兰、马来西亚、泰国、苏丹、澳大利亚和埃及的各国代表出席了会议。他们所在的学校都应用 PBL 作为教学模式，会议对 PBL 教学模式在未来医学教育改革中的积极作用予以肯定。1989 年，美国医学院协会在华盛顿（Washington）举行了第 100 届年会，对 PBL 教学模式进行了探讨并列入独立议题。作为一种医学教育改革途径，PBL 教学模式已被许多大学采用。截至 1989 年，美国的 127 所设立医学院的大学中，已有 8 所大学在全部课程中实行 PBL 教学模式或者提供 PBL 教学模式的选择，有 96 所大学在部分课程中实施 PBL 教学模式（Donner & Bickley，1993）。进入 20 世纪 90 年代，英国的部分医学院也进行了 PBL 教学模式的课程改革试验，如利物浦大学医学院、曼彻斯特大学医学院、格拉斯哥大学医学院、圣乔治医院医学院等（刘景业，1999）。随着 PBL 教学模式的日趋成熟，这种教学模式逐渐由西方向东方传播。1990 年，日本东京女子医科大学率先引进 PBL 教学模式，随后日本的筑波大学、歧阜大学等的医学院也都进行了不同程度的课程改革。学生学习的方式由知识积累型向解决问题能力型转变是当时日本医学教育变革的热点之一（张亚南等，1999）。目前，除美国、加拿大、英国、日本的大学在医学教育中使用或正在引入 PBL 教学模式以外，据 WHO 报告，全球目前有 1700 余所医学院采用 PBL 教学模式（孙宝志，2012）。这一新型的教学模式已得到世界医学教育界的广泛认可。

作为新教育理念的体现，把"问题解决"系统地运用于教学领域从 20 世纪 80 年代开始，其中影响较大的学者是美国数学教育家乔治·波利亚（George Polya）。他在数学教育领域最突出的贡献是开辟了数学启发法研究的新领域，这为数学方法论研究的现代复兴奠定了必要的理论基础。他的数学启发法思想曾对世界数学教育产生过巨大影响（梁红娥，2005）。到了 20 世纪末，以问题为中心、以问题为基础等名词在教育研究刊物上出现的频率越来越高，并逐渐成为各种教学、教育会议的中心议题，问题导向教学理论得到了迅速的发展，并产生了许多与此有关的新的教育思想和理念，如问题教学、问题解决、建构主义情境学习、问题导向学习等。这些理论对当代的教学产生了重大的影响，而且由于东西方文化的不断交流、交融，问题教学思想的影响几乎遍及全世界。

20 世纪 70 年代，美国的新墨西哥大学、荷兰的马斯特里赫特大学、澳大利亚的纽卡斯尔大学这三所研究型大学相继推行 PBL 教学模式，但主要还是在医学院的教学中推行。20 世纪 80 年代，美国大学本科生教育人才培养目标出现了历史性的转型，由原来的培养全面发展的人才转向培养创新型人才，探究型学习受到极大的重视，PBL 教学模式在美国大学得到了前所未有的发展，并逐步完善形成完整、科学、成熟的教学模式，而且国外学者对于 PBL 教学模式的研究，无论是从理论上还是实际应用上，开展得都比较深入。例如，美国南伊利诺伊大学研究了许多开展 PBL 教学的工具；美国 BIE 协会专门研究 PBL 在教学中的应用；麦卡锡（McCarthy，1986）还提出了"4MAT 设计模式"；等等。PBL 作为一种教学模式，已得到世界卫生组织和世界医学教育组织的认可（于红，2012），目前已广泛应用于包括大众医学、护理、药学、兽医学等在内的医学教育领域（乔宇琪等，2009）。不仅如此，PBL 教学模式还拓展到法律、工程学、教育、社会研究等其他专业的教育之中，甚至广泛应用于中小学的教育教学中（Diana et al.，2008；席珺等，2018）。

3.1.3 PBL 在国内的发展概况

PBL 在我国的发展历程与其在国外的发展历程十分相似，最早也是在医学专业开始采用，后来逐渐拓展到其他专业之中。

这种在国外被誉为"多年来专业教育领域最引人注目的革新"，在我国最早是于 1986 年由上海第二医科大学和西安医科大学引进的，后逐渐扩展到其他医学院校，如湖南医科大学（今中南大学湘雅医学院）、上海中医药大学、延安大学等。但从总体上看，20 世纪 80 年代，PBL 在我国的应用范围较小，且仅局限在部分课程中的部分知识点。20 世纪 90 年代以后，引进 PBL 教学模式的医学院校逐渐增多。尤其是 2008 年 7 月，由中国医科大学承办的"第 7 届亚太地区 PBL 国际研讨会"在沈阳召开以后，引进 PBL 教学模式的医学院校开始快速增长。例如，复旦大学上海医学院、上海交通大学医学院、上海中医药大学、武汉大学口腔医学院、华中科技大学同济医学院、山东大学医学院、中山大学中山医学院、中国医科大学、哈尔滨医科大学、首都医科大学、北京大学医学部、汕头大学医学院、深圳大学医学院等，均不同程度地开始了基于 PBL 的教学研究与实践。PBL 已成为我国医学教育中一个主要发展趋势（汪青，2010；宋向秋等，2013）。

与此同时，国内教育理论界的专家和学者也开始重视 PBL 教学模式，出现了不少理论介绍性和实践探索性的研究成果。21 世纪社会进步主义教育研究中心等不少网上教育资源对其进行了推介，甚至在全球华人计算机教育应用大会第六届年会上，PBL 教学模式已经开始作为一个崭新的议题出现。2018 年，国家留学基金委专门选派了由 30 余人组成的教师团队赴丹麦奥尔堡大学学习 PBL。在随后的 2019 年和 2020 年，部分院校，如东北大学等，先后选派各专业的专职教师到丹麦奥尔堡大学学习 PBL。目前，PBL 教学模式的研究与实践已经在各个高校的各大专业展开。

但是，由于我国对这种教育模式的研究起步较晚，大部分的认知概念是从国外引入的，理论研究主要侧重于基础概念、特征、要素和实施的环节上。在现实生活中，PBL 教学模式更多地应用于企业或职业培训机构中，真正应用于课堂的实践案例不多，比较成熟的课堂实践案例更是少之又少（李霞，2017）。

随着人类从大规模工业时代快速过渡到信息时代，乃至人工智能时代，人们会越来越意识到，其实不管从事什么职业，擅长记忆多少信息并不重要，能够根据现实世界中的真实问题去获取信息、协同他人解决问题，在这个过程中真正认识自己、了解社会并掌握终身学习的能力，才是教育的重点。PBL

教学模式与传统教学中强调以教师讲授为主不同，它以学生为中心，教师为引导者。PBL 教学模式强调，以学生主动学习为主，提倡以问题为基础的讨论式教学和启发式教学，特点是能够有效地提高学生的主动学习能力，培养学生发现问题、分析问题、解决问题以及独立思考和逻辑思维的能力，有助于提高学生的创造力、人际交往以及协作能力，使学生真正树立起终身学习的习惯和方法。这也正是 PBL 教学模式日渐被人们所认同的原因（欧阳玲莉等，2003；李文，2003；沈建新等，2001）。

3.2　几种经典的 PBL 教学模式

经过全世界范围内各个院校半个多世纪的研究与实践，已经形成了众多的 PBL 教学模式，但其中较为经典的主要有：加拿大麦克马斯特大学（McMaster University，Canada）的 PBL 教学模式、丹麦奥尔堡大学（Aalborg University，Demark）的 PBL 教学模式、新加坡共和理工学院（Republic Polytechnic in Singapore）的 PBL 教学模式和美国特拉华大学（Delaware University，USA）的 PBL 教学模式。

3.2.1　加拿大麦克马斯特大学的 PBL 教学模式

加拿大麦克马斯特大学成立于 1887 年，它以独特的创新性和求实理念闻名于世，其工程、医学和商学等学科在北美乃至全球都名列前茅，被誉为加拿大最富创造力与革新精神的大学，常常被称作"加拿大 MIT"。麦克马斯特大学是 PBL 教学模式的发源地。1969 年，美国神经病学教授巴罗斯在该校首次提出了 PBL 教学模式（Distlehorst，2005）。

问题应该先于需要学习的知识而出现的观点或者说用问题来引导学生学习的观点最早可以追溯到苏格拉底（Rotgans，2011）。1900 年左右，杜威在芝加哥实验学校对这一理念进行实践。20 世纪 50 年代，布鲁纳（Bruner）的"发现学习"理论指导美国兴起了教育改革运动。在医学领域，自 1910 年的弗莱克斯纳医学教育报告（*Flexner Report*）之后，美国和加拿大的医学教育模式没有发生明显的变化。随着北美社会越来越现代化，医学科学取得了不可估量的进步，新专业不断发展，医生的角色也不断地变化，但是医学教育的发展速度十分缓慢。20 世纪 60 年代末，加拿大麦克马斯特大学成立了一所新的医学院。该医学院的医学课程旨在培养医生，因此，实践应用比死记硬背的学习累积更加重要，学习应该以关注病人及其病痛为核心。而当时学校面临的情况却不容乐观，学生往往先进行几年的专业知识学习，然后进入实习，实习时学生并不能很好地将专业理论和知识与病人和病症相结合，加之每年的高辍学率迫切需要学校进行教育改革。这时，布鲁纳的"发现学习"思想直接影响了麦克马斯特大学医学院的教育改革。

1965 年，毕业于多伦多大学的约翰·埃文斯（John Evans）被推举成为医学院的院长。他希望改变医学院的教学模式，并认为这种改变只能发生在没有多年传统负担的新学校里。他挑选了四位思想相似的年轻医生，即吉姆·安德森（Jim Anderson）、弗雷泽·马斯塔德（Fraser Mustard）、比尔·斯波尔丁（Bill Spaulding）和比尔·沃尔什（Bill Walsh）组成了最初的麦克马斯特大学教育委员会。教育委员会的目标是促进学生的主动学习，培养学生解决问题以及收集、评估、应用大量信息的能力，以更好地照顾病人，同时还要培养学生能够适应他们所选择的医学分支的技能。此外，在群体中发挥作用的能力、自我评价能力以及反思自身学习需求的能力也是一名医生在毕业后能够进一步发展，以满足患者需求的重要目标（Dolmans & Grave，2010）。该委员会确定的最能满足这些目标的学习模式是小组合作学习与独立自主学习相结合，通过临床问题来学习，这就是 PBL 教学模式的最初模型，其基本结构如图 3.1 所示。

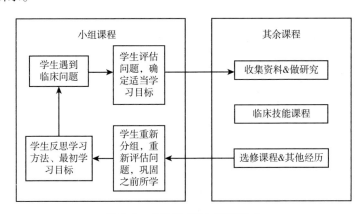

图 3.1　最初的 PBL 教育模式

这种"反向学习"的教学模式有助于学生独立思考,他们必须根据遇到的临床问题推断学习目标,找到适当的资源,并将这些信息整合到临床问题的背景中。教师在教学中扮演促进者的角色,引导学生、填补空白、提供临床经验。这种教学方式被认为是医生培训中的一种有效的学习方法。因为它模拟真实的、执业医生在现实世界中的工作方式,并且学习信息很容易被转化为实用技能。

对医学教育有着浓厚兴趣的美国神经病学教授巴罗斯,在麦克马斯特医学院成立早期,就与麦克马斯特大学有着密切的联系。他于 1969 年在加拿大麦克马斯特大学首次提出了 PBL 教学模式,并且撰写了大量关于 PBL 及其教学成果的文章。早期 PBL 的教学目的是促进学生获得知识,后来转变成指导学生获得临床推理能力和解决临床问题的技能上,这一转变离不开巴罗斯。他在 1971 年加入麦克马斯特大学医学院,将模拟病人带入了医学教育的课程中,并发明了"问题箱"(problem boxes)。他一直致力于研究如何将临床医生诊断和处理病情的认知过程通过 PBL 教学来教给学生。他提出,应该让学生模拟专家在面对问题情境时的思考方式,而且根据巴罗斯的观点,专家的行为是可以被评估和学习的。为学生提供像专家那样面临的真实问题情境,基于有限的信息,学生会像专家一样产生大量的假设,然后运用探究策略,或质疑、或检验、或测试、或修订、或排除这些假设,然后根据所给的数据确定最后的假设,并给出诊断方案。教师的作用是帮助学生像专家一样思考,引导学生学会专家的临床推理技能(刘婷,2018)。

最初,麦克马斯特大学的教师开始关注学生在课堂和考试中的优异表现与他们临床上的实际操作之间的关系,发现学习成绩好、考分高并不等于临床实际操作能力强。后来,医学院的教师就把学生分成小组,每个组派一个指导教师,然后把一组一组的学生放入一群由健康人组成的"病人"群体中。在这样的情境下,学生开始对"病人"进行访谈、做笔录,然后针对"病人"的症状,到图书馆去查资料,并在小组内讨论,最后给"病人"开处方。在这样的学习过程中,学生查资料、向教师请教问题以及和小组成员讨论都很主动,学生主动完成了全部学习任务,而不是坐在课堂里被动地接受教师传授知识。与传统教学相比,经过 PBL 教学模式的学生的知识面要广泛许多,其实际操作能力也要强很多,特别是自主学习能力的增强,对他们的终身学习有很大的帮助(黄斌,2005)。

巴罗斯认为，PBL 教学的目的是获得技能，掌握知识是第二位的。除此之外，学生还要学会自主学习，并在自主学习过程中，对学生提出以下几点期望：

（1）确定合适的学习目标。

（2）获得有用的信息和资源。

（3）合理地利用资源。

（4）正确理解知识并对其进行合理编码。

巴罗斯的思想在 20 世纪六七十年代得到了教育界的广泛认同，这就是 PBL 最原始的模式，也被称为"医学院模式"。这一教学模式很快在加拿大和世界各地流行起来（Xian & Madhavan，2013）。但就它的指导思想也就是前提来说，这一模式是有一定缺陷的。首先，虽然信息更新速度很快，但是这些新信息还不足以让已存在的信息过时。在医学领域，学校的教学内容在学生以后的职业生涯中依然十分有用。其次，巴罗斯认为的临床推理能力可以传授给学生的观点是有偏差的。因为每位专家的临床推理能力的形成都与他所处的环境和经历有关，这种能力的形成在很大程度上是基于实践的，而且是不可复制的。所以，麦克马斯特大学初期注重过程而轻视内容，重视技能而轻视知识的学习，造成了学生的毕业考试分数低于国家平均分数。为解决这一问题，20 世纪 90 年代，麦克马斯特大学重新调整教学目标，在 PBL 教学过程中同样重视教学内容。经过多年的实践和改进，特别是经过 1982 年及 1999 年的两次大调整后，麦克马斯特大学确立了更完善的培养目标，形成了比较稳定的 PBL 教学模式。在麦克马斯特大学的教育体系中，PBL 教学模式的基本要素主要包括以下七个方面（Hmelo-Silver，2004）：

（1）以问题为学习的起点，学生的一切学习内容是以问题为主轴架构的。

（2）问题必须是学生在其未来的专业领域可能遭遇的"真实世界"的非结构问题，没有固定的方法和过程。

（3）偏重小组合作学习和自主学习，较少进行课堂讲授。

（4）学习者能通过社会交往发展协作能力和技巧。

（5）以学生为中心，学生必须担负起学习的责任。

（6）教师的角色是指导认知学习的教练。

（7）在每一个问题完成和每个课程单元结束时进行自我评价和小组评价。

麦克马斯特大学 PBL 教学模式特点是：由 1 名教师带领 5～7 人组成学习

小组，以某个临床问题为基础进行学习。学生们可根据需要进行分工、自主学习、有效协作。在学习的过程中，不但注重基础知识，更注重临床技能以及创新能力，之后再由教师对重点、难点内容进行讲解。对学生的考核不再是单一的理论考试，而是包括教师评价、思维能力考试、客观结构化临床考试、个人进步记录等。麦克马斯特大学每年有充足的 PBL 教师，PBL 教师在上岗前都要经过培训，培训的目标是使受训者具备以下六种能力：

（1）终身学习能力。

（2）不断运用新方法解决所面临的问题的能力。

（3）将理论知识整合运用到临床实践中的能力。

（4）与他人合作，有效工作的能力。

（5）善于沟通的能力。

（6）良好的个人素质和职业行为，自我评价与评价他人的能力。

在麦克马斯特大学的 PBL 教学模式中，设定正确的目标、通过团队的帮助来加强对问题的理解，并在必要时得到教师的反馈是非常重要的。目标设定是一个框架，学习者可以通过框架在临床案例中选择与之相近的部分。通常情况下，首先向学习者提供一篇临床简介，可能还会提供 1～2 个一般学习目标，有了这些信息，学生就可以设定自己的目标，以便他们根据自己的方式探索与临床场景相关的医学、生理学和基本科学概念。设定目标的目的是为学生的自学提供指导，并在自学完成后为临床病例的后续讨论提供基础。设定的目标不应该太具体以至于限制学生探索自己感兴趣的概念，也不应该太宽泛以至于学生感到无法及时完成自主学习。最重要的是，设定学习目标会使学生有更明确的学习重点，而不是肤浅地、泛泛地追求所学内容的多少，对所学内容有较高的保留率。

从本质上讲，PBL 教学模式是从问题出发，使学生在解决问题的过程中学习。问题不像书本上的练习题，没有唯一的答案，具有开放性的特征。PBL 教学模式要求设计真实性的任务，强调把学习设置到复杂的、有现实意义的问题情景中，通过学习者自主探究和小组合作相结合的方式来解决问题，从而掌握隐含在问题背后的科学知识，以此形成解决问题的技能，提高自主学习的能力。PBL 教学模式所培养的自主学习能力要比一般教学模式要求的自主学习能力更加复杂。学生为了解决问题除了自学教材外，还需要收集其他信息，这些信息不只是一个学科的内容。学生要解决问题，就要打破学科的界限，用更广阔的视角去看待问题。学生不仅要具有收集和处理信息的能力，还要有合作交流的能力和较好的表达能力；不仅要会学，还要敢于表达，敢于反思。PBL 教学模式是基于现实世界的以学生为中心的教学方式，与传统的以学科为基础、以教师讲授为主的教学法有很大不同，PBL 教学模式强调以学生主动学习为主，更能激发学生主动学习的兴趣，促进课堂吸收率，提高教学质量。

目前，麦克马斯特大学已经将 PBL 教学模式应用到各个学科的教学实践之中，尤其是将 PBL 教学模式引入创新创业教育中，形成了"以学生为中心，以问题为导向"的麦克马斯特大学创新创业教育模式。这种教学模式现已被大力应用到课堂教学中并获得了很大的成功。

3.2.2　丹麦奥尔堡大学的 PBL 教学模式

丹麦奥尔堡大学成立于 1974 年，坐落于北欧丹麦王国的奥尔堡市内。在奥尔堡大学的校徽上，清晰地刻有三个大字"AD NYE VEJE"。这三个大字翻译过来就是"走新路"的意思。实际上，这是在公开阐明奥尔堡大学的办学思想，就是要走出一条创新的路子。奥尔堡大学强调，知识的进步须跨越学科壁垒，并创造了"以问题为导向""由项目来组织"的 PBL 教学新模式。哥本哈根大学教授伊利斯（Illris）提出，高等教育应该将问题导向、项目工作、学科间互动、学习者的参与和团队合作等有机结合。奥尔堡大学的PBL 教学模式就是在伊利斯教授的思想基础上发展起来的，其主要特色就是将问题导向和项目组织有机结合在教学中（谢柯等，2015）。奥尔堡大学的 PBL 教学模式已被联合国教科文组织推广使用，被誉为"世界工程教育的典范"。

奥尔堡大学的学制是本科 3 年、硕士 2 年。每个学年共 2 个学期，每学期共 20 周，前 18 周是教学活动时间，后 2 周是教学评价时间。第一学年是按学院划分的基础教育年，侧重于学生所选专业领域的基础理论和方法，让学生学会合作，培养解决问题的能力。从第二学年开始，学生便进入较宽的分支领域，在若干分支领域中作出选择，在接下来的两年里，将深化所选分支领域的学习。硕士阶段是学科领域更细化、更深入的专业化学习阶段，但教学模式不变。此外，硕士阶段的第三学年是实习期，硕士论文或设计的选题通常来源于实习期发现的问题。在整个教学过程中，均体现以问题为导向、以项目来组织的理念。纵向上以项目贯穿整个教学，横向上以项目为依据来组织课程学习。问题是指导学生学习过程的起点。问题可能是理论和实践问题，但它必须具有真实性和科学性的特征。其中，"真实性"意味着这个问题与学术之外的现实世界具有相关性；"科学性"意味着这个问题通过跨学科的方法是可以被理解、分析和解决的（谢柯等，2015）。奥尔堡大学的所有教学活动都会涉及基于问题的项目工作，且项目以一套原则为出发点，进而构成了奥尔堡大学的 PBL 教学模式。如图 3.2 所示，简要地描述了奥尔堡大学 PBL 教学模式的九项原则。

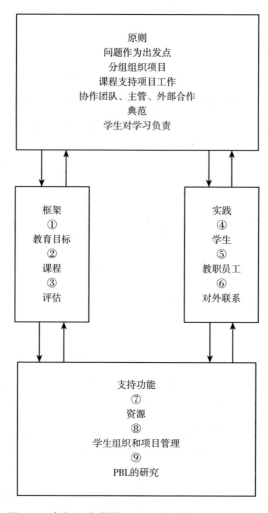

图 3. 2   奥尔堡大学基于 PBL 教学模式的九项原则

在 PBL 教学模式实施的过程中，奥尔堡大学会从教育目标、外部联系和内部资源三个方面给予充分的支持。

在教育目标方面，奥尔堡大学将考试评价、课程设置以及教职员工的教学能力等元素有机地组合在一起，共同构成 PBL 学习的基础。将培养学生在解决问题方面的技能，如问题分析、方案制定、问题解决、与人沟通合作以及对工作流程和成果质量的评估等作为大学教育的目标。奥尔堡大学鼓励学生认真反思项目工作的出发点和成果，运用跨学科、跨专业的观点思考问题，这就使得 PBL 教学模式横跨该大学的所有院系。

在外部关系方面，奥尔堡大学向外部组织提供其 PBL 教学的信息，支持大学教职员工、学生和外部组织之间建立联系，通过与外部合作伙伴的合作，为学生提供可在项目工作中解决的真实问题。同时，积极与外部组织合作支持项目研究，切实地鼓励学生开展项目工作。奥尔堡大学与项目外部审查员和评估员的专家时刻保持着紧密联系，一方面可以完善和落实涉及知识产权相关问题的政策；另一方面，可以及时关注外部组织对项目实习、学习计划和研究生技能的反馈结果，跟踪学生的学习进展和学习效果。

在学校内部资源方面，奥尔堡大学会积极地为学生提供访问信息系统以用于其开展项目工作；提供项目人员一起工作的空间，此空间可能是每个组的单独房间、会议室或在项目期间为学生提供的虚拟空间；提供不同规模的教室，以满足不同教育活动的需求；提供大学图书馆，以便于学生从专业期刊和科学文献中获取研究的想法；分配位置合理的实验室，使学生能够方便地进行项目实验；提供计算机、研究设备和软件用于参加课程和项目实验。

奥尔堡大学的 PBL 教学模式在课程设置上主要由学科课程、项目课程和项目工作三部分组成。学科课程是与学生所选专业相关的基础理论和方法，旨在帮助学生建立基本的知识框架并单独考试。项目课程是与项目工作主题相关的理论、方法和技能。每门课程一般包括 6 次讲座，每次讲座约为 3.5 学时，一般根据实际情况每学期开设 2～6 门项目课程，学科课程和项目课程一般每学期开设 6～7 周。项目工作是核心环节，学生可从课程的主题、上学期完成的项目或市场需要解决的实际问题等方面获得灵感，进而确定项目选题。对相同或相似问题感兴趣的 5～8 名学生组成一个项目小组，每组配备 1～2 名指导教师。在一般情况下，学生会在前三周确定项目选题，指导教师每学期可指导 2～3 个项目。接着项目组在自己的项目工作室分工合作，并在指导教师的协助下共同找到解决问题的方案并完成项目工作。项目工作重视团队协作，项目组成员要一起讨论、一起研究，并对自己承担的内容负责，共同撰写项目报告，并一起参加答辩获得学分。指导教师每周至少与项目组会面 1 次，讨论项目工作的进展和问题，并对项目组工作给予指导。每学期学科课程和项目课程时间大致一样，共占 50%，项目工作时间占 50%。每学期总学分是 30 分，项目工作为 24 分，占学期总学分的 80%。

奥尔堡大学每学期一般以学科课程开始，以项目工作结束（Kolmos，2004）。奥尔堡大学把课程分为两类：一类是一般性课程，旨在为学生提供较为基础的、能起到脚手架作用（scaffolding）的知识；另一类是项目课程，围绕学期主题而设，学生需要学习与项目直接相关的知识。所有院系不分文理，在课程设置上都采用这种一般性课程加项目课程的组织方法。由于具体的课程设置主要以具体的项目工作为依据，设置的课程是为能顺利完成具体项目工作而服务的，因此，PBL 教学模式下的课程设置具有跨学科、灵活性和开放性的特点（谢柯等，2015）。在教学方式上，奥尔堡大学的学科课程的教学方式与传统的教学方式没有太大区别，主要以讲授为主。项目课程教学主要是为项目服务，教学的主体是学生，教学起点常常是学生或指导教师感兴趣的问题、业界或公共部门的建议及其所面临的实际问题等，项目课程教学是为了解决项目工作中可能出现的理论和方法难点，突出知识的应用，所以采用的教学方式与学科课程相似。所有课程会在两个月内结课，两类课程均为学生提供基础的理论知识，两类课程课时大约各占培养方案总课时的 25%。

奥尔堡大学 PBL 教学模式的另外一个重要组成部分是项目工作。它要求学生自主选择一个问题，开展以问题为基础的学习和探究，以小组（通常为3~5 人）为单位进行讨论和研习，并完成项目报告。从学习过程上看，PBL 把问题作为学生学习的起点，并把对问题的探究、分析和解决贯穿于学习的全过程。学生在学习之初接触到的并非学科知识，而是问题情境，学生知识的建构过程伴随着他们对问题的分析而逐渐展开。例如，在奥尔堡大学第一学期和第七学期，每学期会有两个项目。学期初有迷你项目（mini project），旨在给予学生尝试和开展项目作业的初步体验，迷你项目周期约为两周，开展时间与上述两类课程同步。另一个是大项目（major project），在正式课程结束后展开。学生有两周时间进行项目提案写作并在班里进行个人陈述，然后在此基础上自由组队。之后进入项目作业阶段，大项目周期约为两个月，占整个学期时长的一半。项目工作量约占每学期总学时数的 50%，项目工作和项目课程二者合计占学期总学时数约 75%。

在考核方式上，学科课程考试在学期末进行，采用笔试形式。学科课程的成绩虽不纳入学期综合成绩，却是学期综合成绩合格与否的前提。学期综合成绩由 75% 的项目工作成绩和 25% 的项目课程成绩组成。项目课程成绩主要采取笔试或口试的方式。最有特色的考核方式体现在项目工作成绩的评估上。2006 年以前，奥尔堡大学通常会请 2 名校外考官出席学生的期末项目工作考核。其中，一位是业界的资深人士，另一位是学术界的知名学者。项目组要在评估前 1~2 周，提交一份 50~160 页的项目书面报告。考试时项目组成员分别陈述自己承担的工作，共同完成汇报工作，还要为自己的项目工作进行答辩。然后，项目组指导教师对项目工作作出评价，最后由校内和校外两位考官共同给出成绩。每个学生一般用时 45 分钟，每组考试一般会持续 4~6 个小时。项目工作的最终成绩由共同完成的项目报告成绩和面试成绩组成。由于 2005 年丹麦政府推出了"禁止集体评价"法案，奥尔堡大学于 2006 年终止了实施了 30 多年的集体评价。2006 年以后的项目工作考核则是让项目组成员依次进入房间，说明项目工作并回答 2~3 个问题，然后考官进行投票得出等级分数。提问环节用时 20~25 分钟，投票和评分环节用时 10 分钟左右。学生的学科课程、项目课程和项目工作成绩都是采取形成性评价和总结性评价相结合的方式进行。硕士阶段的实习成绩主要由所在实习公司的导师根据其表现评出。毕业论文或设计成绩由指导教师和业界资深人士、学术界知名学者共同评出。

以问题为导向的项目式教学是奥尔堡大学创新 PBL 教学模式的核心和最大亮点，这种教学模式中还融入了启发式、探究式、讨论式、体验式、合作式、学徒制等教学方式。整个项目教学的实施流程一般分为问题分析、问题解决和书面报告三个步骤（Kjersdam，1994）。项目教学实施流程如图 3.3 所示。

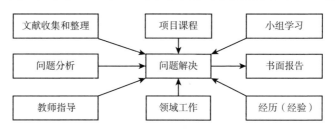

图 3.3　奥尔堡大学的 PBL 教学模式的实施流程

在问题分析阶段，项目组成员在广阔的背景中提出问题、描述问题和评价问题，主要任务是研究大量文献，讨论并确定项目选题。项目选题要充分考虑市场的实际情况，由指导教师引导学生完成，有时还会与特定领域的专业人士进行访谈以帮助学生确定选题。在问题解决阶段，项目组成员在指导教师的引导下，对拟解决问题的理论和方法进行评估。这一阶段的重点是根据问题解释所选理论和方法的合理性。学生在这一阶段主要是通过课程、实地调查和方法论分析等获得专业知识和技能（年智英等，2011）。在书面报告阶段，项目组对项目工作要进行回顾，得出研究结论，并形成书面报告。项目报告要体现项目工作的完整实施过程，体现出学生建构知识和能力的过程。在整个项目实施的全过程，学生是主体，指导教师是引导者、协助者、促进者。指导教师要推进并跟踪项目工作的进展，即指导教师作为项目组成员直接参与项目、激励学生、提供恰当的理论和方法、指导和监控项目工作以确保方向的正确性。

在奥尔堡大学，PBL 是一种整体性的教育模式，具有课程和教学法的双重意义。PBL 教学模式在奥尔堡大学取得了巨大的成功。丹麦工业部于 2004 年对 125 家工程公司的调查表明，与丹麦其他传统高校相比，奥尔堡大学在培养学生专业知识和技能方面差异并不明显，但是奥尔堡大学的毕业生在项目设计、人力资源管理、沟通、创新、实际操作能力等方面具有非常明显的优势。不少学者在对 PBL 模式与传统课程模式的优劣进行了比较研究之后发现，PBL 虽然在短期的知识性记忆方面略弱于传统学习形式，但在长期的学业收获、技能型表现、知识和技能的混合发展上要显著优于传统的教学模式（Strobel，2009）。与此同时，它还有助于提高学生的学业兴趣，帮助学生形成良好的行为习惯（Blumberg，1992）。在传统教学模式下，学生更习惯于记笔记；而在 PBL 教学模式下，学生更能主动地使用各种学习材料并进行频繁的非正式讨论。此外，当考虑高层次的学业表现，如批判性思维、伦理意识以及创新能力时，奥尔堡大学 PBL 教学模式的表现则更为卓越（Zhou，2012）。根据丹麦国内高校的相关调查，奥尔堡大学在退学率、毕业生完成率、雇主满意度等方面的表现均优于丹麦传统名校，如哥本哈根大学和奥胡斯大学以及部分工科院校（如南丹麦大学等）。PBL 教学模式加强了奥尔堡大学与社区和企业界的联系，也极大地提升了奥尔堡大学的形象，使得其 PBL 教学模式不仅影响到丹麦、北日德兰岛地区不少高校的教育实践，还走出国门，产生了极大的国际影响。

3.2.3　新加坡共和理工学院的 PBL 教学模式

新加坡共和理工学院自 2002 年成立以来，一直采用 PBL 教学模式，到目前为止，已经成为最具 PBL 教学规模和教学特色的大学之一。

新加坡共和理工学院 PBL 教学模式的特点主要体现为四个关键词，即情境、协作、讨论和意义建构，即以问题为导向，以学生为中心，强调以学生主动学习为主、教师讲授为辅，遵循学生学习过程的认知规律，并将学习内容融入真实任务之中。学习过程即为完成任务和解决问题的过程，教师重在引导学习者自主探究和相互协作、探讨来解决问题，从而学习和掌握解决问题过程中涉及的知识，最终达到培养学生解决问题的技能和自主学习能力的目标。学生获取知识的多少和掌握技能的强弱取决于学生在学习过程中的参与程度。

新加坡共和理工学院的 PBL 教学模式对教师和学生有不同的要求。这种教学模式要求教师最大限度地激发学生的学习兴趣，帮助学生形成学习动机。通过创设符合教学内容要求的情境和提示新旧知识之间联系的线索，帮助学生建构当前所学知识的意义。在可能的条件下组织协作学习，即开展讨论和交流。这种教学模式要求学生成为意义的主动建构者，在学习过程中要发挥主体作用。学生首先要用探索法、发现法去建构知识的意义。其次在建构意义的过程中，学生要主动地去搜集并分析有关的信息和资料，对所学习的问题要提出各种假设并努力加以验证，同时还要把当前学习内容所反映的事物，尽量和自己已经知道的事物相联系，并对这种联系加以认真的思考。PBL 教学模式的精髓和绝妙在于利用有趣的问题引学生入胜，极大限度地调动学生的学习积极性和主动性。

新加坡共和理工学院目前采用的主要教学形式是：学生在 3 年的学习期间需要修学 30 个科目，平均每个学期修学 5 个科目，每个学期 16 周教学周，除去第 5 周、第 10 周、第 16 周为考试周外，每个学期有 13 周全日制的教学周。每门科目分为 13 个问题。每周的课程安排都一样，周一至周五每天学习一门科目，采用"一天一题"制。组建班级时每个班 25 名学生，分为 5 个组，每组 5 人，每个班级都有一个负责的教师。课堂上组织案例项目学习，学生提出当天遇到的问题，并在一天结束的时候对问题作出反应。新加坡共和理工学院的 PBL 教学模式在具体实施过程中将教学任务分为以下几个主要教学过程，即 3 个会议和 2 个自由讨论时段。

会议 1：呈现问题的开端，确定学生组长和记录员，学生拟定所知、未知、须知的问题，导师提供给学生支架式习题作为补助资源，形成"问题定义模板 – PDT"。在"第一次会议"期间（即问题分析阶段），导师首先向学生介绍问题。然后，给学生大约 10 分钟的时间，通过共同填写 PDT 表格（PDT 被认为是一项正在进行的工作，学生将在一天的学习过程中不断完善和补充）来讨论他们对问题的最初反应和理解。在此过程中，他们会确定自己知道的或不知道问题的相关知识，并且需要找出解决问题的方法。导师需要有目的地避免在问题陈述中使用复杂的技术词汇，尽量让学生发现日常生活中熟悉的元素，只有这样才能够立即参与讨论。让学生有机会在小组中分享想法，这样可以激活他们的先验知识，并使他们能够将问题中的新信息与他们现有的知识联系起来。相互讨论将帮助学生认识到他们现有知识的不足以及解决该问题所需要知道的知识。聆听其他学生所说的话也可以使他们发现自己没有意识到的先验知识。在小组讨论之后，导师鼓励所有小组在课堂上分享他们的想法。然后，导师帮助简单概括、总结每个小组的主要结论，从而促进他们建立思考、解决问题策略的良好模型。到第一次会议结束时，学生将发现需要进一步研究的问题。

自由讨论时段 1：学生搜寻、查阅资料并回答 PDT 表格中的问题，相互讨论并分享资料。第一次会议后，给学生约一个小时的时间，以个体和小组合作的形式开展工作。除问题陈述外，学生需要试着填写 PDT 表格。该表格需要补充他们在解决问题时可能需要理解的各种关键科学概念和词汇以及解决问题过程中新发现的问题。PDT 表格将问题分解为较小的任务或步骤，从而帮助学生系统地思考问题。它通常以引导学生返回问题陈述而告终，在陈述过程中要求学生利用新获得的知识来理解和应对问题。在第一个阶段结束时，预计每个小组至少会部分回答他们在 PDT 表格中提出的一些问题。他们还可以根据研究结果完善和更新他们的原始想法和问题。

会议 2：学生与导师逐步探讨解决方案，导师了解学生在尝试解决问题过程中未能克服的"障碍"。在第二次会议中，各个小组的学生分享他们对问题的理解。这个阶段，导师可以为学生学习过程中遇到的困难和概念理解等方面提供帮助。然后，小组成员进行自我研究以及小组讨论，以巩固他们发现的想法，并制定对问题的解决方案。在此过程中，批判性提问和解释想法的过程是学生学习的重要组成部分。

自由讨论时段 2：小组制定更精确的解决方案。由于第三次会议需要小组成员陈述他们对问题的回答，因此，他们还需要花费一些时间来整理将要陈述的内容，准备陈述用的 PPT。

会议 3：各组有 5 ~ 10 分钟的演示时间，学生在演示成果中展现对问题的建设性见解并进行解答，导师对学生的演示给予评价，并在必要时提供额外资料进行解释和补充。学生进行自我评估、相互评估、反思日志、模拟测试等工作。在第三次会议（即书面报告阶段）中，每个小组都要提出小组成员共同的发现和对问题的回答。在所有小组介绍了他们的问题解决方案之后，导师会进行简短的总结，明晰每个小组的工作思路和主要结论。

除了以上几个主要教学过程之外，导师每天要对学生进行评价，学生每天都会收到一个成绩。该成绩取决于他们的课堂参与程度、小组合作能力、演讲技巧、对概念的理解，这些理解是由他们识别相关问题、演讲能力以及他们的学习日志内容决定的。此外，在每个学期还会进行汇总评估，旨在评估学生对概念的理解和应用，而不是他们对内容知识的记忆。学生每天的成绩和这些测试的结果与期末考试成绩对学生的最终成绩具有相似的权重，因为学习过程与理解和应用概念对评价学生的表现同等重要。

图 3.4 简要描述了新加坡共和理工学院的基于 PBL 的教学流程。

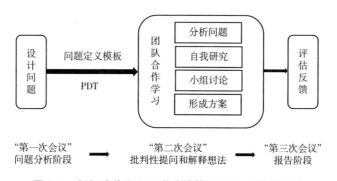

图 3.4   新加坡共和理工学院的基于 PBL 的教学流程

新加坡共和理工学院基于 PBL 的教学模式的突出特点主要体现在以下五个方面（许璐，2012）：

（1）要求教职员工具有重奉献的职业精神。在新加坡共和理工学院，能够深深体会作为一名职业教师的奉献精神，教师没有假期，在学生休假期间老师们都要正常上班，根据学生调查问卷反馈的内容重新审视课程的内容和结构，讨论并制定下学期的主要课程内容，设计科学合理的学习单元，为下学期的正常授课做好充分的准备。

（2）要求教育理念向重研讨倾斜。每个科目设计 15 个问题，这 15 个问题的提炼由课程主任及 2~4 名骨干教师共同讨论制定，15 个问题的相关解答方案涉及的知识点根据轻重主次都可以重复、交叉，使学生对重点知识掌握得更加内化和深入。此外，教材全部选用学院自编教材，每门课程均有一个课程主任，课程主任制定教学大纲，与熟悉专业的 2~4 名骨干教师共同编制课程内容，课程内容与时俱进，与现实结合，具有启发性。在上课前一个月审核每个单元，通过专业负责人、授课教师、其他课程主任一起参与讨论决定。每学期每个老师教授 2~3 门课程，每名老师担任 2 个班的导师，确保对每个学生实现精细化管理。

（3）要求管理学生严格注重纪律规范。新加坡共和理工学院非常重视学生的管理，纪律严明。例如，每天 8：30 上课，即便学生 8：31 到位也视为迟到，记为违反纪律，毫不通融。学生的出勤率会直接和综合成绩挂钩，这种严谨的教育制度能够有效地规范学生的学习习惯，从而养成严谨对待学术的思想观念。

（4）要求教学内容注重原创和创新。学生的作业、报告等忌讳抄袭，尤其是报告，教师应用查重软件可立即检测出作业的重复率。如果学生的作业重复率超出标准，教师会拒收作业并对学生进行批评，这就要求学生们必须独立思考，从全新的角度去解决问题，不断挖掘学生潜力，从依赖他人学术成果到独立推导研究结论，从而充分提高自身主动思考的能力。

（5）要求教师注重教学成果反馈。每门课程学期授课结束后，相关教师都会对该课程的单元设计、学习过程设计调查问卷并回收、统计学生的反馈意见，根据反馈意见及时调整课程设置，以便更加详细地了解学生知识掌握情况并对应提出解决方案，同时老师在期末阶段也进行总结，以更好地完成下一次课程的讲授。

在新加坡共和理工学院，PBL 教学模式已在所有学科中实施，其核心特点就是"一天一题"。通过设计问题，使学生可以花一天的时间单独或与小组成员合作解决问题，并最终提出解决方案。这样，他们会不断地重新审视和完善自己的技能，并且他们每天还会收到教师的反馈，这有助于他们改善学习策略。通过问题引发的小组合作和个人学习过程，学生不仅可以理解概念，还可以学习未来工作和继续教育所需的技能。

对毕业生而言，在以知识为基础的经济体系中，成为自律型学习者，能够自行学习并评价大量信息以解决问题和作出决定是至关重要的。他们还需要发展人际交往能力和专业态度，如能够在小组中良好的工作，有效地进行沟通、进行建设性的批评并坚持道德行为。这种教育成果需要一种积极的学习方法，使学生有机会解决与将来的职业可能面临的实际情况类似的问题。新加坡共和理工学院的 PBL 教学模式恰好可以提供与这些结果相一致的主动和协作学习的结构化框架。目前，新加坡共和理工学院已经成功争取到多家公司成为其合作伙伴并签署了协议备忘录，目的是让学院的讲师和学生都能够更好地掌握新的市场需求。这些公司大部分是跨国公司或新加坡本地的大企业，他们已在不同领域与新加坡共和理工学院展开合作，不仅参与制定课程内容，还协助设立实验室及科技发展中心等。

3.2.4　美国特拉华大学的 PBL 教学模式

美国特拉华大学是美国古老的一流大学之一，其历史可以追溯到 1743 年。特拉华大学始终秉承教学与科研并重的教学理念。1992 年，特拉华大学引入 PBL 教学模式，强调以解决具有现实意义的问题为导向，通过提出问题、规划方案、解决问题、评价反思等几个环节，让学生从被动的接受者变为主动的探索者（袁开惠等，2017）。特拉华大学的 PBL 教学模式形式灵活多样且注重学生课堂的参与性，能够有效激发学生的学习兴趣，培养学生思考和解决问题的能力。

美国特拉华大学提倡主动学习，其第一个 PBL 教学活动出现在医学领域并迅速传播。1994 年，特拉华大学将 PBL 教学模式推广至全校的 7 个科系，先后在生物化学、音乐鉴赏、物理学等学科教学中开展了 PBL 教学。

表 3.1 显示的是美国特拉华大学 PBL 教学模式实施情况及部分 PBL 教学问题举例。

表 3.1 美国特拉华大学 PBL 教学模式实施情况及部分 PBL 教学问题举例

学科领域	具体学科	实施形式	主题	问题举例
自然科学	生物化学	文献研读与概念图绘制	血红蛋白与镰刀型红细胞贫血	和血红蛋白相关文献研读并绘制概念图
	生物	文献研读与自主实验	"热力学"中的能量流（热流）	鱼鳞为什么会发光
	物理	工程设计		辅助设计一个太阳能小屋，需满足以下条件：在评估太阳能的储热能力后选择适当的建筑材料；决定是否增设水墙，用于附加的被动式储热；基于成本、物能含量选择可用的燃料
人文科学	地理环境	案例	气候变暖	自主选题设施
	医学康复	案例	肌肉拉伤	器具设计
	音乐鉴赏	音乐体验与讨论	音乐流派鉴赏	选择不同国家或地域的两个相异的音乐流派的两首歌曲，鉴赏、讨论其差异。要求：运用音乐流派鉴赏的专业术语、透视音乐流派的社会文化成因，如体验、对比、评说中国汪峰的《春天里》和美国玛丽亚凯莉的《请说些什么》
社会科学	电影理论	提案	学习过"电影理论"	要求学生给国会图书馆提交一份有说服力的提案，将他们选择的电影纳入国家电影登记处的播放名录
	政治	演讲	导致第三世界国家欠发达的原因	作为某一名第三世界国家新当选的总统，行就职演讲
	图书馆学	演讲	文献检索	

特拉华大学数学与科学教育资源中心的芭芭拉·达赫（Barbara J. Dach）曾总结过包括特拉华大学在内的美国研究型大学 PBL 教学模式的多种经验，含医学院模式、流动促进者、同学导师等多种模式。PBL 教学模式是一个活跃的、反复的过程，它让学生们去识别他们所知道的和不知道的东西。他们解决问题的动机成为他们寻找和应用知识的动力。PBL 教学模式可以与讲课相结合，形成一种混合的教学模式，它可以在几乎所有的课程和科目中实现。

由于 PBL 教学模式是根据提出的实际问题开展的教学活动，为了达到解决问题的目的，特拉华大学在实施 PBL 教学模式的过程中，将教学内容拆分为以下五个环节：

（1）组成学习小组。在整个活动开始之前，学生首先要组建一个学习小组，以小组为单位进行学习探索。每位学生应该进行自我介绍，为合作学习创造一个良好的交流环境和学习氛围。

（2）提出问题。在这个环节中，由老师在以往学习的知识基础上提出一个较为复杂的问题。这个问题要尽量与现实世界贴近，要能够吸引学生的兴趣。学生和老师要对这个问题达成一致的理解和认识。

（3）活动实施。这一环节要求小组的成员集合在一起，就他们所要学习的新知识进行研究讨论，交流他们对新问题的认识和看法，对信息的来源、途径、方法等进行沟通，分享彼此的学习成果，评价自己的信息以及其他小组成员的信息，彼此之间取长补短，促成小组成员自主学习。学生经过对知识的质疑、判断、比较、选择及分析、综合、概括等认识活动，通过多种思维和认知方式获得问题的解决方案。教师只作为小组学习的促进者和引导者，而不是知识的教授者。

（4）成果汇报。各学习小组在学习活动结束后，利用不同的形式来报告自己的最后结论以及得出结论的过程，如口头汇报、图表汇报、角色表演等。由此来强调解决问题不是唯一目标，更重要的是对问题的理解和分析以及问题背后存在的关系和机制。

（5）过程反思。为了对所学知识有一个清晰的认识，成果汇报结束后要有意识地对活动过程、所解决的问题进行反思，分析问题背后知识点之间的逻辑联系、思考这个问题与之前遇到的问题有无共同点，以此来锻炼概括能力和知识的实际应用能力。

特拉华大学 PBL 团队核心教授史蒂夫·伯恩哈特（Steve Bernhardt）认为，PBL 教学模式的基本要素包括问题学习、小组协作、主动学习、学习新知四部分（袁开惠等，2017）。具体来讲，伯恩哈特认为，PBL 教学模式以问题为学习的起点，这些问题是学生在未来的专业领域可能遭遇的"真实世界"的非结构化问题，学生在问题探究与解决中完成新知识的学习，掌握技能，形成能力；PBL 偏重小组合作学习和自主学习，强调以学生为中心，教师的角色是引导学生认知学习的引导者。

美国特拉华大学 PBL 教学模式的特色主要体现在以下四个方面：

（1）抓住了"问题"这一核心。伯恩哈特指出，PBL 注重问题，但 PBL 教学不是案例讨论，不是总结活动，也不是任务指派。案例讨论需要提供案例全部的信息和数据，而 PBL 教学模式中的问题所透露的信息只是为讨论做准备，依靠学生查找资料，展开研究。总结活动是对已经学习的概念的汇总，而 PBL 教学模式是以问题为先，为学习新知识创设情境；任务指派是直接为学生提供学习任务，而 PBL 教学模式要求学生在积极投入的前提下，发现、探究和解决问题，在潜移默化中培养批判性思维。特拉华大学认为，设计好问题和其载体是 PBL 教学模式实施成功的保证。好问题既要符合教学大纲，又要创设问题的具体情境，以趣味性、挑战性等引发学生的学习兴趣。PBL 教学模式应打破现有学科间的界限，设计的问题要涵盖不同学科的知识点，供小组学习与探究；PBL 教学模式中的问题要利于学生对资料的查询，以学习最新的知识，对接学术前沿。此外，PBL 教学活动结束后，对于问题的结果，学生应当以口头表达或书面交流形式呈现，以锻炼学生的人际沟通与交流能力。总之，恰当的问题是学生学习的"脚手架"，能够引导学生在学习活动中提高综合能力。

（2）使学生的学习具有问题性和参与性。PBL 教学模式组织学生学习是以问题为基础的，它要求学生通过或围绕问题进行学习，问题成为学生学习的动力和培养综合思考能力及解决问题能力的原材料。让学生在通过一个个问题的探索、解决的过程中，在学习知识的同时，也学会解决问题的思路和方法。与此同时，解决问题的探索过程又成为学生发现问题、提出问题进而解决问题的过程。该教学模式是以学生为中心的，这就要求学生作为课堂教学的主体，积极主动地参与到课堂教与学的过程中，最大限度地发挥学生的能动性和创造性，有利于学生真正理解和掌握知识，同时在解决问题中培养多方面的能力。

（3）使学生的学习具有探索性、主动性。PBL 教学模式的本质就是以学生为中心，以问题为基础，学生通过讨论、查资料等方式获得解决问题的方法和答案。这种教学模式有利于学生在学习过程中，将被动变为主动，将盲目学习变为有目的地主动探寻问题的答案和实质的探索过程。因此，特拉华大学充分利用 PBL 教学模式的优势，在教学过程中，调动学生主动参与到有意义的研究中，进而使得学生所学知识掌握得更牢固、更长久，也真实地激发了学生的学习兴趣。

（4）为学生营造轻松、主动的学习氛围。学生通过讨论加深对理论的理解，同时锻炼了学生多方面的能力，如文献检索、查阅资料的能力，主导学习、终身学习的能力，等等。特拉华大学也要求教师熟练掌握课程内容，寻找课程的核心问题，以问题为灵魂，善于调动学生积极性，控制课堂节奏，促进学生灵活运用知识的能力和反思的能力，引导教师成为学生建构新知的促进者（龙琪，2015）。

从本质上讲，美国特拉华大学的 PBL 教学模式是在学科内部进行的，是以学科现存的问题设计为核心，通过学生解决问题的过程，在教学中实现多学科的融合，学校学习与社会实践的统一（Tang，2001）。

此外，大量的研究表明，学生只有在主动参与评价、构建记忆、再评价自己的过程中，有效学习才会发生。学生乐于参与社交活动，愿意得到他人鼓励，主动解决有意义的问题，或者积极完成他们对将来有重要作用的任务。只有如此，真正的"学习"才会发生。因此，环境要对学习起支持作用。教师必须思考，我们希望学生变成什么样子？有哪些经验可以帮助实现真正的"学习"？哪些外部环境可以帮助实现？美国特拉华大学教授用"教室生态"来介绍学习环境是如何支持 PBL 教学的（王嘉毅，1997）。概括起来，PBL 教室需要具备以下特点：空间可以随时调整改变，比如自由移动的桌椅；可以背投的墙面或者大屏幕，便于学生及时了解其他组的进展；可以擦写的墙面或者白板；宽敞明亮安静的空间；便于上网；有助于师生互动交流。总之，良好的教室环境可以成为 PBL 教学的美好生态，提升学生学习的有效性（袁开惠等，2017）。

特拉华大学 PBL 教学模式的跨学科和情景化与麦克马斯特大学和奥尔堡大学相比较弱。最终的考核评价是过程导向评价模式（撰写学习日志、口头测验）和结果导向的评价方法（提交论文、应用式的选择测验）相结合。通过每年在冬夏各举办一次的 PBL 国际研讨会议，美国特拉华大学将其以问题为核心的 PBL 教学理念传遍北美。美国特拉华大学让 PBL 学习回归其本质，即根植"问题"的学习，将学生的学习置于解决问题的过程中，让学习者在解决所面临问题的过程中掌握知识，以培养学生的学习能力为目标，并且应用的具体学科与实施的具体形式均不受固有模式限制。因此，特拉华大学 PBL 教学模式形式灵活多样、丰富有趣、极具生命力。

3.3　PBL 在我国面临的机遇和挑战

随着经济和社会的发展，教育已经成为所有人生活中不可或缺的重要部分，成为培养人才的主要方式。现代教育对学生的主观能动性、创造能力和创造精神越来越重视，现代学生具有头脑灵活，思想丰富，有着自己个性和想法的特点。这就需要适合的教学模式去充分发挥并实现学生的价值。PBL教学模式下的学习内容并不只是书本上现存的知识，它更注重的是现实生活中的一些实际问题。让学生在参与中充分发掘自身的潜力和创造力，更有利于学生动手能力和实际问题的解决。2021年，我国开始向第二个百年奋斗目标进军，开启了全面建设社会主义现代化国家的新征程。在这个关键的历史阶段，中国教育也将发生深刻变革，在推动教育改革和发展深度融合、高效联动方面，教育部将多向发力（钟秉林，2021）。伴随着我国进入新的发展阶段，教育事业也承担起了全新的使命，人才培养逐步成为社会发展中更为重要的环节，PBL教学模式在我国的推进也面对着前所未有的机遇和挑战。

3.3.1　PBL 在我国面临的机遇

3.3.1.1　建设高质量教育体系已被提到议事日程

教育"十四五"规划将推动教育体系不断完善，促进教育体系与科技体系、产业体系、社会体系有机衔接，"十四五"规划的编制应该深刻地贯彻时代精神，前瞻性地规划"十四五"时期教育事业的发展，保障教育事业为中华民族的伟大复兴发挥坚强的人才支持作用，全面推动高质量教育体系的发展。党的十九届五中全会明确提出"建设高质量教育体系"，其内涵就是指以创新、协调、绿色、开放、共享的新发展理念为指导，建设更高质量、更有效率、更加公平、体系更加完备、更能满足多样需求、更可持续发展、更为安全可靠的教育体系，以满足人民群众日益增长的教育需求。面对我国全面建设社会主义现代化的新征程，建设高质量教育体系是我国教育事业的新方向和新任务。

改革开放以来，我国教育事业已经取得了诸多举世瞩目的伟大成就，中国已成为教育大国，开始迈向建设教育强国的新征程。提高质量是建设教育强国的重中之重。新时期教育教学改革的重点和难点在于教师队伍建设，在于教师队伍的现代化。对此，教育部门应该积极引导、鼓励和支持高校通过创新教学模式实现优质课程的深刻改革，从根本上改善传统教育模式所带来的弊端。

传统的教育模式中，无论是九年义务教育、高中教育还是高校教育，学生和老师都更多地以升学和获取知识为目的，课堂采用教师为主的一言堂教学模式，学生被动地接受知识。在这一过程中教师把更多的精力放在知识的传授上，为了教学任务的正常推进，容易忽视对学生学习主动性和思维批判性的引导；从学生的角度讲，课堂上长时间单一枯燥的教学方式，会使得学生长期倦怠，对知识的汲取停留在应付考试的阶段，而不是探索性地发现问题、解决问题。因此，将 PBL 教学模式引入中国的教育体系，能够帮助学生提高掌握基础知识和解决实际问题的能力，有助于培养学生的创造性思维，并提高学生自主学习和团队协助的能力，是实现创新型人才培养的重要途径。PBL 教学模式倡导以学生为主体，将学生作为课堂的主人公，以问题解决为中心，多种学习途径相互整合，强调外部支持与引导在探索学习中的作用，从根本上改变了传统教育模式以教师讲授为主的授课方式，要求学生有对自身学习任务的责任感，能够全身心投入问题解决中，极大地培养了学生的综合能力。

建构主义理论认为，学生的学习可以分为初级知识学习和高级知识学习（张诗雅，2015）。初级知识学习主要方式是接受、理解和记忆，内容是结构良好领域的学科知识，由事实、概念、原理或定律组成，彼此之间存在着严密的逻辑关系和层次结构。高级知识学习是通过大量反复的案例分析和实际问题解决活动，来把握在同一案例中各知识之间关系的复杂性与在不同案例中同一知识的意义和用法的差异性，从而达到灵活应用知识、推导新知识、广泛迁移知识的目的。PBL 教学模式是将初级知识学习与高级知识学习有机整合到一起，以高级知识学习为主，将初级知识学习融合进来，学生为解决问题而获取知识，进而又应用知识来解决问题，高层次思维能力与自主学习能力借此过程而得到充分发展，这就要求学生将掌握内容的方式，从解决有固定答案问题的能力拓展到解决开放问题的能力上。

3.3.1.2　克服"五唯"顽瘴痼疾的钟声已经敲响

除了课堂传授方式上作出改变，传统课堂的唯分数论也受到教育部门的长期关注，为了更有效地提升教育质量，必须握紧教育评价这根指挥棒，严格把握教育发展方向。2020 年，中共中央、国务院印发《深化新时代教育评价改革总体方案》（以下简称《方案》）明确要求，提高教育评价的科学性、专业性、客观性，克服唯学历、唯资历、唯"帽子"、唯论文、唯项目的"五唯"顽瘴痼疾，引导确立科学的育人目标。该方案从党委和政府、学校、教师、学生、用人单位五个方面全面部署改革的重点任务，并提出到 2035 年基本形成富有时代特征、彰显中国特色、体现世界水平的教育评价体系。推动教育评价改革的落实、落地是深化教育领域综合改革的关键（谌红桃，2018）。

在传统教育模式中，学校多以期末考试为唯一评价标准，"唯分数论"之所以在社会上形成某种共情，一方面，同根深蒂固的落后理念分不开，诸如普通群众认为"万般皆下品，唯有读书高"，将一心读书、考出高分作为评价孩子的唯一标准，也作为"好孩子"的榜样；另一方面，当前高考制度更多偏向于"一考定局""唯分是举"，教育评价机制的顶层设计驱使学校、家长、学生不得不作出"唯分数论"的选择（吴根洲等，2019）。因此，必须从根本上破除传统的考评制度。这是因为这种以结果为唯一考量的教育模式只衡量学生记住了什么，而不是学生能做什么。例如，传统教学模式衡量学生优劣的常用方法是，从几个给定答案中选择出一个正确答案。这种方法往往只能测试出学生的记忆力，而不能让学生展示出他们学会了什么，而最为重要的应该是理解而不是记忆。对内容的理解所体现的认知能力比对内容的记忆所体现的记忆能力要重要得多。因此，想要打破"唯分数论"，让教育回归育人立德、涵养灵魂、传递善美、崇尚人格的本质含义，唯有从教育考核机制这个源头入手，通过健全和深化教育评价体系改革，让"德智体美劳全面发展"的教育方针落实落细。

PBL 教育模式则是采用多元的评价方法，注重过程评价，其特点包括所评价的是学生是否完整地获取知识、自学的能力和解决问题的思路方法以及团队合作精神；评价是长期进行的且评价方式多样而全面；评价体系始终对教学过程中学生的学习行为加以引导和控制（梁燕，2009）。一个完整的 PBL 教学模式评价体系包括学生、教师和整个课程的完成情况，其中心环节就是注重衡量学生自我发展学习能力、推理技巧和团队合作精神，这样的评价体系能让学生展示思考、质疑、研究、决定和呈现的能力。因此，PBL 教学模式是将学生置于发现他们的设计能力到完成一个学习过程的环境之中。它更加关注高层次能力，如创造性思维的能力、分析和综合信息的能力、策划和组织能力等的培养。这种能力可以通过以团队的形式完成某些比较复杂的任务来获得，并且展示在学生完整的学习过程中，对充分调动学生学习积极性、最大限度利用课堂时间来完成有效的知识获取起到至关重要的作用。这种过程化、多元化的评价体系将为传统教育模式弊端的解决带来显著成效。

3.3.1.3　全方位高水平推进教育对外开放已是大势所趋

在教育改革进程中，我国不仅在自身高质量发展方面不断推进，也对教育开放作出了重要部署。全方位高水平推进教育对外开放，是指进一步扩大教育领域与国外的深度交流，通过加强中外合作办学，扩大教育国际公共产品供给，深化教育领域国际组织的参与合作等，培养具有全球竞争力的人才，推动我国教育体系高质量内涵式发展，并积极参与全球教育治理。改革开放以来，教育的对外开放一直深受党和政府的重视。1993 年，《中国教育改革和发展纲要》指出应进一步扩大教育的对外开放。近年来，教育高水平的对外开放尤显迫切（张继桥等，2019）。2020 年，在新冠肺炎疫情背景下，我国继续坚持教育对外开放的理念，教育部等八部门联合出台了《关于加快和扩大新时代教育对外开放的意见》，将教育全方位高水平对外开放推上新台阶（顾明远，2020）。

在当今全方位推进教育对外开放的关键时期，我国对于教育制度革新的需求为 PBL 教学模式的引入创造了前所未有的机遇。PBL 教学模式自 1969 年由美国的神经病学教授巴罗斯提出，并在西医教育领域最开始应用，且收到了良好的成效。随着建构主义学习理论和发现学习理论的传播，PBL 教学模式在学习技能培养和知识迁移等方面的显著作用得到教育界的大力推崇，在对其教育模式进行了进一步规范化之后，PBL 教学模式已成为国际上诸多学科领域均广泛使用的一种教学模式。目前，世界上欧美及澳大利亚、新西兰等发达地区和国家 80% 以上的医学院都不同程度地采取这种模式进行教学。

反观国内，PBL 教学起步较晚，受限因素较多，影响范围较小。1970 年，邓小平指出，学校能否培养出合格的劳动者的关键在于教师，强调了传统教师的角色转换在教改中的重要作用。随着我国市场经济的发展，国家推出发展全方面人才的政策，我国开始质疑传统的教学模式，并且意识到终身学习的必要性，至此，PBL 教学模式逐渐被人关注。2012 年，党的十八大会议上，有专家指出，教育改革迫在眉睫，但"怎么改"成为一大难题。从传统模式到开放思维，从共性教育到个性教育，教师的作用也逐步转变为引导者与组织者的角色，我国在不断吸取国外 PBL 教学模式经验的同时，也进行了部分高校院校学科的实践，并由此出现了关于 PBL 教学模式的探讨。自 1986 年，PBL 教学模式在上海、西安的部分院校实施以来，人们的思想也发生巨大转变，从对中小学的减负到大学中的鼓励大学生创业，社会和政府共同推进教改，高校也积极响应国家号召，主动寻找改革契机，努力为国家培养新型人才。通过对国内 PBL 教改论文发表年份进行比较后发现，PBL 教学模式研究近 10 年在国内呈上升趋势，涉及的领域也在不断扩展，我国的 PBL 教学模式改革正在如火如荼地开展。这种发展趋势能够更加有效地推动我国教育对外开放的进程，有助于出国留学的学生能够更平稳地与国际知名院校课程接轨，更快速适应国际授课方式；同时也能为我国外来留学生提供一个良好的平台，帮助其感受中国的教育文化，促进国家之间优秀人才的相互学习交流，优化授课体系，关注学生的全面发展和个性保护。想要更多地培养具有全球竞争力的人才，就要聚焦每一个个体主观能动性的锻炼，提高创新思维，形成批判意识。在如今日趋严峻的国际竞争环境下，这种以学生为中心的 PBL 教学模式更加适应我国对人才培养的需求。这一人才培养方式的改革有助于促进年轻力量成长，也将推进教育治理体系和治理能力现代化，为我国建设教育强国打下坚实基础。

PBL 教学模式的推进，不仅意味着一种工具层面的新教学策略的实施，同时也有可能引发更深层次的教学文化的变革。这是教育体制变革与发展中的必经之路，也是一次突破性的尝试。从中国近年来的发展情况来看，PBL 教学模式首先运用于工科教学上，尤其是医学教学领域；其后慢慢推广至其他学科。通过这些小范围的尝试，PBL 教学模式所带来的优势正在不断凸显。在这一教学模式下，学生的学习形式发生了较大的变革，从被动的、强调学科知识基础的传统式学习转向更为主动的、强调能力发展的学习以及更重要的自我负责和自我发展。同时，教师的角色也从教学的主导者转化为学习的促进者，把学生视为一个成熟的、能为自我发展负责任的个体。这些改变无论是对于已习惯掌控教学过程和教学结果的教师，还是升学压力下只注重成绩的学生，抑或是处于教育变革期的高校来讲，都不是一件容易的事，需要多方位共同协调，齐心努力。因此，在借鉴国外 PBL 教学模式经验的同时，也需要充分认识到在我国推进 PBL 教学模式的艰巨性。

3.3.2　PBL 在我国面临的挑战

3.3.2.1　思想观念与教育理念的阻碍

目前，国内很多教师对 PBL 教学模式存在认识上的误区。有学者认为，PBL 只是在一门或几门课中值得试验和探索的一种教学方法，而不是一种完整的教育制度；另有学者认为，PBL 教学模式过于复杂而庞大，无法在国内教育实践中具体展开实施（雷艳静，2020）。前者的误解在于，PBL 是一种全学科、整体性的教育理念，其基本要素渗透整个培养方案以及教学活动的各个环节中；而后者高估了实施 PBL 教学的难度，从心理上产生了抵制和抗拒，不愿尝试改革与创新。此外，我国传统教育理念与 PBL 教育理念也存在一定差异。我国传统教育重视教师在教学过程中的主导地位，教师往往决定着教学内容、方法与进度，并对学生的学习过程进行监督和管理；PBL 教学模式则提倡"以学生为中心"，认为学生是学习活动的主体，应当由学生自己来进行学习规划与过程管理，教师更多的是引导者和辅助者。因此，要在我国践行 PBL 教学模式，首先就需要从思想上正确地理解 PBL，并客观地进行分析，求同存异，大胆创新。

3.3.2.2　师资力量匮乏且转变动机不足

PBL 教学模式是将传统教师授课方式进行了根本上的转变。相较于国外的 PBL 经验，由于他们整体教学体系比较连贯，从中小学开始就注重学生的创新思维培养，所以教师的思维方式转变不大，受到人文思想的影响，已形成了适合 PBL 教学的教学思想和教学环境。而我国的普遍教学中教师仍是教学的权威，学生往往无条件地服从（霍楷，2021）。因此，有必要进一步将素质教育的核心理念真正贯彻和落实到实践中，促进教师的角色转换，使教师从课堂的实施者变为组织者，组织引导学生。这往往需要教师彻底改变教学方法，提升自身教学水平。这从教师本身来讲就需要一个长期的过程，通过不断的试验寻找更合适的转变途径，同时从主观上说，这种模式更要求教师对所教课程作出顶层设计，能够针对课堂内容，提出难度适宜且具有思考价值的问题，向学生示范好的学习策略和问题解决过程中的思维策略，在学生畅所欲言表达观点后能够客观全面地进行总结，使教师真正成为学生学习和发展的促进者。相对于传统的一言堂教学模式，这无疑是增加了教师备课的难度，消耗更多的精力，也对教师行业的专业性有了更高的要求。

同时，PBL 教学模式对教师行业的高要求也暴露了我国目前师资力量不足的问题，由于 PBL 教学模式突出以学生为中心，教师只在尽可能活跃学生思维和使学生人人参与的情况下，围绕题目中心给予必要的引导。因此，参照欧美发达地区和国家医学院校的经验和我国高校的实际情况，PBL 作为一种讨论式的教学模式，在小班教学中能够起到更为突出的效果，这势必导致教师需求量的增大。然而，目前我国大部分高校仍是按照传统教学模式进行的教师配备，因此，师资供需矛盾较为突出。

此外，我国是人口大国，高考制度作为最为适应我国国情的选拔考试制度仍将长期存在。在这种制度下，推行 PBL 教学模式势必遇到阻碍，教师在完成教学任务的巨大压力下，很难推进 PBL 这种从分数上难以快速见成效的教育模式。同时，由于我国缺乏实施 PBL 教学模式的基础，在实施初期必定会面临比较大的困难。从短期来看，相比于传统的以应对考试为主要目的的教学方式，PBL 教学模式必定会导致学生成绩下降，因此，可能会遭到学生家长的抵制。综合来看，PBL 教学模式的实施会面临来自学生、教师、学生家长等多方面的压力。因此，在如何平衡完成教学任务和开展个性教育这一问题上，仍然要面临很多挑战。

3.3.2.3 学生自主学习能力不强

PBL 教学模式的关键之一是发挥学生的主观能动性，调动学习的积极性。由于国内学生习惯于传统的灌输式教学方式，部分学生对新的教学方式并不适应。从"灌输式"到"自主式"学习方法的转变，从知识的接受者变为课堂的主人，适应 PBL 人才培养计划需要时间，因此，要具有开放创新的思维方式、自我思考以及信息检索能力。我国高校院校众多，学生生源基础、专业层次参差不齐，常常由于学生自身条件不足引起其自主学习能力缺乏，进而导致 PBL 教学流于形式，教学质量难以保证，不但不能使课堂讨论紧紧围绕中心题目，反而消耗了大量的额外时间。例如，在教师提出思考性问题时，由于信息收集比较费时，有的学生为了快速完成任务，过分依赖教科书及教师课后总结而不认真、仔细地进行讨论，或仅抓住表面现象，对问题的讨论比较肤浅，这样势必使 PBL 的教学效果大打折扣。

PBL 教学模式注重培养学生批判性思维，也就是质疑思维。质疑的本质是思考，只有开始怀疑才能思考出更多的方法。质疑更是一种反思，是一种对于过去的否定。这种思想旨在调动学生的主动性去探索问题的答案。只有明确了自己想知道什么，并且去质疑、反思，才能发现更多的问题，发现更多的联系。通过这种联系最终回归现实，解决现实世界中的一些问题。那么，如何能够充分调动学生思考的积极性，如何能够让学生真正做到带着问题进课堂，带着质疑去找寻答案是教师和学校必须思考的问题。PBL 教学模式仅仅提供了发挥学生主观能动性学习的方针指向，但是面对复杂的学生情况，因材施教才是最好的解决方式，将 PBL 教学模式的思想真正落实到课堂的实处还是需要学生群体提高自身的学习能力，只有学生本身开始对知识的获取有了主观的追求，教师才能更好地发挥其引导作用。

3.3.2.4　传统教育模式的限制

在我国现有的教育模式中，多数高校的培养方案以专业和学科为基础构建，课程架构呈现公共课、专业基础课和专业课的金字塔形结构。在这种结构中，底层的公共课和中间层的专业基础课的主要目的是培养学生的基础知识与技能，为专业课学习夯实基础，而顶层的专业课则以专业教育为主，课程趋于专业化与精细化。这种金字塔形结构的课程设计与教学过程都围绕学科的专业知识展开，优势在于强调学科知识在整个课程体系中的基础作用，能够保证学生的基础知识水平，使其形成比较系统的知识架构，但缺点在于学科知识与现实生活和社会实际之间的关联较少，缺乏学生对知识运用与实际解决问题能力的培养。而如今，世界日新月异，各种技术飞速发展，理论与实践紧密结合从而解决实际问题显得尤为重要和迫切，在此背景下亟须打破学科壁垒，突破传统金字塔模式的课程设计，建立以问题为中心的课程模式和教育设计，从而提升学习效果，也就是 PBL 教学模式。

但任何教学模式都不是完美无缺的，和传统授课方式相比，PBL 教学模式的课程容量小，学生可能会将注意力集中在解决问题的过程上而忽略了学习目标本身（向佐军，2019）。传统授课方式将很多经验知识直接传授给学生，PBL 则要求学生自己去摸索，这样学生在一个问题上就要花费更多的时间，在本就繁重的课业压力下，可能会加重学生的负担，并且长此以往，与金字塔模式相比，易造成基础知识欠扎实。同时，PBL 教学模式取消了教师的系统讲授，转变为教师提出问题交由学生思考，这就要求教师在课程设计时，充分考虑设计问题的难易程度，预判准确该问题是否能有效起到引发学生思考兴趣的效果。因此，如何结合学科内涵与教学目标设计"好问题"就成了 PBL 教学的关键，也是教师进行 PBL 教学时要时刻注意的要点。例如，不同的学生对于一个问题的思考角度、思维方式有所不同，在 PBL 教学中会出现多个结论，在诸多的论断中，教师必须尽其所能认真进行归纳总结，还需把握一个度，既不能挫伤学生自主思考的积极性，鼓励其开放式思维，同时要正确引导，让学生用唯物辩证的思想去分析问题、解决问题。那么，教师该如何做出更有效的课堂设计，确实达到与学生互动的目标，真正使这种教学模式落到实处，尚需我们在今后的教学实践中进一步探讨。

3.3.2.5　配套评估体系尚不完善

我国高校虽推崇运用 PBL 教学模式培养人才，但尚无与其培养方案相配套的评价标准。在 PBL 教学过程中，学生要花大量时间熟悉所学内容及相关知识、查找相关资料，以便很好地回答问题；课堂上学生还要花时间讨论。但所学到的知识不一定是考试内容，在唯一能反映教学效果的考试分数上得不到充分体现，这对学生的心态会造成一定的冲击。并且，PBL 教学模式要求评价过程化、多元化，评价核心不再是通过一次考试成绩给学生定性，考察的内容包括学生在课堂上每个环节具体表现，包括课前预习情况、小组讨论积极程度和合作精神、查阅资料的能力、课后思考的深度等，但与考试成绩不同的是，这些过程评价标准难以进行精准的量化，能否真正做到客观公正，有理可循，有待考证，对评价结果的真实性难以辨别，就容易出现部分同学为了成绩敷衍了事、做表面功夫，虽表现出积极讨论和发言的态度，却并未学到真正的知识，这也是我国大范围推行 PBL 教学模式必须思考的问题。

3.3.2.6　教学硬件设施不匹配

PBL 教学过程中需要投入大量的资源，如充足的图书馆馆藏、大量的文献数据库、适当的教材以及专门的教室和教具等硬件设施，而国内很多高校在教学硬件设施建设、公共实验室开放以及教学经费投入方面还不够充足（刘忠秀，2008）。在 PBL 教学模式中，学生要分析和解决的往往是真实问题，他们在开展具体项目时势必会用到一些实验平台、场地、仪器仪表、材料和试剂等。如果学校没有足够的硬件设施以及高度开放的制度供学生日常随时使用，单靠学生的力量自筹或者购买，不仅增加其负担，也很可能会因条件不具备而导致项目无法顺利进行。同样，在教学空间资源方面，我国高校还缺乏对小组合作式同伴学习提供良好的环境支持。PBL 教学模式的一大特色就是小组学习，因此，需要大量的能够开展小组活动的讨论室、可随时使用的适合小组学习的配套桌椅、沙发和黑/白板等。而目前我国高校大部分教学空间资源是教室、实验室和图书馆，能为小组学习提供的资源比较有限，这些方面都需要国家和学校投入大量的资金和精力加以保障。

从总体上看，我国开展 PBL 教学尝试较晚，仍然停留在小规模的试验阶段。自 1986 年上海第二医科大学和原西安医科大学率先将 PBL 教学模式引入我国后，经过许多教育专家的不断改进和学生的反馈，目前 PBL 教学已形成了许多不同的开展方式。它们虽然都遵从了"基于问题"这一核心理念，但在具体实施方法上存在很大的不同，这与我国国情有着不可分割的关系。我国的国情和教育体制有其特殊之处，这就要求我们不能完全照搬西方的教学模式，必须因地制宜，做符合我国国情的 PBL 教学，围绕 PBL 教学模式的核心，借鉴国外较为成熟的经验，取其精华，去其糟粕，将我国的人口因素、教师队伍因素、教育资源因素等纳入 PBL 教学改革的考量之中，切实从我国实际角度出发，走中国特色教育体系改革道路。由于这种创新性的改革正处于起步阶段，因此，会不可避免地存在着诸多问题和不足，需要不断实践和改进才能使之成为更加科学、高效、成熟的适用于我国教育现状的教学模式。

本章参考文献

[1] 顾明远，滕珺. 后疫情时代教育国际交流与合作的新挑战与新机遇 [J]. 比较教育研究，2020，42（9）：6.

[2] 霍楷，罗雯. 中国高校 PBL 教育改革问题及对策研究 [J]. 艺术与设计（理论版），2021（1）：139－141.

[3] 黄斌. PBL 与我国的教育现实 [J]. 现代教育科学，2005（12）：7－9.

[4] 李文. PBL 和传统教学相结合的教学法探讨 [J]. 中医教育，2003（5）：59－60.

[5] 李霞. 2000 年以来我国中小学 PBL 教学的研究水平 [D]. 成都：四川师范大

学，2017.

[6] 梁红娥. 波利亚的数学解题思想及其在中学数学教学中的应用 [D]. 呼和浩特：内蒙古师范大学，2005.

[7] 刘景业. 以问题为基础的学习（PBL）在英国医学教育中的应用 [J]. 复旦教育论坛，1999, 20 (1): 7 – 11.

[8] 刘婷. 利用 PBL 培养大学生自主学习能力的行动研究 [D]. 成都：四川师范大学，2018.

[9] 龙琪. 美国特拉华大学本科教学质量评价与策略探析 [J]. 现代大学教育，2015 (5): 61 – 70.

[10] 梁燕. 基于网络的 PBL 学生评价体系的构建 [D]. 上海：复旦大学，2009.

[11] 刘忠秀. 基于 PBL 的医学教育模式改革实践研究 [D]. 上海：华东师范大学，2008.

[12] 雷艳静，李曲，秦娥. 我国高校推行 AAU-PBL 面临的挑战与对策 [J]. 浙江工业大学学报（社会科学版），2020, 19 (3): 6.

[13] 米卓琳，张大庆，苏静静. 基于问题学习的起源和发展现状探究 [J]. 中华医学教育杂志，2019 (39): 430 – 436.

[14] 年智英，杜翔云. 奥尔堡 PBL 模式下的课程与教学实践 [J]. 比较教育研究，2011 (11): 86 – 90.

[15] 欧阳玲莉，陈一强，罗佐杰. PBL 与传统医学教育模式之比较 [J]. 广西医科大学学报，2003 (S1): 34 – 35.

[16] 乔宇琪，张敏红，吴建新，等. 关于 PBL 医学教育的若干认识 [J]. 医学与哲学，2009 (1): 75 – 76.

[17] 沈建新，王海燕，王海江. PBL：一种新型的教学模式 [J]. 国外医学（医学教育分册），2001 (2): 36 – 38.

[18] 宋向秋，肖海，李志平. PBL 教学法的发展历程及对中国医学教育的影响 [J]. 中国高等医学教育，2013 (7): 96 – 97.

[19] 孙宝志. 世界医学课程模式改革百年历程与借鉴 [J]. 中华医学教育杂志，2012, 32 (1): 1 – 7.

[20] 王天一，夏之莲，朱美玉. 外国教育史（上册）[M]. 北京：北京师范大学出版社，1997.

[21] 汪青. 国内医学院校 PBL 教学模式的应用现状及问题剖析 [J]. 复旦教育论坛，2010 (5): 88 – 91.

[22] 问题解决教学研究课题组. 关于"问题教学" [J]. 临沂师范学院学报，2000 (22): 44 – 46.

［23］王嘉毅．教学研究方法论［M］．兰州：甘肃文化出版社，1997.

［24］吴根洲，刘海峰．高等学校招生中的"唯"分数与"唯分数"［J］．教育研究，2019（10）：74 - 80.

［25］席珺，梁猛，王文锐．生物医学工程学应用 PBL 教学的改革与实践［J］．基础医学教育，2018，20（8）：39 - 41.

［26］谢柯，吴旭．丹麦奥尔堡大学 PBL 教学模式及其对我国 MTI 教育的启示［J］．当代外语研究，2015（2）：50 - 55.

［27］许璐，闫子鹏，王翠敏，等．对"问题启发式"教学的探讨［J］．合作经济与科技，2012（16）：118 - 119.

［28］向佐军．整体任务问题式学习校本课程开发研究［D］．杭州：浙江大学，2019.

［29］于红．《临床护理》教学中 PBL 教学模式的管理与实施［J］．基层医学论坛，2012，16（4）：518 - 519.

［30］袁井惠，沈若冰，李玉霞．美国特拉华大学 PBL 教学特色及其对中医教育的启示［J］．中医教育，2017（1）：57 - 59.

［31］张亚南，黄柳桓，梁宪红．日本 PBL 医学教育一览［J］．中国高等医学教育，2012（6）：6 - 7.

［32］张诗雅．课堂有效学习的指导策略研究［D］．上海：上海师范大学，2015.

［33］谌红桃．高校克服"五唯"顽瘴痼疾的理论依据与实践路径［J］．中国高等教育，2018，619（24）：22 - 24.

［34］钟秉林．"十四五"期间我国高等教育发展的基础与关键［J］．河北师范大学学报（教育科学版），2020，23（1）：1 - 8.

［35］张继桥，刘宝存．新中国成立七十年来高等教育对外开放政策的历史演进与基本经验［J］．高等教育研究，2019（8）：9 - 17.

［36］赵祥麟，王承绪．杜威教育论著选［M］．上海：华东师范大学出版社，1981.

［37］DOLMANS D，DE GRAVE W，WOLFHAGEN I，et al. PBL：教育实践和研究的未来挑战［J］．复旦教育论坛，2008，6（1）：81 - 86.

［38］BARROWS H S. The Diagnostic（Problem Solving）Skill of the Neurologist：Experimental Studies and their Implications for Neurological Training［J］. Arch Neurol，1972，26（3）：273 - 277.

［39］BARROWS H S，MITCHELL D. An Innovative Course in Undergraduate Neuroscience. Experiment in Problem-based Learning with "Problem Boxes"［J］. Medical Education，2010，9（4）：223 - 230.

［40］BARROWS H S，TAMBLYN R M. Problem-based Learning：An Approach to Medical

Education [M]. Springer Pub. Co. , 1980.

[41] BARROWS H S. Problem-Based Learning in Medicine and Beyond: A Brief Overview [J]. New Directions for Teaching & Learning, 2010, 1996 (68): 3 – 12.

[42] BLUMBERG P, MICHAEL J A. Development of Self-directed Learning Behaviors in a Partially Teacher-directed Problem-based Learning Curriculum [J]. Teaching & Learning in Medicine, 1992, 4 (1): 3 – 8.

[43] DONNER R S, BICKLEY H. Problem-based Learning in American Medical Education: an Overview [J]. Bull Med Libr Assoc, 1993, 81 (3): 294 – 298.

[44] DISTLEHORST L H, DAWSON E, ROBBS R S, et al. Problem-based Learning Outcomes: The Glass Half-Full [J]. Academic Medicine, 2005, 80 (3): 294 – 299.

[45] DOLMANS D, DE GRAVE W. Problem-based Learning: Future Challenges for Educational Practice and Research [J]. Medical Education, 2010, 39 (7): 732 – 741.

[46] HMELO-SILVER C E. Problem-Based Learning: What and How do Students Learn? [J]. Educational Psychology Review, 2004, 16 (3): 235 – 266.

[47] KOLMOS A, FINK F K, KROGH L. The Aalborg Model: Problem Based and Project Organized Learning [M]. Aalborg: Aalborg University Press, 2004.

[48] KJERSDAM F. Tomorrow's Engineering Education-the Aalborg Experiment [J]. European Journal of Engineering Education, 1994, 19: 197 – 204.

[49] MCCARTHY B. The 4MAT System: Teaching to Learning Styles with Right/Left Mode Techniques [J]. EXCEL Inc. , Barrington, IL, 1986.

[50] ROTGANS J I, O'Grady G, Alwis W. Introduction: Studies on the Learning Process in the One-day, One-problem Approach to Problem-based Learning [J]. Advances in Health Sciences Education, 2011, 16 (4): 443 – 448.

[51] STROBEL J, BARNEVELD A V. When is PBL More Effective? A Meta-synthesis of Meta-analyses Comparing PBL to Conventional Classrooms [J]. Interdisciplinary Journal of Problem-based Learning, 2009, 3 (1): 44 – 58.

[52] TANG G. Quality Assurance of Problem-based Learning (PBL): The Hong Kong Experience [J]. Annals of the Academy of Medicine, Singapore, 2001, 30 (4): 363 – 365.

[53] XIAN H, MADHAVAN K. Building on and Honoring Forty Years of PBL Scholarship from Howard Barrows: A Scientometric, Large-scale Data, and Visualization-based Analysis [J]. Interdisciplinary Journal of Problem-based Learning, 2013, 7 (1): 132 – 156.

[54] ZHOU C, KOLMOS A, NIELSEN J D. A Problem and Project-based Learning (PBL) Approach to Motivate Group Creativity in Engineering Education [J]. International Journal of Engineering Education, 2012, 28 (1): 3 – 16.

第 4 章　PBL 的基本教学流程

PBL 是围绕探究、解释和解决有意义的问题而进行的有针对性的体验式学习模式（Barrows，2000；Torp & Sage，2002）。要想有效地实施 PBL，必须遵循一些基本的教学流程。

世界各地不同的学者基于自身不同的 PBL 教学研究与实践，先后总结、提炼出不同的 PBL 教学流程。霍华德·巴罗斯（Howard S. Barrows）将 PBL 教学流程划分为五个环节，即组成小组、开始一个新的问题、后续行动、活动汇报、解决问题后的反思（张建伟，2000）；大卫·鲍德（David Boud，1998）和格雷厄姆·费莱蒂（Grahamel Feletti，1998）将 PBL 教学流程划分为四个环节，即给学生呈现一个问题情境、学生在讨论后提出学习要点、依据重要程度对学习要点进行排序并进行任务分配、把学生重新召集起来共同探讨学习要点并将获得的新知识运用于解决问题的情境；彼得·施瓦兹（Peter Schwarz，2001）等将 PBL 教学流程划分为八个环节，即给学生提供一个以前从未接触过的全新的问题、学生通过相互交流明确哪些既有知识与该问题相关、在现有知识水平基础上形成并验证问题的假设以确定问题能否解决、如果不能解决问题则须确认为解决问题进行进一步学习的需要、通过自主学习满足既定的学习需要、进行小组交流并将学到的新知识用于解决问题、在不能解决问题的情况下重复前面的第三至第六步、对解决问题的过程和学到的知识进行反思；辛迪·赫梅洛·西尔弗（Cindy E. Hmelo-Silve，2004）将 PBL 教学流程划分为七个环节，即设定问题情境、确定相关事实、形成假设、识别知识缺口、进行自主学习、应用新知识、反思与评价；我国的两位学者陈宁和辛增友（2005）认为，PBL 的教学流程应该包括五个环节，即设计问题情境、确定问题、小组自主学习、小组协作学习、效果评价。此外，不同的高校或学院基于各自的学科或学生等特点，也开发出了不同的 PBL 教学流程。例如，中国香港大学（University of Hong Kong，China）牙科学院（Faculty of Dentistry）的四步教学流程、美国斯坦福大学（Stanford University，USA）社会工作学士课程项目的五步教学流程、英国伦伯特大学（Lembert University，UK）汽车设计工程学士课程项目（Bachelor of Engineering in Automotive Design）的六步教学流程、荷兰马斯特里赫特大学（Maastricht University，Netherlands）的七步教学流程、加拿大麦克马斯特大学（McMaster University，Canada）化学工程学院（Faculty of Chemical Engineering）的八步教学流程、澳大利亚纽卡斯托尔大学（University of Newcastle，Australia）建筑管理学士课程项目（Bachelor of Construction Management）的九步教学流程以及马来西亚的敦·侯赛因·昂大学（University Tun Hussein Onn Malaysia）主动学习的五步阶梯（Hussain Othman，Berhannuddin M. Salleh，Abdullah Sulaiman，2013）等。

由此可见，PBL 的教学流程不是固定不变的，它更像是一种教育哲学或者教学模式，强调的是通过有效地运用问题进行积极主动的学习（Onn Seng，2003）。任课教师可以结合 PBL 的特点、学科乃至课程的属性以及学生的特征等开展基于 PBL 的教学实践。

尽管学者们提出的 PBL 教学流程以及各个高校实施的 PBL 教学实践存在差异，但通过仔细分析不难发现，它们基本上都是按照提出问题、分析问题和解决问题的思路展开的。在教学过程中，学生们基本上都是围绕着问题解决活动确定学习要素，开展一系列的探究和学习活动，进而实现学习目标的。

基于已有的理论和相关文献，结合我国高等教育的实际情况，本书对 PBL 的基本教学流程如图 4.1 所示。

为了实现既定的教学目标，学生采用小组学习的方式，通过识别特定学习情景中的相关事实来确定需要解决的问题；并基于已有知识对问题认真地进行分析，以形成可能的有助于解决问题的假设；为验证假设，学生要明确需要进一步学习和补充的知识，即所谓的知识缺口；针对知识缺口的不同类型，他们会通过不同的自主学习策略来弥补这些知识缺口；随后，学生再次回到学习小组，通过小组成员彼此之间的交流与讨论，将学到的新知识运用到问题解决之中，即验证假设；如果假设得以验证，他们将进入下一阶段的学习进程，若假设没有得到验证，则需要学生重新提出假设（即修正先前的假设）、重新确认知识缺口，重新通过自主学习策略弥补知识缺口、重新通过小组交流与讨论将学到的新知识运用于问题解决之中，直至假设得以验证、问题得以解决为止；在此基础上，学生会通过公开演示等方式展现他们的学习成果，并由此获得来自各方的反馈与评价；最后，他们会对解决问题的过程和学到的知识进行反思，以总结经验教训，为后续更好地学习奠定基础。

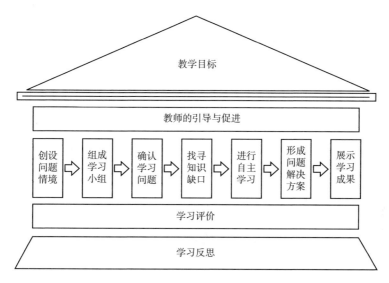

图 4.1　PBL 的基本教学流程

值得说明的是，在整个教学周期里，学生一直都是学习的主体，教师在学生学习的过程中，会适时地对学生的学习进行引导和促进。与此同时，学习评价与反思也是贯穿于整个学习过程之中的。鉴于教师的引导和促进已在 1.3.4 节中有所阐述，因此，这里不再赘述。这样一来，PBL 的基本教学流程至少应该包括以下环节，如图 4.1 所示：明确教学目标；创设问题情境；组成学习小组；确认学习问题；找寻知识缺口；进行自主学习；形成问题解决方案；展示学习成果；进行学习评价和学习反思；等等。

4.1　明确教学目标

教学目标是关于教学将使学生发生何种变化的明确表述，是学生通过教学活动后所要达到的预期学习效果（莫雷，2007）。在教学过程中，教学目标的作用十分重要，它不仅是教学活动的出发点，也是教学活动的归宿。

PBL 的教学活动也是有特定的教学目标的（Hung，2009）。PBL 的教学目标不仅是 PBL 教学活动的出发点和归宿，而且是整个 PBL 教学活动的灵魂和核心。PBL 教学目标是确定 PBL 教学内容、选择教学材料、调控教学环境、决定教学活动、评价教学效果的基本依据，是学生进行自我评价和自我监控的重要手段。如果缺乏清晰的教学目标，整个 PBL 教学流程就会因失去依据而变得盲目。因此，在基于 PBL 的教学中，确定科学、合理的教学目标，对顺利有效地推进 PBL 教学进程是十分重要的。

时至今日，已有许多国内外学者对 PBL 的教学目标进行过阐述，如巴罗斯（Howard S. Barrows）与凯尔森（A. C. Kelson）；赫梅洛 – 西尔弗（Cindy E. Hmelo-Silver）；萨维里（John R. Savery）和杜非（Thomas M. Duffy）；洪暐（Woei Hung）、乔纳森（David H. Jonassen）与刘儒德（Rude Liu）等，但他们的观点却不尽相同。

4.1.1　巴罗斯与凯尔森的观点

1995 年，巴罗斯与凯尔森曾对 PBL 的教学目标作出以下阐述：

（1）帮助学生建构临床可用的知识技能。PBL 能够帮助学生学习医学基础及临床知识，训练临床思维和临床技能，并将其应用到评估、解决患者面临的各种问题之中。

（2）开发学生的临床推理能力。恰当的 PBL 设计可以不断地训练学生进行假设、询问、分析资料、综合问题及作出决策等解决问题过程中所需的各种技巧，有效地开发学生的临床推理能力。

（3）提升学生的自主学习能力。随着医学的不断发展，知识在不断增加，学生可获取的信息种类不断增多、信息总量不断增大。在 PBL 中，学生要在众多的信息和知识海洋中，自主地选择并获取解决问题所需的信息和知识，自主地评价自己获取的信息和知识及他人获取的信息和知识是否可靠和价值几何等，以有效地开发其自我评估和自我导向的学习能力，为后续的临床实践奠定基础。

（4）激发学生的学习动机。这是 PBL 最为重要的学习目标。学习动机通常被界定为引发与维持学生的学习行为并使之指向一定学业目标的一种动力倾向。毫无疑问，建构临床可用的知识、开发临床推理和自主学习能力不但是由学生转变成医生必须具备的条件，而且是必须在教师引导下不断地进行训练才能获得的技能。而 PBL 恰好为学生搭建了一个获取这些技能的"舞台"。正是从这个意义上讲，PBL 最为重要的学习目标是增强学生的学习动机。

4.1.2　赫梅洛－西尔弗的观点

美国新泽西州立大学罗格斯分校教育心理学系的赫梅洛－西尔弗在其 2004 年发表在教育心理学评论（*Educational Psychology Review*）上的一篇文章中，从以下五个方面阐述了 PBL 的教学目标：

（1）帮助学生构建广阔而灵活的知识储备。在 PBL 中，要想有效地解决较为复杂的问题，单靠某一个学科的知识是不够的，他们通常需要在多个学科中进行知识搜寻。在此基础上，学生们会依据一定的原则，将这些知识进行整合并运用到问题解决之中（Chi et al.，1981）。随着解决问题次数的不断增多，学生们搜寻知识、运用知识的技能便会不断提升，知识的储备也自然会不断丰富。研究表明，当学生将新知识与已经掌握的知识联系起来时，他们构建新知识的能力便会变强（Bransford & McCarrell，1977）。

（2）开发学生有效地解决问题的能力。这里所说的有效解决问题的能力主要包括两种能力，即运用元认知策略的能力和选择适当的推理策略的能力。其中，元认知是个体关于自己的认知过程的知识和调节这些过程的能力，一般包括元认知知识、元认知体验和元认知监控三个部分。元认知策略则是一种典型的学习策略，具体是指学生对自己的认知过程及结果的有效监视及控制的策略，通常包括计划策略、监控策略（注意策略）和调节策略（纪康丽，2002）。假设演绎推理可能是解决医学问题的合适策略，而类比推理或基于案例的推理可能运用在其他学科更为合适。

（3）培养学生自主学习和终身学习的能力。学生的自主学习和终身学习能力可以从以下四个方面体现出来：①对自己的行为和不了解的行为具有元认知意识；②必须能够自主地设定学习目标，即确定他们需要从事哪些工作以进行进一步的学习；③能够制定学习计划并选择适当的学习策略；④在实施计划时，能够监控和评估他们的目标是否实现。

（4）培养学生成为有效的合作者。一个好的合作者知道如何使自己成为团队的一个部分，具体包括如何与小组成员建立共识、解决差异、制订并实施学习计划等（Barron，2002）。为了完成学习任务，小组全体成员必须积极地参与小组活动并开诚布公地与小组成员进行沟通和交流，这是因为倾听和解释一个人的想法不但对进行富有成效的合作非常重要，而且有助于提升彼此的学习成效。成为有效合作者的目标与合作学习的过程通常是交织在一起的。

（5）激发学生内在的学习动机。当学生能够基于自己的兴趣、挑战或满足感来完成一项任务时，便会产生内在动机。应该说，对医学院的学生而言，提出一个引人入胜的问题不是很难，因为他们心里都装着一个成为医生的目标。同样，对于有天赋的高中生来说也是如此，因为他们具备有效地完成某些复杂学习任务的认知水平和能力。然而，要为那些认知水平不是很高的学生确定合适的问题却并非易事，问题设计者需要在了解学生兴趣的基础上，为他们设计一些难度适中的问题。事实上，PBL 自身所具备的某些特征就能够激发学生的学习动机。研究发现，当学生们认为学习的内容是有价值的且学习活动对他们有意义时，他们便会产生学习动力（Ferrari & Mahalingham，1998；Leontiev，1978）；当学生们觉得学习的结果在他们的掌控之中时，他们也会有学习动力（Bandura，1997；Dweck，1991）。

4.1.3　萨维里与杜非的观点

2001 年，美国阿克伦大学（University of Akron）教育学院的萨维里（John R. Savery）和印第安纳大学（Indiana University）教学系统技术系的杜非（Thomas M. Duffy）完成了一篇题为"基于问题的学习：一种教学模式及其建构主义框架"的研究报告。在这篇报告中，他们认为，PBL 的教学目标主要有以下三个：

（1）培养学生的自主学习能力。对医学领域的学生而言，自主学习能力是其取得成功的必备条件。因此，他们必须能够自主地识别需要解决的问题，自主地制定学习策略，自主地查找并评估与该问题相关的学习资源，自主地提出问题解决方案。在必要的时候，他们还必须自主地实施问题解决方案。

（2）提升学生解决问题的能力。在 PBL 中，为了解决源源不断的问题，学生需要不断地提出假设、验证或者修正假设、评价结果、反思过程。在如此的循环往复中，学生解决问题的能力会逐渐得到提高。

（3）丰富学生的理论与知识。在自主解决问题的过程中，学生也在不断地学习相关领域的新理论和新知识。久而久之，他们的理论与知识便会逐渐得以丰富。

4.1.4　洪暐、乔纳森与刘儒德的观点

美国南亚利桑那大学（Sorthern Arizona University）的洪暐、密苏里哥伦比亚大学（University of Missouri Columbia）的乔纳森与北京师范大学的刘儒德在 2012 年撰写的 "*Problem-Based Learning*" 中指出，通过 PBL 可以取得以下学习成效：

（1）帮助学生获取和应用基础知识。由于 PBL 侧重于学生的高层次思维以及问题解决能力的培养，因此，有些教师和学生担心它在知识的获取方面不会有令人满意的表现。但有研究发现，学生在 PBL 课程中获取的知识与传统课程中获取的知识并没有太显著的差异（Polanco et al. , 2004；Gallagher & Stepien，1996）。当然，也有研究表明，同传统教学模式相比，PBL 教学模式在基础知识的传递方面的确略逊一筹（Albanese & Mitchell，1993；Vernon & Blake，1993）。

（2）帮助学生实现知识的长期记忆。PBL 虽然不能改善学生最初的知识获取，甚至在对知识的短期记忆方面也没有显现出太大的优势，但在知识的长期记忆方面却表现卓越。研究表明，在结课 6 个月之后，PBL 学生对所学知识的记忆率是传统学生的 5 倍（Tans & Hung，2007）；在结课 2 ~ 4.5 年后，PBL 学生的长期记忆率仍比传统学生高出 60%（Martenson et al. , 1985）。此外，PBL 学生倾向于记忆原理性的知识，而传统学生倾向于适合死记硬背的知识（Hung, Jonassen & Liu, 2012）。

（3）提升学生解决实际问题的能力。研究表明，PBL 除了可以有效地促进学生解决问题的流程与能力的开发（Gallagher et al. , 1992）以外，还可以提升他们运用所学解决实际问题的积极性（Lohman & Finkelstein，2000）。

（4）开发学生的高层次思维。高层次思维是开发复杂问题的解决能力和执行复杂问题解决过程所必需的认知技能。要想成为有效的问题解决者，学生必须要具备分析性思维、批判性思维、元认知能力等高层次思维。这是因

为明确问题需要分析性思维，评估信息需要批判性思维，而反思问题的解决过程需要元认知能力。研究发现，与传统的学生相比，接受过 PBL 训练的学生拥有更为优秀的高层次思维，他们在明确问题、形成假设、验证假设乃至修正假设的过程中均会有更好的表现（Hmelo，1998）。

（5）培养学生的自主学习和终身学习技能。这是 PBL 的最终目标。在 PBL 中，学生通过亲身经历整个问题的解决过程，学习自主学习和终身学习的技能。研究表明，PBL 毕业生的人际交往能力、合作能力、解决问题能力、自主学习能力、信息收集能力、工作计划的制订和执行能力以及诸如组织会议等职业技能均优于非 PBL 毕业生（Norman & Schmidt，1992；Woods，1996；van den Hurk et al.，1999）。那些雇用 PBL 毕业生的组织，对他们在解决与工作有关的问题和促进职业发展方面的自我指导和独立性方面，也给予了积极且高度的评价（Hung，Jonassen & Liu，2012）。

（6）增强学生的自我感知和自信。研究表明，学生对 PBL 的积极效果是十分认可的。他们认为，PBL 让他们学到了解决复杂问题的技巧，增强了他们选择问题解决方案的判断力和信心，丰富了他们的基础知识，提高了他们人际交往、自主学习、信息管理等方面的技能，对开发学生的高层次思维也大有益处。

4.1.5 本书的观点

尽管学者们对 PBL 教学目标的表述存在差异，但其中也不乏有许多相同之处。基于已有的文献，结合笔者自身多年的教学实践，本书认为，PBL 的教学目标应该包括以下几个方面：

（1）帮助学生建构广阔且可长久保有的知识体系。在 PBL 中，学生面对的问题通常是来源于现实之中的、复杂的且结构不良的。若要有效地解决这样的问题，单靠某一学科的知识是不够的，学生们必须要进行跨学科的知识搜寻，并将其运用到实际问题的解决之中。正是由于这种跨学科的学习，才使得学生们构建起相对广阔知识体系；也恰恰是因为这种将知识探寻融入问题解决之中的学习，才使得学生们保有的知识体系相对持久。

（2）培养学生灵活运用所学知识解决实际问题的能力。在 PBL 中，问题是学习的起点。这就是说，在学习开始的时候，学生首先会面对一个问题，学生的学习任务就是要解决这个问题。为了有效地解决这个问题，学生们必须要学习一些新的知识，因为单凭他们已经掌握的知识是不足以解决问题的（这也是设计问题时必须要关注的点）。由此可见，在 PBL 中，学生的学习不是单纯地为了掌握所谓的知识，更为重要的是要解决他们所面对的实际问题，以完成学习任务。学生们学习知识的目的非常明确，就是要解决眼前的问题。这与传统教学模式下的先学习知识后考虑如何运用是截然不同的。在 PBL 中，学生会不断地面对一个又一个的问题，为了解决这些问题，他们必须不断地学习一些新的知识。如此循环，不断往复，学生灵活地运用所学知识来解决实际问题的能力便会逐渐得以提升。

（3）激发学生的学习动机。动机是心理学中的一个概念，通常是指以一定的方式引起并维持人的行为的内部唤醒状态，主要表现为追求某种目标的主观愿望或意向，是人们为追求某种预期目标的自觉意识。从图 4.2 所示的个体行为规律（窦胜功等，2012）中不难看出，需要能够引发动机，动机可以引发行为，行为有益于实现目标。因此，若想让学生产生学习行为，就必须要激发学生的学习动机。研究表明，动机是在人的主观需要和客观条件的相互作用的基础上产生的。动机由需要引发，当需要达到一定的强度且存在满足需要的对象时，需要才能转化成动机。

客观环境　→　主观需要　→　内在动机　→　具体行为　→　方向目标

图 4.2　个体行为规律

这就意味着，动机的产生需要满足两个条件：一是需要；二是满足需要的对象。两者缺一不可。对学生而言，学习是学生的天职，他们自然会有学习的需要；PBL 本身所具有的一些特性，如精心设计的问题情境、以小组为单位的合作学习方式、反馈及时的过程评价等均可以被视作满足学生需要的对象，由此，便可以激发学生的学习动机。

（4）培养学生合作学习的能力。在 PBL 中，由于面对的问题通常较为复杂，单靠某一学生的一己之力往往是无法解决的。因此，他们通常以小组为单位进行学习。在小组学习中，学生们不但要学习倾听他人的观点和表达自己的想法的技巧，而且要学习解决差异的策略，更要学习如何与来自不同文化背景、具有不同的心理活动和人格的人和谐共处，共享信息与知识，共担责任，相互依赖，相互鼓励，共同完成学习任务，最终成为一个既善于合作也愿意合作的优秀合作者。

（5）培养学生自主学习和终身学习的能力。在 PBL 中，学生是学习的主体，需要对自己的学习负责。因此，他们需要在老师的引导下，自主地识别问题，自主地激活已有知识，自主地设置学习目标，自主地弥补知识缺口，自主地提出解决方案。学生们在亲身经历过越来越多的问题解决过程之后，他们的自主学习和终身学习能力就会被逐渐培养起来。

（6）开发学生的高层次思维。高层次思维是发生在较高认知水平层次上的心智活动或认知能力。依据布鲁姆（Bloom，1956）提出的教育目标分类理论以及后期的修正模型，人们普遍把"应用、分析、评价和创造"看作建立在"记忆、理解"基础上的"高层次思维"。应该说，传统的以教师为主导的教学模式在开发学生的低层次思维方面是较有优势的，但在开发学生的高层次思维方面（尤其是评价和创造方面）少有作为。而以学生为中心的 PBL 教学模式恰恰为开发学生的高层次思维提供了有效的路径。这是因为在 PBL 中，学生的每一项学习活动，诸如分析问题情境、明确学习问题、搜寻和评判信息、形成问题解决方案、进行方案选优等，几乎都离不开高层次思维。因此，开发学生的高层次思维是 PBL 非常重要的教学目标。

特别需要指出的是：任何目标都具有层次性的特征。此处阐述的 PBL 教学目标属于最高层次的目标，也是终极目标。这些终极目标若想真的实现，还需有众多层次的底层目标的有力支撑。只有底层目标逐一实现了，PBL 的终极教学目标才能够实现。

4.2　创设问题情境

问题是 PBL 的起点，也是整个学习过程的关键（Hung，2016）。为了让学生能够以自己的方式获得并建构预期的概念或原理，需要对问题情境精心地进行设计和编排。由此可见，能否创设出一个好的问题情境，对 PBL 教学能否取得预期的效果起着至关重要的作用（Trafton & Midgett，2001）。然而，通过文献梳理不难发现，围绕着 PBL 问题情境创设展开的研究不是很多，相关的研究成果也不是十分丰富。但值得庆幸的是，自 2006 年起，美国北达科他大学（University of North Dakota，United States）的洪暐（Woei Hung）教授开始关注这个问题，并发表了一系列极具理论与实践价值的研究成果，为教师和学生创设合适的问题情境提供了有益的指导。

在此，本书将重点阐述洪暐教授的 PBL 问题情境创设的 3C3R 模型、PBL问题情境创设的九步流程以及 PBL 问题情境创设中的情感话题，以期对 PBL教学实践中的一个关键环节，即创设问题情境提供指导和借鉴。

4.2.1　PBL 问题情境创设的 3C3R 模型

PBL 问题情境创设的 3C3R 模型是在洪暐教授发表于跨学科问题学习杂志（*Interdisciplinary Journal of Problem-Based Learning*）2006 年第 1 期、题为"3C3R 模型：PBL 问题情境创设的概念框架"的文章中提出来的。

3C3R 模型由核心要素（3C）和过程要素（3R）构成，如图 4.3 所示。

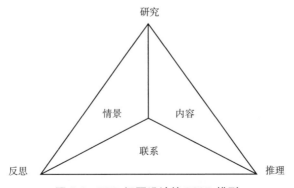

图 4.3　PBL 问题设计的 3C3R 模型

其中，三个核心要素，即 3C 具体指内容（content）、情境（context）和联系（connection），用来支持内容或概念的学习；三个过程要素，即 3R 具体指研究（researching）、推理（reasoning）和反思（reflecting），关注的是学生学习和解决问题的认知过程。过程要素具有两个功能：一是充当激活器，引导学生有效地利用三大核心要素进行问题创设；二是用作校准系统，确保创设的问题情境能够引导学生向着预期的学习目标努力；根据学习者的认知准备状态调整解决问题所需的认知处理水平；减轻学生初步体验 PBL 时的陌生或不适感。创设过程要素的目的在于：促进学生参与有意义的科学探究和问题解决过程，以培养出有效的问题解决者。

1. 内容

一些研究发现，PBL 教学模式下的学生在基础知识测试中的表现略低于传统教育模式下的学生（Albanese & Mitchell，1993；Levesque，1999）。因此，有学者提出，这可能是 PBL 将更多的时间放在了学生解决问题能力的培养上面，因而分配给他们学习知识的时间较少导致的（Hoffman & Ritchie，1997）。事实上，这是对 PBL 的一种误解。鉴于获取知识是 PBL 中解决问题的前提，PBL 对知识的获取也是非常重视的。客观地讲，在 PBL 中，获取知识与解决问题具有同等重要的地位。因此，在创设 PBL 问题的内容要素时，需要关注以下几个方面：

（1）课程标准。一些教师将课程标准看作创设问题情境的障碍，这是错误的。实际上，在创设问题情境时不仅不应排斥课程标准，而且应尽可能地与课程标准保持一致。因此，创设 PBL 问题情境的第一步就是：根据课程标准设定学习目标。然后，基于学习目标创设合适的问题情境。

（2）问题的范围。这与学习目标中规定的知识的广度和深度密切相关。在创设问题情境时，应注意两方面的问题：一是根据学习目标，确定问题的广度，这与为实现学习目标所需覆盖的知识范围有关；二是根据学习目标，确定问题的深度，这与为实现学习目标所需传递的知识结构有关。

（3）问题的复杂性。这是创设 PBL 问题情境需要考虑的一个关键要素。如果问题创设得过于简单，学生解决问题不费吹灰之力，那么他们只能学到较为肤浅的知识，而且会丧失进一步学习的动力；相反，如果问题创设得过于复杂，超出了学生可能的解决范围，那么他们可能会感到手足无措，甚至会产生极大的挫败感。因此，应该基于学习目标和学生的认知水平，创设难度适中的问题情境。

（4）问题的结构不良性。问题的结构不良性取决于多个指标，如信息是否透明、解决方案是否多样、是否需要跨学科、是否具有动态性质等。虽然解决结构不良的问题是 PBL 中的典型特征，但问题结构到底不良到何种程度应结合学习目标和学生的特点来确定。

2. 情境

情境认知理论认为，最好的学习是发生在努力去达成感兴趣目标的情境之中的，只有将学习嵌入在特定的社会和物理情境之中，有意义的学习才会发生。为了成为特定领域问题的有效解决者，学生不仅要学习足够的特定领域内的知识，而且应该具备将这些知识运用到特定情境之中的能力。这不但有助于学生对知识的深入理解，延长学生对知识的记忆和保留时间，而且有助于学生将建构的知识转移到现实与生活之中去。正如有些学者（Torp & Sage，2002）所说的那样：问题的情境信息可以帮助学生将建构的知识与现实生活联系起来。因此，情境因素是创设 PBL 问题情境不得不关注的重要方面。具体而言，在创设问题的情境要素时，情境的有效性、情境化程度和学生的动机是需要重点关注以下三个方面：

（1）情境的有效性。有学者（Hays & Gupta，2003）曾经指出，应根据问题所处的情境来考察 PBL 问题是否有效。这就是说，若想将学生培养成在事故现场或者救护车中工作的护理人员，就不能将问题设置在医院的急诊室之中。因此，在创设问题的情境因素时，应尽可能地使其与学生未来可能从事的职业具有一定的相关性。

（2）情境化程度。过度情境化的 PBL 问题可能会使学生面临许多不必要的信息采集，情境化不足的 PBL 问题则可能导致学生无法考虑特定情境中隐含的至关重要的信息。因此，在创设 PBL 问题的情境因素时，创设出适度的情境化程度既可保证学生获取必要的情境信息，又可避免他们采集过多冗余的情境信息。

（3）学生的动机。众所周知，学生的学习动机会在很大程度上影响学习的成效。因此，在创设 PBL 问题的情境因素时，应尽可能地选择那些能够激发学生学习动机的情境。研究表明，来自现实世界的真实的情境（Barrows，1994）、能够引发学生兴趣或好奇心的情境，抑或是可能对他们构成直接威胁的情境（Biggs，1989），都能激发他们的学习动机。

3. 联系

在 PBL 中，学生们通常围绕着特定的问题来构建他们的知识结构。一般而言，PBL 课程会包含一系列问题，这些问题涵盖了课程的各个方面，如果能够把相关知识"打包"成案例或问题集合，学生就可以有效地获取相关知识，并在现实生活环境中解决相同或相似问题时，能够有效地回忆起相关知识并将其应用其中。根据认知灵活性理论，如果领域内的概念和信息的相互关联不是很明确，学生获得的知识就会变得"相互隔离"，并且会增加学生知识转移的难度。因此，通过联系，可以将概念框架内的概念和信息相互结合，也可以将内容融入情境。因此，联系对于指导学生将所学知识整合进一个认知灵活、概念正确的知识基础中是至关重要的。换言之，在 PBL 中，为了有效地解决结构不良的问题，学生们不仅要有相对丰富的知识，而且要有将这些知识联系在一起并有效地运用它们的能力。因此，PBL 问题情境的创设，不但要有助于培养学生的知识获取能力，而且要有助于培养学生的知识整合和应用能力。

要想做到这一点，在创设问题的联系要素时，可以采用以下三种方法：

（1）先决条件法。安吉利（Angeli，2002）依据对 PBL 教师的访谈研究得出结论，PBL 问题应按照从简单到复杂的次序排列。因此，先决条件法也叫层次分级法（hierarchical），就是按照从简单到复杂或从基础到高级的逻辑顺序构建 PBL 问题之间的联系。这就意味着，后续创设的较为复杂的问题情境应以先前创设的较为简单的问题情境中出现的概念或信息为基础。这样一来，学生们便可以按照由简到繁的顺序，参与到多个问题的解决中。这种方法有助于学生理解不同层次的概念或信息以及它们彼此之间的关系。当要学习的概念间的关系具有连续性或分层性的特征时，先决条件法就是一种不错的问题情境创设方法。

（2）重叠法。有些学科中的概念或知识间并不具连续性或层次性的特征，针对这类概念或知识，可以采用重叠法创设问题情境。所谓重叠法，就是同一概念或知识在某一特定领域或情境中的不同问题之间的反复应用。为帮助学生构建起综合的概念框架，可以在某一特定领域或情境内将这些概念或知识归纳为一系列的问题，每个概念或知识不只是出现在一个问题中，而是同时出现在几个问题中。这样一来，学生们便可以将每个概念或知识与其他概念或知识联系起来，增强他们对相关概念或知识的理解和应用。

（3）多面法。如果说重叠法能够帮助学生在特定领域或情境中通过多个问题将相关概念或知识联系起来，那么，多面法则是突破了特定领域或情境的限制，将同一概念或知识应用于不同的领域或情境，实现多个领域或情境间的概念或知识的相互连接，使学生能够更好地整合概念或知识网络体系。因此，多面法通过帮助学生认识概念或知识的动态本质，丰富他们对概念和知识的理解，提高他们解决复杂的实际问题的能力和水平。

4. 研究

解决问题的第一个阶段就是理解问题（Bransford & Stein，1984），即问题空间的构建。这个步骤的主要任务是探究学科内的必要信息，为后续的问题解决做好准备。倘若对学生的引导不到位的话，学生有可能会偏离预定的学习范围，这是由结构不良的问题所具有的"开放"性质决定的。因此，在创设 PBL 问题情境的研究要素时，需要重点关注的两个规范，即目标规范和情境规范。

（1）目标规范。研究问题的所有活动都应该指向问题的目标，即问题空间的终点。因此，在创设问题情境时，应该明确规定 PBL 问题的目标，以便将学生的学习引导至预期的学习目标。如果没有明确的、特定的目标，学生就不可能有效地参与到问题的研究中，因而不能取得预期的学习成效。

（2）情境规范。任何研究活动都是在特定的情境中进行的。一些概念或原则可能是多个领域的共同基础，但其应用可能随着学科的不同而发生巨大的变化。弗莱舍（Flesher，1993）根据电子检修工的表现研究了"设计、制造和修理"三种情境的差异。他发现，情境决定了检修工最初的参照框架，然后依次影响他们对与问题解决任务相关信息的探究和处理。

5. 推理

推理是问题解决者深度认知投入（cognitive engagement）的过程，具体包括：分析所有变量的属性以及变量间的相互关系；将新获得的知识与先前知识相联结，并重组他们的学科知识基础；通过因果推理来理解变量和基本结构间的相互因果关系；通过逻辑推理来生成和测试假设以及确认可能的解决方案或去除不可行的方案。通过这样的认知深度投入，问题解决者可将未经加工过的知识转化为有意义的、可应用的知识和概念整合。从本质上讲，推理过程可使问题解决者能够加深和扩展他们对概念的理解。

事实上，研究和推理的过程通常是同时进行的，两者在实现有效的问题解决过程中相辅相成，可激活核心要素的作用并指导学生建构他们的知识，拓展他们解决问题的能力。研究和推理过程中涉及的认知活动属于高层次思维活动。这种高层次思维并不是与生俱来的，而是需要经过后天足够的培养和训练才能形成。因此，在创设问题情境中的研究和推理要素时，应根据学生的认知水平以及他们的自主学习能力来校准解决问题所需的研究和推理水平。

巴罗斯（Barrows，1986）的 PBL 分类法为创设 PBL 问题情境中的研究和推理要素提供了有益的参考。他运用自我指导性和问题结构性两个变量，同时将每个变量划分为三个层级（自我指导性分为教师指导、学生指导、部分学生指导/部分教师指导；问题结构性分为完整性案例、部分问题模拟和完全问题模拟），将 PBL 问题情境划分为九类，见表4.1。

表 4.1 巴罗斯的 PBL 分类法

自我指导性	完整性案例	部分问题模拟	完全问题模拟
教师指导			
学生指导			
部分学生指导/ 部分教师指导			

在创设问题情境时，可以运用巴罗斯的方法，调整 PBL 问题中的研究和推理成分，以适应学生的认知水平。如果学生的认知能力较强，则可在问题情境中设置较少的已知信息，留出足够的必要和关键信息让学生去搜寻和研究，并在这些信息之间建立逻辑关系。相反，如果学生的认知能力较弱，则可在问题情境中设置一些必要的和关键的信息，以降低学生研究和推理的难度。

一般地，学生的研究和推理能力可以大致分为高、中、低三个档次。完全问题模拟适用于那些具有较强的研究和推理能力的学生。这类问题应具有高度的结构不良性，并且包含较少的有关解决问题所需的关键信息。为了解决问题，学生们将不得不基于问题的逻辑，独立地研究和整合相关信息并进行推理。相反，对研究和推理能力较弱的学生而言，面对包括更多关键信息的完整案例型的问题情境则可能更为合适，如图 4.4 所示。

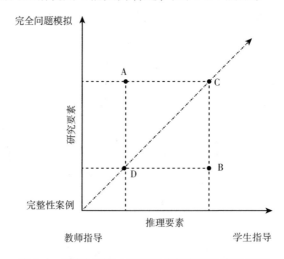

图 4.4 3C3R 模型中研究和推理要素的交互作用

显而易见，图 4.4 中的 A 属于具有较高研究能力和较低推理能力的学生；B 属于具有较高推理能力和较低研究能力的学生；C 属于具有较高研究能力和较高推理能力的学生；D 属于具有较低研究能力和较低推理能力的学生。在创设问题情境时，应根据学生所具备不同的研究能力与推理能力，设置数量不等的必要或关键的信息。

6. 反思

反思通常包括知识提炼、总结和自我评估等活动，是学生获得最佳学习成果的元认知活动。其中，提炼和总结可增强学生对在解决问题过程中建构的知识的整合和记忆；自我评估可帮助学生探索和研究可能遗漏的替代假设和解决方案。反思不仅可以帮助学生整合他们在问题解决过程中建构起来的知识，而且可以帮助学生发现需要进一步探索的领域，从而扩大他们的学习范围，增强他们将知识转移到不同情境中的能力。

传统的反思通常是在导师的指导下完成的（Gallagher，1997）。将反思纳入 PBL 问题情境的创设中，可提高学生的独立思考和元认知能力。在理想的情况下，还有助于学生养成反思的习惯。这样一来，学生的学习效果便可得以呈现，学生自主学习和终身学习的培养目标也就能实现了。

在创设 PBL 问题情境时，可以考虑以下两种类型的反思：

（1）形成性反思。这是与研究和推理过程一起发生的反思，即学生应在解决问题的过程中，不断地进行评估和反思并采取相应的调整策略。形成性反思的内容一般包括：是否学到了应该学到的知识；对问题的研究深度是否达到了要求；采用的研究方法是否有效；推理过程是否符合逻辑；建构起来的知识是否得到了有效整合；解决问题的策略是否有效。有学者（Andrusyszyn & Davie，1997）发现，交互式日记写作可以有效地帮助甚至促进学生的形成性反思。因此，若在 PBL 中加上类似于"你需要做好每天的学习日志并且在每周相对固定的时间与导师交流"的陈述，则会在一定程度上促进学生的形成性反思。

（2）总结性反思。一般是在学习结束的时候进行的反思，其目的是鼓励学生在学习结束后继续学习。为促进学生的总结性反思，可以采取诸如要求学生提交一份详细阐述研究过程与研究结果的总结报告、询问学生有无后续需要关注的问题或疑问等措施。

3C3R 模型中的反思要素使学习成为递归、持续、深化和扩展的过程，从而促使学生成为自主学习和终身学习的人。

4.2.2　PBL 问题情境创设的九步流程

如果说洪暐教授的 3C3R 模型只是创设 PBL 问题情境的概念框架的话，那么，他在三年后提出的九步流程，即确认学习目标、进行内容分析、分析情境规范、选择问题、分析问题承载力、分析匹配情况、校准、构建反思要素、检查要素间的相互支持性则是 3C3R 模型的具体实施步骤。

1. 确定学习目标

这是创设 PBL 问题情境的第一个步骤。为了使创设的问题情境与课程标准保持一致，在确定教学目标时，应特别注意以下三个方面：

（1）与学科相关的领域知识。这是任何教学模式在确定学习目标时首先需要考虑的问题。在创设 PBL 问题情境时，亦是如此。通过确定与学科领域知识相关的学习目标，可以提高 PBL 问题情境的可靠性，同时也为后续的八步流程提供指导和参照。

（2）解决问题的能力。在确定学习目标时，应该根据学生当下的认知水平，确定期望学生达到的解决问题的难度级别，以便为后续步骤中校准 PBL 问题情境中的研究和推理要素提供参考。

（3）自主学习的能力。鉴于部分学生的自主学习能力不是很强，甚至缺乏自主学习能力，以至于在最初接触 PBL 时表现出了不同程度的抗拒。因此，在确定学习目标时，还应该基于学生当下的认知水平及其在 PBL 方面的经验，确定出合适的自主学习能力的培养目标。

2. 进行内容分析

无论采用哪种教学模式，内容分析都是至关重要的。要想有效地进行内容分析，须将其划分为四种类别，即概念、原理、程序和事实。其中，概念是学科领域内的核心思想；原理为"涉及概念之间关系的规则"（Sugrue，1995）。由于 PBL 问题通常会涉及多个概念，因此，学生需根据一定的规则将概念联系起来，以便将其应用于解决复杂的实际问题之中。此外，了解一些程序性知识也是解决问题所必需的。例如，要解决某些数学难题，就需要掌握一些基本的数学运算程序。事实知识是学生应用概念所需的信息，它确定了学生建构学科领域知识的广度。

人们有时会将概念知识和事实知识混淆起来，实际上，两者之间是有区别的。具体体现在：概念是对给定现象的基本理解，而事实是可以实际使用该概念的信息。例如，圆的周长与其直径的比率是概念知识，3.14159265 就是事实知识。

进行内容分析的目的就是要明确学生需要学习的知识的广度和深度。

3. 分析情境规范

如前所述，PBL 的一个关键特征是将学习过程置于真实的情境之中。因此，将问题设置于特定的情境之中是 PBL 问题情境创设的一个重要内容。对专业性较强的课程而言，问题情境是显而易见的。例如，医学类专业课程的问题情境应以医院、急救中心等为主；商学类专业课程的情境应是生产车间、商场、物流公司；等等。对专业性不是很强的课程而言，在创设问题情境时，可以先确定几个可能的情境，然后在其中选择一个对学生最有吸引力的情境。对问题情境的有效识别，有助于教学设计人员找寻可能运用于教学之中的现实生活问题。

4. 选择问题

在完成前三步流程的基础上，问题情境创设者便可以在指定的情境中，寻找一些可供选择的现实生活问题，形成所谓的"问题池"；再在其中选择一个最能满足前三步要求的问题。此外，选择的问题还应具有一定的吸引力，以激发学生的学习动力（Hung，2006）。在确定问题是否具有吸引力时，可以从以下因素来判断：学生未来可能从事的职业；个人的兴趣（Hung，Mehl & Holen，2013）；即时的威胁（Biggs，1989）；地理位置的远近（Hung & Holen，2011）；等等。在通常情况下，如果确定的问题与学生未来可能从事的职业密切相关、符合学生的兴趣、对学生的学习和生活造成了一定程度的威胁、问题发生的地方离学生学习或生活的位置较近，那么问题对学生就会有较大的吸引力。

5. 分析问题承载力

分析问题的承载力可以通过构建问题的完整描述来实现。通过构建问题的完整描述，问题情境创设者可以描述出一个完整的问题空间。这种描述有助于确定选择的问题能否有效地满足预定的学习目标；解决问题所涉及的关键知识是否与预定的内容相符；问题中的情境信息是否真的将学习置于真实的情境之中；问题的联系要素设计是否合理。此外，对问题的完整描述还可以使教师成为有效学习的引导者和促进者。基于问题承载力分析生成的教师指南，不但可以帮助初步尝试 PBL 的教师更加有效地引导学生掌握关键知识并探究问题的解决方案，也有助于深谙 PBL 之道的教师提升他们的引导技能。

对问题的描述应包括解决问题所需的详细信息，如问题的当前状态和目标状态、已知的关键变量、未知的变量、情境描述、已知的推理路径和解决方案以及上述所有元素的替代方案。对替代方案的分析还可以通过检查问题的结构不良性来揭示 PBL 问题的深度（Hung，2006）。

具体而言，问题承受力分析主要涉及以下四个方面：

（1）学科领域知识。学科领域知识由核心知识和外围知识构成。为了判断问题是否揭示了学科领域内的知识，问题情境创设者可从分析核心知识，即概念、原则、程序和事实开始；然后，分析外围知识，即围绕着问题解决的替代路径知识。核心知识应该覆盖预期的知识；外围知识有助于拓展学生知识面的深度和广度。通过核心知识和外围知识的分析，问题情境创设者可以检查 PBL 问题的内容是否有效。

（2）问题解决能力分析。问题解决能力分析就是分析解决问题的认知过程，尤其是包含在解决问题过程中的研究与推理过程。研究过程主要涉及理解问题和研究必要的信息两类工作。若要理解问题，学生（问题解决者）就必须清楚地知道问题的当前状态、已知和未知的信息、问题的目标状态等。问题情境创设者还要检查问题的推理要素。推理过程中的第一个认知任务是对从研究过程中收集的信息初步地进行整理，具体包括筛选和理解可用的信息（概念和/或原则），并确定需要进一步研究的内容。通过整理这些信息，学生可以构建自己的领域知识基础。推理过程中的第二个认知任务是确定变量间的因果关系并生成假设。为了确定变量间的因果关系，学生可以创建一个包含各变量因果关系分析的图示，并创建一个符合逻辑的问题解决路径或者查明问题中的故障部分（适合于诊断类或排除故障类的问题）。这种因果推理过程对加深学生对概念和原理的理解以及假设的生成是至关重要的。为了生成合理的假设，学生不但要能够确定两个或多个关键变量间的潜在因果关系，而且要能对确定的因果关系作出基本的解释。这类信息有助于问题情境创设者在后续的步骤中进行校准。

（3）情境分析。当确定某个特定的或专业的情境时，问题情境创设者应当根据特定的或专业情况或者问题发生的工作场所来分析问题中的情境信息。

这种情境分析应该发现有关嵌入问题中的特定的或专业的显性和隐性信息。

（4）联系分析。由于所有现实问题的解决几乎都需要多个概念的联系，因此，问题情境创设者还需要评估问题情境中的联系要素。概念间的联系对学生建构起自身的知识框架是大有帮助的。3C3R 模型建议使用三个方法，即分级法、重叠法和多面法，创设不同学科领域问题的联系要素。至于到底采用哪种方法，取决于所创设的问题情境的概念特征，如图 4.5 所示。

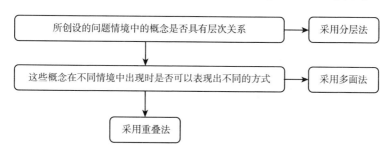

图 4.5　选择合适联系的程序

此时，问题情境创设者应该检查所创设的问题情境是否在概念上与其他相关问题建立起了联系，而且是否使用了恰当的方法。

6. 分析匹配情况

匹配情况分析是确保所创设的 PBL 问题情境可靠且有效的重要机制，有助于检测问题是否符合预期的学习目标并符合学生的学习能力和认知水平。如果问题情境过多地超出预期的学习目标或需要学生认知能力以外的能力来解决问题，则属于承载过度；如果问题情境没能完全满足学习目标的要求或需要的问题解决能力低于学生的认知水平，则属于承载不足。承载过度和承载不足均会导致 PBL 问题无效。为避免此类现象发生，问题情境创设者需要进行以下几个方面的匹配情况分析：

（1）内容匹配分析。内容匹配分析可以借助类似于表 4.2 的匹配表来进行，以揭示预期的学习内容与 PBL 问题承载能力之间的匹配关系。表 4.2 中的第二行显示了在步骤 1 和步骤 2 中确定的关键预期内容的类别，即概念、原理或过程；表 4.2 的第一列是在步骤 5 阐述的问题的核心知识和外围知识（可选）。然后，通过将 PBL 问题（第一列）提供的核心知识和外围知识与预期内容（第二行）进行匹配，可以将问题评估为一个合适的问题或承载过度的问题或承载不足的问题。如果所创设的问题情境非常合适的话，则说明表

4.2 中的第一列与第二行各元素间的匹配良好，即第一列和第二行中的任何项目都不会被取消。然而，如果创设的问题情境承载过度，那么，表 4.2 中的第一列一定有需要删除的项目；相反，如果创设的问题情境承载不足，那么，表 4.2 中的第二行一定有需要删除的项目。运用类似于表 4.2 的匹配分析表，情境问题创设者可以根据需要修改问题，以便在下一步（校准过程）中更加准确地提供预期的学习内容。

表 4.2　　　　　　　　　　　　内容匹配分析表

领域知识（研究）	总目标：使用代数表示法分析和表示数学情况和结构								先决条件	超出目标范围
	概念				原理		程序			
	变量	基础代数	数学情况与结构	小数概念	基础代数表示	解决	用一个可变代数方程式求解一步	四个涉及小数的运算		
核心知识										
概念										
基础代数的概念	√	√	√		√	√	√			
基础代数表示	√		√		√	√	√			
隔离		√				√	√			
添加相反的		√				√	√			
合并同类项		√				√	√			
取消		√				√	√			
百分比的概念										
将现实生活转换为数学表达式			√						√	
利润			√						√	
成本			√						√	
有利润的价格			√						√	
销量			√						√	√
大于/小于/等于										
原则										
最大利润			√							
解决			√							√
条件陈述									√	

续表

领域知识（研究）	总目标：使用代数表示法分析和表示数学情况和结构								先决条件	超出目标范围
	概念				原理		程序			
	变量	基础代数	数学情况与结构	小数概念	基础代数表示	解决	用一个可变代数方程求解一步	四个涉及小数的运算		
操作顺序							√		√	
程序										
基本操作							√		√	
代数基础							√		√	
百分比运算			√				√		√	
真实信息										
入场费									√	
交通运输									√	
外围知识										
小数点				√					√	
算数				√					√	
涉及小数的基本运算								√		

（2）研究与推理匹配分析。类似地，问题情境创设者还应分析创设的问题情境所要求的研究和推理过程与学习目标中的学生应该具备的解决问题的能力之间匹配程度，以培养学生的问题解决能力，为其下一步的校准奠定了基础。

（3）情境匹配分析。如果创设的问题情境属于某一个特定的专业领域，问题情境创设者需要评估第 3 步中确定的影响专业实践的因素与步骤 5 中确定的解决 PBL 问题所需的专业考虑之间的匹配程度。基于此，问题情境创设者可以调整问题中的情境信息数量，以避免问题的情境过度或情境不足（Hung，2006）。对于非专业性的问题情境，没有必要进行这样的分析。

7. 校准

基于匹配分析的结果，便可以根据需要对问题进行校准，并将其转换为问题描述。为创设出与学习目标和学生特征相匹配的问题情境，在校准过程中，问题情境创设者需要关注内容、情境、研究与推理等方面。

（1）内容校准。如果问题承载不足的话，则可以拓展问题的情景。如果问题中涉及的外围知识涵盖了其核心知识所未涵盖的预期内容的话，则可以通过增加纳入外围知识解决问题的条件对问题进行修订。如果问题承载过度的话，则可以通过专注于涉及大部分预期内容的问题部分对问题进行校正。具体而言，可以通过三种路径来实现：强调问题的目标部分；删除任何可使学习者偏离目标的描述；添加明确的陈述以使学生的学习指向预期的目标。最后，通过修改 PBL 问题情境的完整描述来体现校准的部分。

（2）情境校准。进行情境校准的关键是确保问题中包含适量的情境信息，以使学习处于真实的、特定的或行业的情境之中。这样一来，学生就会自然而然得像专业人士那样考虑相关的影响因素。为有效地将学生置于特定的或专业的情境之中，问题情境设计者需在情境信息不足的情况下，添加更多的情境信息。同样地，如果情境信息过度，问题情境设计者则需进行相反的调整，即减少一些情境信息，以避免学生在解决问题时不知所措。有些学者（Martin & Beach，1992）曾经说过，情境的性质会影响学生作为问题解决者的推理过程，因此，情境校准还可以微调问题的研究和推理过程。

（3）研究与推理校准。如果解决问题所需的研究和推理难度超出了预期的学习目标，问题情境创设者则应将一些关键信息呈现给学生；相反，如果解决问题所需的研究和推理难度低于预期的学习目标，问题情境创设者则需将一些关键信息删除。问题描述中需要保留的信息应该是基础的（即问题的当前状态和目标状态）和适合于学生进行研究和推理的信息量。问题情境创设者还应删除替代方案，即在完整问题描述中对问题的替代解释、推理过程、假设和解决方案。有关替代方案的信息可以包含在导师指南中，为其进行学习指导提供参考。

8. 构建反思要素

反思是 PBL 的主要特征之一。在通常情况下，反思可以由 PBL 导师进行（Gallagher，1997）。在解决问题的任务中纳入反思要素，可以培养学生自主学习的能力乃至习惯。反思要素的创设应该集中在以下六个方面：是否获取所有必要的知识；是否有足够的学习深度；是否使用了有效和高效的研究方法；推理过程是否符合逻辑并且有效；概念知识是否实现了有效整合；问题解决策略是否有效。

反思有两种类型：形成性反思和总结性反思。在整个 PBL 课程中，形成性反思过程通常是与研究和推理过程同时发生的，可以帮助学生进行自我反

思，并从教师那里收到反馈以指导自我评估。交互式日志写作（Andrusyszyn &
Davie，1997）和每周的学习进度交流会是进行形成性反思的较好形式。总结
性反思主要是在学习结束后，引导学生对整个学习和问题解决过程进行的反
思活动。总结性反思可以采用在 PBL 问题中设置反思元素、提出后续需要解
决的问题或者疑问等方式进行。培养学生自主学习能力的目标可通过确定反
思形式和在问题陈述中如何规定反思要素来实现。

9. 检查要素间的相互支持性

九步问题情境创设流程的最后一步是检查 3C3R 的完整性。

PBL 问题中的内容（content）、情境（context）、联系（connection）以及
研究（researching）、推理（reasoning）和反思（reflceting）并不是独立存在
的。相反，它们彼此之间是相互补充并相互支持的。因此，在创设 PBL 问题
情境时，3C3R 之间能否相互支撑对整个 PBL 问题中各要素作用能否有效地发
挥具有至关重要的影响，如表 4.3 所示。

表 4.3　　　　　　　3C3R 模型中核心与过程要素之间的关系

	内容		情境		联系	
研究	↑	◆ 获得内容知识	↵	◆ 直接研究	↱	◆ 有趣知识的获取
推理	↑	◆ 处理内容知识 ◆ 应用内容知识	↵	◆ 直接推理	↑	◆ 有趣知识的获取
反思	↑	◆ 评估内容知识 的获取和处理	↵	◆ 直接反思	↑	◆ 有趣知识的获取

注：↑　↵　↱ 代表支持。

在这个阶段，问题情境创设者必须要确保 3C 与 3R 之间的相互支持。

4.2.3　PBL 问题情境创设中的情感要素

在 2006 年的 3C3R 模型和 2009 年的九步流程之后，洪暐及其合作者于
2011 年又提出了一个创设 PBL 问题情境时需要关注的新要素，即情感要素。

他们在调查了学生对学习经验的看法以及 PBL 问题的复杂性和结构性对
学生学习过程的影响时发现，许多学生之所以对问题产生了强烈的主人翁意

识，并不是因为问题本身，而是因为问题中的人物、问题发生的地点等。在访谈中，一个学生曾说："在我家附近遇到这样的问题真的让我很震惊。"从这项研究中，他们识别出了四个 PBL 情感方面的因素，即未解决的现实问题、时间邻近性、位置接近性和自主性（Hung & Holen，2011）。这些因素可能会对学生的主人翁意识、关联性及其解决问题和研究学习材料的投入及其动机等产生心理或情感上的影响。在随后的一项研究中，他们又确定了另外两个情感因素，即个人兴趣和职业兴趣（Hung et al.，2013）。基于此，他们认为，在创设问题情境时，应融入一些情感要素，以激发学生的学习动机，提升PBL 的教学效果。

众所周知，自主学习是 PBL 的主要特征之一（Barrows，1996；Norman & Schmidt，1992）。然而，一个真实的问题本身并不能激发学生全身心地投入学习过程之中。许多研究显示，学生们在学习过程中通常不是很投入，有时甚至还设法去走"捷径"（Romito & Eckert，2011；Moust，van Berkel & Schmidt，2005）。德西等（Deci et al.，1991）等的研究表明，若想激发学生的学习动机，则必须满足其基本的心理需求。而要满足学生基本的心理需求，学生研究问题、解决问题的欲望就应该是自主决定，而不是受外界的影响和强迫。自我决定理论（Deci & Ryan，1985）认为，内在动机和持续动机的本质就是自我决定。只有自我决定的事情，其内在动机才可以持续。在教育情境中，为学生提供必要的支持，以满足其对胜任力、关联性和自主性等的基本心理需求，是激发学生学习动机的关键。这是因为胜任力涉及了拥有必要知识和那些使个人目标得以实现的愿望；关联性体现了一个人与他人建立联系的社会需求；自主性则表明一个有动机的行动或行为是自主发起和自主调节的，而不是外界控制的，这可能是自主学习的核心。在这三种心理需求中，关联性可能是最具指导意义的部分，因为其他两种心理需求已经被 PBL 流程与方法充分地关注到了。因此，精心地创设能够引发学生与他人联系的 PBL 问题，满足学生对关联性的心理需求，可能会增强他们的学习动力。

与教科书上的问题不同的是，PBL 问题都是来自现实生活中的真实故事。它们是发生在特定时间、特定地点的某个人、某群人、某个物体、某个栖息地或某个动物身上的真实故事。然而，真实问题本身并不能激发学生的主人翁意识或者引发人与人之间的联系，进而激发其解决问题的动机（Hung & Holen，2011；Hung Mehl & Holen.，2013），相反，真实问题能够激发学生的关联性和自主性的心理需求，进而增加学生与问题的联系和解决问题的主人翁意识。

下面的两个问题可能会产生怎样的差异应该是不难想象的。一个问题是：直接要求工程专业的学生为制造商设计一个可穿戴的机器人设备，以帮助那些下半身瘫痪的人"自主"地行走；另一个问题是：先讲述一个真实的故事，即一个 7 岁大的小男孩因为车祸导致其下半身瘫痪（在讲述过程中，可以展示小男孩瘫痪前在草地上奔跑玩耍以及后来在一场车祸中致残的画面），然后要求工程专业的学生为他和像他这样的患者设计一种可穿戴的机器人设备，以帮助他重新站起来行走或者奔跑。显而易见，后面的问题更能引发学生的情感共鸣，进而强化其学习和解决问题的动机。

众所周知，真实性是 PBL 问题的基本特征之一。然而，除此以外，PBL 问题中的许多情感要素也可能对学生的学习动机及其投入产生影响（Ak，Hung & Holen，2012；Hung & Holen，2011；Hung，Mehl & Holen，2013；Hung，Ak & Holen，2013）。识别这些情感要素有助于了解 PBL 问题的性质及其组成部分，提升 PBL 问题的选择能力和水平，这不仅能够更好地实现学习目标，提升学生解决问题的能力，而且可以激发学生的学习动机及其学习投入的程度。

由此可见，洪暐及其合作者提出的六大情感因素，即未解决的现实问题、时间邻近性、位置接近性、自主性、个人兴趣和职业兴趣，对问题情境创设者创设出高质量的 PBL 问题情境是大有裨益的。不过，在创设 PBL 问题情境时，这六大情感因素对学生的学习动机及其学习投入水平的影响可能存在一定的差异，这一点也是需要注意的。

综上所述，洪暐教授开发的创设 PBL 问题情境的 3C3R 模型为教学设计者提供了一个很好的概念框架。其中，3C，即内容、情境和联系强调了问题的静态特征；3R，即探究、推理和反思讨论了问题的动态特征。3C3R 模型全面地考虑了问题情境创设过程中的多个变量极其复杂的、内在的因果关系，有助于人们更好地理解和把握 PBL 问题的特征，创设出更为有效的 PBL 问题情境。

洪暐教授的九步流程为问题情境创设者应用 3C3R 模型创设有效的 PBL 问题情境提供了有益的指导。其中，步骤 1～3 的作用是指导问题情境创设者如何通过对学习目标、内容和情境的分析来创设或选择问题；步骤 4～7 的目的在于确保创设的 PBL 问题的适应性；步骤 8 描述了反思要素的设计；步骤 9

则是检查问题中 3C3R 要素的完整性。

值得说明的是：这些分析和校准的目的不是要规定学生的学习过程或结果，相反，是要确定包含在问题描述中的信息量是否适当，以引导学生达到预期的学习目标（Hung，2009）。在 PBL 问题情境中融入一定的情感因素，如地理位置的临近性、发生时间的临近性等，更能引发学生的情感共鸣，进而激发学生学习的动机和热情。

3C3R 模型和九步流程以及在 PBL 问题情节创设中融入情感要素的有效性，已被大量的研究所证实，也可被用来评价或者改进 PBL 问题情境的有效性。

4.3　组建学习小组

小组合作学习是 PBL 教学模式的典型特征之一，因此，在学习正式开始之前，组建学习小组是必不可少的且非常关键的环节。

4.3.1　学习小组的组建原则

为了有效地发挥小组合作学习在培养学生人际交往能力、团队协作能力以及自主学习能力等方面的优势，在组建学习小组时，应坚持规模适度、组内异质、组间同质、动态管理等原则。

1. 规模适度原则

简单地讲，学习小组的规模就是指学习小组中人数的多少。如果一个学习小组的人数相对较多，那么该学习小组的规模就相对较大，相反，倘若一个学习小组的人数相对较少，那么该学习小组的规模就相对较小。在一般情况下，规模较小的学习小组由于共有的知识范围比较小，小组效力也就比较小；而规模较大的学习小组成员的知识、才能等的差异比较大，小组效力自然也就比较大。但如果学习小组规模太大，也会产生新的制约学习的因素，如产生"搭便车""社会惰性""三个和尚没水喝"等现象。美国学者罗杰斯（Rogers，1989）认为，学习小组的规模与其成员的参与程度存在着密切的关系，具体情况见表4.4。

表 4.4　　　　　　　　**学习小组规模与其成员参与度的对照**

学习小组的规模	学习小组成员的参与度
3~6 人	每个人都说话
7~10 人	几乎所有人都说话，安静一些的人说得少一些，有一两个人可能什么都不说
11~18 人	5~6 人说的话特别多，3~4 人有时会加入
19~30 人	3~4 人霸占了所有的时间
31 人及以上	几乎没有什么人说话

对一般人而言，面对一大群人说话比面对一小群人说话需要更大的勇气。通常规模为 4~6 人的学习小组，在活动的参与性和有效性方面能够达到最佳的效果。然而，一个学习小组的规模到底多大合适，至今尚无绝对的标准。学习小组规模的大小应取决于学科的特点、任务的性质、成员的能力等因素。唯一可以推而广之的标准是：尽可能地让所有的小组成员均能够参与到学习小组的活动之中。

2. 组内异质原则

所谓组内异质，就是学习小组成员之间应保持一定的差异，以促进他们彼此之间的互助合作。一个成功运作的学习小组并不需要所有成员的力量都很"强"，全部由"最优秀"的人组成的学习小组并不一定能够最有效地实现学习目标。若要达到预定的学习目标，就需要进行混合编组，即保证组内异质，使具有不同特征的学生组合在一起，以发挥其各自的长处，回避各自的短处，使他们能够取长补短。合作学习需要小组成员具有多样性，而混合编组保证了这种多样性。研究表明，在成员能力和背景差异比较大的学习小组内，成员的思考更加深入、组内的信息输入与输出更加丰富，更能激发出较多的且较为深刻的见解和感受（约翰逊等，2004）。因此，合作学习能否成功的关键在于：小组成员是否具有互补的学习经验和高效的合作方法。这种学习珍视参与者不同的生活经验和工作背景，鼓励大家从不同的角度研究和探讨问题。如果小组成员配合默契，小组的学习成效就会大大提升。

为了实现小组成员的多样性，在进行混合编组时应该考虑以下因素（曾琦，2001）：

（1）成员的性别。俗话说，男女搭配，干活不累。在学习小组中，混合男性和女性成员可以丰富学习小组认识问题、分析问题、解决问题的视角，进而拓展学习小组的思维。

（2）成员的背景。具有不同社会文化背景、经济背景、科技背景的人看待问题的角度会有所不同，这无疑对问题的分析及其有效解决大有帮助。此外，如果小组成员能够与具有不同背景的其他成员进行有效合作，那么，他们在现实生活中也就具备了与各种背景的人接触甚至工作在一起的能力。

（3）成员的能力。在现实生活中，学生的能力是千差万别的。有的学生口头表达能力强，有的学生观察能力强，有的学生思考问题比较深刻……将这些具有不同能力优势的学生组合在一起，不仅能够提高学习小组活动的效率，而且有助于促进每一个小组成员的全面发展。

（4）成员的个性。有人曾说，在一棵树上很难找到两片形状完全相同的叶子。实际上，在大千世界当中，也很难找到两个个性完全相同的人。如果学习小组成员有的性格比较开朗，有的比较沉默；有的情绪暴躁且易于冲动，有的沉着冷静且忍耐力强；有的机智果断，有的表情腼腆……那么，他们组合在一起，就能够相互学习、共同进步。

3. 组间同质原则

所谓组间同质，就是同一个班级内各个学习小组的总体水平要保持基本一致，以保证各学习小组之间的公平竞争。

组间同质意味着每个学习小组都应是全班的缩影或者截面，以增强其获胜的信心，提升小组成员参与小组活动、完成小组任务的积极性和主动性，也为各学习小组之间在同一起点和同一水平上展开公平合理的竞争奠定良好的基础。

4. 动态发展原则

众所周知，运动和变化是事物本身的属性，因此，任何事物都是处于不断地变化和发展之中的，尤其在当今的 VUCA（volatility, uncertainty, complexity, ambiguity, VUCA）时代，即各种事物均具有易变性、不确定性、复杂性和模糊性特征的时代，一切都处于不断地变化和发展之中。有人说，在这个世界上，唯一不变的就是变化本身。学习小组也是一样，也应该处于不断地发展和变化之中。这就意味着，学习小组的组建不是一成不变的。当学生面对不同的学习任务时，可以按照一定的原则，组成不同的学习小组。如果在一个学期或多个学期内，学生会面对多个不同的学习任务，学生就可以与不同的学生组成多个不同的学习小组。毫无疑问，这对培养学生的人际交往能力、倾听和表达能力、团队协作能力等以及学生的社会适应性都是大有裨益的。

4.3.2　学习小组的生命周期

一般而言，当几位学生组合成学习小组，为某项任务而工作时，不一定立即就能实现有效运作。通常情况下，学习小组会经历一个生命周期。这个生命周期通常包括五个阶段，即初步形成阶段（forming）、兴风作浪阶段（storming）、日趋规范阶段（norming）、有效运作阶段（performing）、终止阶段（terminating）。

1. 初步形成阶段

在初步形成阶段，学习小组在目的、结构、领导等方面均存在较多的不确定性，当小组成员把自己视为学习小组的一分子来思考问题时，这一阶段就结束了。处于初步形成阶段的学习小组通常具有如下特征：

（1）学习小组还不是一个完整的集体，只是一些个体的组合，小组成员彼此之间不是很熟悉。

（2）个体希望在学习小组中有自己的位置，并给小组其他成员留下较好的印象。

（3）个体逐渐对学习环境、学习任务和其他成员开始熟悉起来，但其参与程度仍然不高。

（4）个体开始讨论手头的工作任务及其目的。

（5）学习小组开始形成一些基本的运行规则，为后续工作的开展奠定了一定的基础。

2. 兴风作浪阶段

小组成员虽然接受了学习小组的存在，却抵制其对小组成员的控制，进一步可能会在由谁控制学习小组的问题上发生冲突。这一阶段结束时，学习小组内部出现了比较明朗的领导层级，小组成员在小组的发展方向上也达成了共识。处于这一阶段的学习小组通常具有如下五个特征：

（1）学习小组内部开始爆发冲突，小组成员的行为和看法缺乏一致性。

（2）学习小组最初形成的基本规则遭到破坏，包括小组活动的目的、小组成员的行为规范等。

（3）学习小组成员彼此之间可能会产生"敌意"，通过说服和暴露自己的目的而表现出自己的个性。

（4）冲突开始增加，小组成员彼此之间有可能开始争吵。

（5）如果处理得当，那么这个阶段会使小组成员对目标、程序和规范等获得新的、更切实际的理解；如果处理不当，学习小组可能会面临瓦解。

3. 日趋规范阶段

学习小组成员彼此之间进一步发展了密切的联系，同时也表现出了一定的凝聚力。当学习小组的结构比较稳定且小组成员对那些正确的成员行为达成共识时，这个阶段就结束了。在这一阶段，学习小组通常具有以下四个特征：

（1）学习小组克服了冲突，增强了凝聚力，建立了一定的规范和行为要求。

（2）即使小组成员的个性等存在着明显的差异，学习小组成员彼此之间也能够相互接受。

（3）小组成员对学习小组具有一定的忠诚度，学习小组的精神也在逐渐地形成。

（4）学习小组的和谐发展变得非常重要。

4. 有效运作阶段

在这一阶段，学习小组的结构发挥着最大的作用，并得到广泛的认同，学习小组的主要精力也从原来的相互认识和了解转移到完成当前的学习任务上。有效运作阶段的学习小组通常具有以下五个特征：

（1）学习小组已经完全成熟，工作效率非常高。

（2）学习小组成员彼此之间建立起了联系，并能够主动地承担那些为了完成小组学习任务而必须具备的角色。

（3）角色变得十分灵活且富有成效。

（4）学习小组的动力已渗透到确定的学习任务之中。

（5）涌现出解决问题的新观点和新对策。

5. 终止阶段

当某项学习任务完成之后，学习小组随即解散，此时小组成员不再关心小组的学习成效而是小组的善后事宜。这个阶段通常存在于临时学习小组的情境。

4.3.3　学习小组有效运作的举措

为了实现学习小组的有效运作，除了要坚持必要的组建原则、明确其不同阶段的特点以外，还必须要采取一些必要的举措，如树立小组合作学习的意识、明确小组成员的角色、完善小组合作学习的过程、建立健全小组合作学习的评估和奖励机制、打造合作学习支持型的小组文化等。

1. 树立小组合作学习的意识

众所周知，意识是行动的前提。因此，只有树立了小组合作学习的意识，才会有小组合作学习的行动。然而，小组合作学习意识的树立不是一朝一夕、一蹴而就的事情，而是需要上上下下全体相关人员的共同努力才能完成的系统工程。要想真正树立起小组合作学习的意识，至少需要开展以下四方面的工作：

（1）让学生充分地认识到小组合作学习在促进其人际交往能力、提升其问题分析和解决能力、增强其团队协作能力等方面的优势和作用，使其从心底里接受并渴望参与到小组合作学习中。

（2）搭建促进小组合作学习的政策平台。作为教育法律法规的制定者，国家各级教育主管部门对相关高校及其教师等具有极大的约束力与引导力。因此，建议各级教育主管部门在制定相关政策时，应尽可能地鼓励各高校及其教师进行教学改革，逐渐地将以教师为主导的传统的讲授式教学模式转变为以学生为中心的 PBL 教学模式，为小组合作学习提供强有力的支撑平台。

（3）开展小组合作学习的试点。选择愿意开展小组合作学习的教学单位进行试点，并对小组合作学习效果的有效性进行科学评估，以增强教师和学生进行小组合作学习的热情，提升他们参与小组合作学习的积极性。

（4）构建新型的师生关系。在传统教学模式中，通常是教师一个人站在讲台上面对一排排学生，将自己认为最重要的知识传授给对方；学生基本上是独立的学习者，相互之间很少合作。在这种教学模式中，教师被视为"权威"，具有绝对的主导地位，学生则被视为"空洞的"，只能被动地接受教师传授给他们的知识。此时，教师与学生的关系类似于上下级之间的关系。目前，许多高校的学生直呼其导师为"老板"便是一个有力的证明。在小组合作学习的过程中，学生是学习的主体，教师在学习过程中起着引导与合作的作用。此时，教师与学生之间的关系可以真正地体现为教学相长。由于教师与学生的认知基础不同，对问题的思考方式也存在差异。因此，通过小组合作学习，不但可以提升学生的理论水平，教师也因可能获得的全新的研究视角而使其教学和科研水平同样得以提升。

2. 明确学习小组成员的角色

为了保证合作学习的有效进行，还必须明确学习小组各个成员的角色，即对小组成员进行明确的分工。英国学者贝尔宾（Belbin，1992）认为，学习小组内的角色可以划分为九类，见表4.5。

表4.5　　　　　　　　　　　　　学习小组中的角色

角色类别	角色描述
协调员	学习小组内自然的领导者；充满自信，谈话轻松，认真倾听；能够促进小组决策；能够鼓励大家发言；不需要智力上非常出色；有一点爱操纵别人
活跃分子	学习小组中最关键的火花，主要的思想来源；富有创造性，不循规蹈矩，有想象力；有时有点儿脱离实际，难以控制，想入非非
实施者	学习小组中勤奋的劳作者；善于将想法付诸实施；有逻辑地、忠实地执行任务；有纪律观念，忠实可靠，思想保守；只有在别人告诉他们为什么要调整时才会调整；缺乏想象力
资源开发者	学习小组的修补工；性格外向友好，善于建立和利用人际关系；勤于探索，能够抓住机会；纪律性较差；关注力保持时间较短
引导者	通常是自我任命的领导；充满活力，积极上进，性格直率，善于争辩；能够应对压力；遇到障碍时能够找到出路；不总是讨人喜欢；有称霸的倾向，容易在组内引发对抗情绪
监测/评估者	像学习小组中的岩石，具有战略眼光，分析能力强；性格内向，冷静；能够对大量信息进行分析，很少出错；沉闷的事务主义者，缺乏想象力
合作者	学习小组的咨询师，调停者；善于社交，知觉敏锐，容易合作；能够意识到尚未爆发的问题和其他人的困难；善于促进小组的和谐，在小组遇到危机时特别宝贵；有时会犹豫不决
完成者	学习小组的担忧者；对细节十分在意，非常守时，按时完成任务；能够坚持到底，能够捕捉到错误和失误；不情愿放手，对小组事务过分担忧
专家	学习小组稀有知识和技能的来源；孤独的思考者；能够自我启动，工作负责任；不时有令人瞩目的创新，只能在较为狭窄的前沿作贡献

　　虽然每一类角色都不是完美的，都存在这样或那样的不足，但都有其存在的意义。俗话说，金无足赤，人无完人，每一类角色中的不足都是十分自然的，也应该是允许存在的。如果小组成员允许这些不足的存在，就可以在学习小组内创设一种轻松、安全的氛围。由于不必担心十全十美，小组成员可以自由地表现自己。当一个人自由地表现自己时，其最大的长处就容易显露出来。

　　最理想的学习小组应该是这样的：小组成员具有不同的角色和功能，他们互相取长补短，相得益彰。如果学习小组的同质性较强的话，那么无论其成员多么优秀，学习小组的效能也可能是不高的。例如，如果一个学习小组内有几个领导型的人才，那么他们就有可能会因互不买账而发生冲突；如果一个学习小组内的多个成员都善于开发组内资源，那么该学习小组会长于收集信息、相互建立联系，而弱于反思和行动。

应该说，表 4.5 在一定程度上明确了学习小组中的角色类别，为学习小组的角色划分提供较好的指导和借鉴。但在实际运作中，学习小组中的成员并不一定非要扮演这九种角色。小组成员究竟要扮演何种角色，完全取决于学习的需要。例如，可以将小组成员分别"任命"为组长、记录员、检查员、纠错员、联络员、报告员等。然而，为了实现预期的学习目标，必须要明确小组成员的角色及其相应的职责，以增强学习小组的凝聚力。

由于学习小组的各个角色是相互补充和相辅相成的，因此，学习小组成员之间既需要相互匹配又需要具有一定的张力。必要的张力可以使学习小组富有活力，小组成员之间可以相互论争。但当学习任务较为复杂、需要小组成员密切配合时，他们彼此之间的相互匹配便会变得更加重要。

3. 完善小组合作学习的过程

如前所述，学习小组是有生命周期的，在不同的生命周期阶段，学习小组具有不同的特征，要面对不同的需要解决不同的问题。因此，为了有效地开展合作学习，完善小组合作学习的流程是至关重要的。

1）做好小组合作学习的初期准备

这是合作学习成功的关键。没有正确的理论指导，缺乏对前任经验的总结，只凭对合作学习的一腔热血，是无法达到预期效果的。小组合作学习的初期准备工作非常丰富。其中，确定小组规模、完成组内角色的分配、明确学习目标、创设问题情境、改变教室的布局等都是小组合作学习初期准备工作的重点。

鉴于本书对小组规模、成员角色等已有所阐述，在此，仅对其余工作稍加说明。

（1）关于教学目标。尽管本书的 4.1 节已对学习目标进行过阐述，但那里阐述的是 PBL 的总体学习目标。实际上，总体学习目标不是一步就能够达成的。要想达成总体学习目标，需要首先实现支撑总体学习目标的每一个具体的学习目标。这里所说的做好小组合作学习的初期准备的学习目标，是就每一个具体的学习目标而言的。在小组合作学习开始之前，需要明确本轮小组学习的目标是什么，这需要从认知、情感和价值观等层面进行考量。具体而言，应在充分地把握学习主题的基础上，坚持知识、情感和行为的统一，为学生以后步入社会奠定基础。

（2）关于问题情境。问题情境的创设主要有两种方式，即由教师创设问题情境和由学生创设问题情境。但无论采用哪种方式创设问题情境，都应体现4.2节中提到的"3C3R"模型、九步流程以及情感要素。在这里，我们特别强调两点：一是问题难度的合理性。在创设问题情境时，应根据学习小组成员的认知特性，创设不同的问题情境。针对探讨性问题，可以根据学习小组成员能力的不同进行任务的分解，使问题逐步得到落实；针对比较困难的问题，要组织学习小组进行多次探讨，使小组成员之间充分地进行思想碰撞，在必要时可以引导小组成员向专门的研究人员或教师请教。二是各问题间的衔接性。与传统课堂上的单向知识传授不同，小组合作学习是围绕着一个又一个的问题展开并逐步完成整个教学过程的。由此，问题之间的有效衔接就变得十分重要了。

（3）关于教室的布局。为了使小组合作学习能够有序地进行，应对传统教学模式下的教室布局作出适当的调整。在进行调整时，应做到既有利于小组成员间的讨论与交流，又有利于教师的观察与引导。为有利于小组讨论与交流，小组成员之间应保持适度的安全距离：如果距离过近，小组成员会觉得不舒服；如果距离过远，小组成员在说话时因要提高音量会影响到其他小组。为有利于教师的观察和引导，各学习小组之间应留出足够的空间，便于教师四下巡视和个别引导。

2）做好小组合作学习的中期建设

学习小组的中期建设可从制定小组合作学习方案、建立积极的互依关系、有效地履行个体责任、培养小组成员的合作技能、控制小组合作学习的频率等方面着手。

（1）制定小组合作学习方案。在明确学习小组各成员的角色之后，就要制定小组负责人主导下的小组合作学习方案。该方案应当明确本轮小组学习的目标、每位小组成员负责的学习内容与任务、具体学习时间（包括小组讨论的时间和小组成员自主学习的时间）的安排以及可能遇到的学习问题的解决原则与策略等，以充分调动每一位小组成员的积极性，以有效地完成学习任务。

（2）建立积极的互依关系。这是小组合作学习的核心。如果没有小组成员相互间的积极依赖，也就没有成功的小组合作学习。积极依赖体现的是

"我为人人，人人为我"的思想。任何一个小组成员都不可能脱离小组获得成功，当积极的互依关系得以建立，每位小组成员就会意识到自己的努力对小组成功的重要性。建立积极互依关系的方式有很多，但最常用的是目标互依、资源互依、奖励互依等。其中，目标互依就是在教学活动初期，就要明确整个学习小组的共同目标，随后小组成员会按照小组共同目标的要求，对自己的学习负责，同时要对小组内其他同学的学习负责。只有当小组所有成员都完成了指定的任务，小组目标才能够实现。各个小组成员之间是"荣辱与共，休戚相关"的关系。资源互依就是在安排学习任务的时候，只给每个小组发一份材料或者让每位小组成员仅拥有总材料中的一个部分。为了完成学习任务，小组成员就不得不共享资源。奖励互依就是当学习小组达成共同目标时，所有小组成员都可以获得同样的奖励。实际上，目标互依是最主要的方法，资源互依和奖励互依是目标互依的补充。除了这三种方式以外，还可以通过角色认同、外部干预等让小组成员达成积极的互依关系。

（3）有效地履行个体责任。履行个体责任意味着每一位成员都要为学习小组的成功作出贡献，没有人可以滥竽充数，不劳而获。每一位成员都要意识到，为了实现学习小组的共同目标，自己必须要做好分内的工作，否则，就是对整个学习小组的不负责任。如果教师随机抽取任意一位成员进行测试，并以该成员的成绩记录学习小组的成绩，则会对小组成员有效地履行个体责任起到较好的促进作用。

（4）培养小组成员的合作技能。小组成员的合作技能不是与生俱来的，而是通过后天的学习获得的。为确保小组学习活动有序高效地展开，合作技能的培养是不可或缺的。培养学生合作技能的方法主要包括道歉、寻求反馈、寻求帮助、妥协、礼貌地拒绝、鼓励、陈述理由、劝诱、表扬、小声说话、总结观点、表达感谢、耐心等待、善于倾听等（朱娜，2014）。值得注意的是：在培养学生的合作技能时，一次只能教授一种合作技能。至于教授何种技能，取决于其能否为学生接下来的小组学习活动提供及时的帮助。在教授合作技能时，可以采用约翰逊兄弟（D. W. Johnson & R. T. Johnson，1991）提出的五步方法，即让学生意识到某种合作技能的重要性、确保学生理解某种技能的确切意思、指导学生在训练场景使用该种技能、引导学生对该种技能的使用情况进行讨论和反思、反复联系直至运用自如为止。

（5）控制小组合作学习的频率。如果小组合作学习的频率过高，就有可能因小组成员准备不充分而使学习效果大打折扣；相反，如果小组合作学习的频率过低，那么也可能因小组成员间交流不充分而无法发挥小组合作学习应有的作用。因此，应根据学习问题的复杂程度等，适时地确定小组进行合作学习的次数。

3）做好小组合作学习的后期反思

小组合作学习的后期反思应该以事实为依据，因此，在小组合作学习的过程中，应注意相关材料的收集和整理。材料收集可通过观察表或者工作记录等来进行。其内容大致包括初期准备是否充分、有哪些做法较有成效、有哪些地方需要改进、学习小组组建过程中出现了哪些问题、这些问题是如何解决的等。通过总结和反思，不断地吸取小组合作学习的经验和教训，为后续的小组合作学习提供参考和借鉴。

4. 建立健全小组合作学习的评价和奖励机制

在一个阶段的小组合作学习之后，教师要组织学生对小组合作学习结果进行评价，并基于评价结果，对表现优秀的小组和个人进行奖励，以促进后续小组学习的顺利进行。

小组合作学习的特点决定了其评价的多元性质。首先，为了体现客观性，小组合作学习的评价应从自我评价、小组成员互评和教师评价三个方面进行。其次，小组合作学习的评价内容不仅是小组合作学习的结果，而且要包括小组合作学习的过程，同时要关注小组成员在小组合作学习过程中的情感、态度、参与程度、意志品质等方面。在进行具体评价时，可以设置诸如课前准备情况、课上纪律情况、课上完成情况、课上展示情况、课后作业完成情况等指标体系，并请各评价主体依次打分，最后采用科学的方法对分数进行统计汇总后形成每位学生的最终得分。

为了增强学生参与小组合作学习的积极性，教师可以基于学生获得的分数，对小组合作学习过程中表现优秀的小组或个人给予一定的奖励，奖励的形式可以是多种多样的，如口头表扬、鼓掌祝贺、经验介绍、颁发奖牌或奖金、授予荣誉小组称号等。通过奖励，使学生知道什么样的行为是有价值的，是能得到认可的，以激发学生尽可能地展示自己的才华，开发他们的潜能，乐意为实现小组共同的学习目标而努力，从而培养学生的合作意识，提高学生的合作技能。每次小组合作学习的成绩也可以一定的比例纳入最后的课程结课成绩之中，从某种意义上讲，这也是对小组学习成效的一种奖励机制。

　　通过科学合理的评价和奖励机制，教师不但能够对学习小组及其成员的具体学习情况进行准确、客观的检测，而且可以有效地推进各学习小组之间实现良性的竞争与合作。

　　5. 打造合作学习支持型的小组文化

　　这里所说的小组文化一词来源于企业文化。借用于企业文化的概念，本书认为，小组文化就是小组所有成员所共同享有的价值观，它在一定程度上支配着小组成员的行为，决定着小组成员的看法及他们对周围世界的反应。美国的两位著名学者约翰·科特（John P. Kotter，1992）和詹姆斯·赫斯科特（James L. Heskett，1992）在经过十余年针对"企业文化与企业经营业绩之间的关系"问题的研究后提出，"强力型企业文化既有积极进取、职能完善的内涵，也存在功能紊乱的内容。强力型文化可以引诱人们——甚至那些有理智、善思考的人们——陷入迷途"。这就是说，企业文化并不总是促进企业绩效的提高，有时可能成为增进企业业绩的"绊脚石"。同样，小组文化也不总是能够对合作学习成效产生正向的影响，有时也会成为合作学习的"绊脚石"。根据克里斯汉（Krishan，2015）等学者的研究，在 PBL 中，小组文化与小组成员的学习态度、行为、学习途径等密切相关。不同的学习小组会呈现出不同的文化特征。例如，有的学习小组呈现出显著的冲刺型文化，有的小组表现出明显的绩效导向型文化，还有的小组会体现出合作学习型文化等。毫无疑问，合作学习型文化是能够支撑学生进行深度学习的文化。克里斯汉等还发现，在 PBL 中，小组合作学习型文化的形成不是简单和直接的，因为其中有着多种因素的影响（Krishan et al.，2015）。

　　基于此，为了促进小组合作学习的有效开展，有意识地打造一个支持小组合作学习的文化，即合作学习支持型的小组文化是十分必要的。在打造这种类型的小组文化时，至少应该开展以下六项工作：

　　（1）选聘学习小组的组长。通过选举或聘任的方式，选聘出一位具有较好胜任特征的小组长。较好的胜任特征包括较强的组织和协调能力、较强的口头表达能力、较为优秀的学习成绩、较强的责任心和集体荣誉感、甘愿为小组成员服务的意识和创新精神等。具有较好胜任特征的小组长不但会对小组文化的建设起着主导作用，而且会在很大程度上促进小组学习成效的提升。

　　（2）给学习小组命名。通过学习小组成员共同磋商、集思广益，为学习小组起一个积极向上、富有个性、朝气蓬勃的名字。研究表明，这对小组成员的团结与合作是有帮助的。

（3）凝练学习小组的组训。经过学习小组成员的反复讨论，最后凝练出一个能够反映小组奋发图强、积极进取的组训，如"不求人人成功、但求人人进步"等。也可以选择名言、警句等作为组训，以激发小组成员的进取心，提升小组的凝聚力。

（4）设计学习小组的组徽。在设计小组组徽时，既要注重其外在的表现形式，又要注重其内在的文化底蕴，学习小组的理念、精神、追求、心愿等都可以在这里得到诠释。

（5）明确学习小组的目标。通过小组会议商讨，明确学习小组当周（当月）的学习目标，如在文明守纪、行为习惯、预期效果、课堂展示、学业成绩等方面要达成什么目标、在班级所有学习小组中要达到怎样的水平等。在制定学习目标时，应做到细致明晰且切实可行。

（6）制定学习小组的行为规范。俗话说，没有规矩，不成方圆。在学习小组建立初期，就应该建立一套严格细致且极具操作性和约束力的小组规范，如在自主学习时，要独立学习，不能抄袭或打扰他人；在小组会议上，要依次发言；一人发言时，其他成员要注意倾听、思考、记录；补充、修正、归纳等要等到发言结束后再进行；小组成员彼此之间应相互支持、相互尊重等，使学生在学习时能够做到"有法可依"。这为培养良好的学习习惯、构建良好的学习秩序、保证小组学习顺利进行提供了有力的保障。

此外，还可以对小组学习的环境，如桌面、板面、墙面乃至地面等进行设计和美化，以营造健康向上的学习氛围。

当然，小组文化的建设过程也是小组不断成长的过程，同时，它也会受到班级文化、学校文化等因素的影响。

4.4　确认学习问题

面对所创设的问题情境，学生便可以以小组合作学习的方式开始他们的学习进程了。在学习小组组建工作结束以后，小组成员首先要完成的学习任务就是确认学习问题。在通常情况下，要想在创设的问题情境中确认出良好的学习问题，至少需要经历以下三个步骤，即运用头脑风暴、系统化处理与主题选择。

4.4.1　运用头脑风暴

1. 头脑风暴的内涵

头脑风暴（brain storming）最早指的是精神病患者头脑中短时间出现的思维紊乱现象，后来被美国创造学家奥斯本（A. F. Osborn）借用并转意为思维的高度活跃（姜振寰等，1990）。简言之，头脑风暴就是一种集体开发创造性思维的方法，因而它又被称为集思广益法、智力激励法等。具体而言，头脑风暴是指一群人为了解决某一特定问题而聚集在一起，以会议的形式，在一个轻松自由的环境下，积极思考，畅所欲言，相互启发、集思广益的会谈技术。作为训练发散性思维活动的有效形式，头脑风暴在教育领域中的应用是较为广泛的。

面对所创设问题情境的头脑风暴，就是整个学习小组（成员）为了确认学习问题而聚集在一起，以会议的形式，在一个轻松自由的环境下，使用其现有的知识和先前的经验，就与问题相关的内容积极地进行思考、畅所欲言，相互启发、集思广益的会谈技术。

2. 头脑风暴的激发机理

基于奥斯本及其他学者的研究，头脑风暴的激发机理至少体现在以下四个方面：

（1）联想反应。联想是产生新想法的过程。在小组讨论的过程中，每提出一个新的想法，都能引发他人的联想，进而陆续产生一连串的联想，产生连锁反应，形成"新想法池"。

（2）热情感染。在不受限制的条件下，小组讨论能够激发成员的热情，人人能够自由发言，相互影响、相互感染，形成热潮，最大限度地激发成员的创造性思维。

（3）竞争意识。心理学的研究表明，人类有争强好胜的心理。在竞争意识的驱使下，人人都不甘落后，竞相发言，不断地开动思维机器，力求提出独到的见解或新奇的观点，以获得他人的认可甚至是刮目相看。

（4）群体思考。在群体思考中，一个成员想到一个创意，立刻会引发其他成员的联想，进而产生新的创意。英国大文豪萧伯纳曾经说过："倘若我有一个苹果，你也有一个苹果，我们交换这些苹果后，你和我仍然只有一个苹果。倘若我有一种思想，你也有一种思想，我们交换这些思想后，我们每个人便会有两种思想。"

3. 头脑风暴的原则

为使头脑风暴顺利进行，并取得较为理想的效果，在进行头脑风暴时，应遵守以下四项原则：

（1）自由联想原则。这项原则的核心是求新、求奇、求异。其目的在于：让所有参与头脑风暴的成员有一个足够宽广的思考与想象空间，从而使灵感大量涌现。它要求参与者尽可能地解放思想，放飞心灵，插上想象的翅膀，自由联想，尽情表达。只要是与议题相关的想法，都可以毫无顾忌地表达出来。不必顾虑自己的想法是否正确、是否"荒唐可笑"、是否会遭到他人的异议。其实，有时看上去"天马行空"的想法，有可能却是极有价值的。

（2）延迟批判原则。这项原则的要点是：禁止在畅想和讨论阶段过早地对他人的观点进行评价或批判。其目的是克服评价和批判对创造性思维的抑制作用，使所有成员在畅想和发言的过程中，充分地感受到心理的自由和安全，确保良好的、畅所欲言的氛围不被破坏。实际上，有些好的、具有创造性的观点不是一开始就能得到的，它需要经历不断诱发、不断深化和不断完善的过程。一些想法在开始提出时，可能是杂乱无章的，甚至是自相矛盾的，似乎没有什么意义，但其中可能蕴藏着良好的创意，因而具有极高的价值。如果过早地进行评价或批判，有可能会将其扼杀在"摇篮"之中。因此，所有参与头脑风暴的成员，包括教师、主持人等，均不可过早地对他人的想法或观点等进行好的或坏的评价。

（3）以量求质原则。这项原则体现了"质量递进效应"。以量求质原则的目的在于：以创造性想法的数量，来保证创造性想法的质量。因此，这一原则鼓励所有的小组成员在规定的时间内，加快思维的流畅性、灵活性和异质性，尽可能多地提出有一定水平的新想法，为最终得到质量好、价值高的想法提供重要的保障。

（4）综合改进原则。这项原则的依据是"综合就是创造"。它要求所有成员应勤于、乐于、善于对他人的想法进行综合和改进，以形成有价值的想法。由于时间的限制，大量的想法由于没有经过深思熟虑，多少都会有些考虑不周，因此，每位参与头脑风暴的小组成员除了要提出自己独立思考的想法以外，还应从他人的想法中获得启发，或补充完善他人的想法或将他人的若干想法综合起来形成新的想法。随着与会成员想法的陆续表达，所有小组成员都被卷入其中，他们的想法也会进行"碰撞"和"震荡"，进而产生连锁反应。这就好像放鞭炮一样，只要点燃一个爆竹，势必引爆一整串的爆竹，这也是头脑风暴的玄妙之处。

应该说，上述四项原则各有侧重，它们彼此相辅相成，构成了一个有机的整体。第一条原则突出求异创新，这是智力激励的目标；第二条原则要求思维轻松，气氛活跃，这是新想法形成的保证；第三条原则追求创造性想法的数量，这是获得高质量想法的前提；第四条原则相互启发、相互激励、相互补充、相互完善，这是头脑风暴成功的关键。

4. 头脑风暴的实施步骤

（1）准备阶段。在进行头脑风暴前，应做好以下准备工作：①确定讨论的议题。一般而言，一次会议只能讨论一个议题。相对来讲，比较具体的议题能够让与会成员较快地产生想法；面对较为宏观和抽象的议题，与会成员产生想法所需的时间可能会较长。②确定与会成员。通常以 6 ~ 10 人为宜，也可以调整为 5 ~ 15 人。与会人数过少，不利于激发思维及其相互启发；与会人数过多，不利于掌控局面。在特殊情况下，可以不受此人数限制。③明确人员分工。至少要推定 1 名主持人、1 ~ 2 名记录员。主持人的作用在于：在头脑风暴开始时重申讨论议题和纪律，在会议进程中启发引导、推进会议进程、归纳某些发言的核心内容、提出自己的想法、活跃会场氛围等；记录员的作用是：将与会成员表达的所有想法记录下来，让与会成员能够看清，也可以随时提出自己的想法，切忌持旁观态度。④环境的选择与配置。如果条件允许，尽可能选择一个整洁、宽敞、光线充足的、安静的没有外界打扰的环境。一般而言，一个规模适宜的会议室是个不错的选择。会议室最好布置成圆形或者"U"型，这会使人产生平等的感觉，也有助于交流与沟通。同时，可为每位成员准备一些便签和笔，以便在倾听他人发言自己却有新想法时能够随时记录下来，以避免忘记或被他人影响。除此之外，还应该准备投影仪、白板等，用于成员有效地表达和展示自己的想法。⑤通知下达。将头脑风暴的时间、地点、主要议题、相关材料等下达给每一位与会成员，以便其提前做好相关准备。此外，如有必要，可对头脑风暴的主持人及其与会成员进行一定的培训，使其熟悉并掌握头脑风暴的原则及其实施流程。

（2）热身阶段。在头脑风暴开始时，主持人应首先向所有成员说明头脑风暴的规则，然后挑选一些有趣的话题热热身，使与会成员的思维处于轻松和活跃的状态。这一阶段的目的就是要创造一种轻松、自由的氛围，以使大家身心放松，进入无拘无束、思维活跃的状态之中。

（3）畅想阶段。主持人就所议问题引导大家"一个接一个"地发表意见，尽力使其做到知无不言、言无不尽。在大家发言的过程中，记录员需要把每位成员的发言记录在大家都能看见的地方，如白板上，以便相互启发、相互补充；也可以采用录音录像等方式，将每位成员的发言记录在相应的介质上，以便后续对其进行系统化的处理。经过几轮的讨论之后，围绕某个议题便会形成众多的观点或看法。

（4）补充阶段。在头脑风暴会议结束后的一两天内，主持人应向与会成员了解会后的新想法和新思路，以补充会议记录。

按照美国创造学家帕内斯的观点，一次头脑风暴的时间最好控制在 30 ~ 45 分钟。倘若时间太短，则与会成员难以畅所欲言；倘若时间太长，则容易产生疲劳，影响效果。经验表明，创新性较强的想法通常会在会议开始后的 10 ~ 15 分钟逐渐产生。因此，为了取得较为理想的效果，每次头脑风暴的时间最短不要低于 30 分钟，最长不要超过 1 小时。

5. 头脑风暴的本质

（1）塑造一个更为安全、自由的学习环境。人本主义心理学的代表人物罗杰斯认为，人类具有天生的学习愿望和潜能，这是一种值得信赖的心理倾向，可以在合适的条件下释放出来；当学生了解到学习的内容和自身的需求相关时，就容易激发其学习的积极性；在一种具有心理安全感的环境下，学生可以更好地学习。他认为，教师的任务不是教授学生知识，也不是教授学生如何学习知识，而是要为学生提供学习的环境，至于如何学习应由学生自己决定。教师的角色应该是学生学习的促进者。由此可见，在教学中营造一种和谐的气氛，师生之间建立一种真诚、信任和理解的关系，对学生产生心理安全感具有重要的作用，直接关系到学生天生的学习愿望和潜能能否被有效地激发出来。头脑风暴倡导的自由联想、延迟评判、以量求质、综合改进的原则，为学生的自主学习创造了一个更加安全、自由和广阔的空间，继而引发学生巨大的思维风暴。从某种意义上讲，罗杰斯的人本主义思想为头脑风暴的科学性提供了理论依据。

（2）提供一种更加自由的学习方式。美国著名的哲学家、教育家杜威从生物学的角度，提出了"教育即生活"的经典判断。在他看来，人们要形成一个共同体或者社会，使社会生活延续下去，就必须具有共同的目的、信仰、期望、知识和奋斗目标，而沟通是人们达到占有共同东西的方法（杜威，2005）。因此，教育的完成需要沟通传递共同的东西。至于共同的东西是如何形成的，他的回答是：在个人经验成为共同的财富之前，沟通是一个共同参与经验的过程。通过沟通，参与经验的双方倾向都有变化，最终达成共识（杜威，2001）。至此，他把沟通上升到社会生死存亡的高度，指出"社会不仅通过传递、通过沟通继续生存，而且简直可以说，社会在传递沟通中生存"（杜威，2001）。这就深刻地阐明了沟通在教育中的重要作用。头脑风暴强调，通过学生与学生之间无障碍、无权威的沟通实现教育的目的。教师的作用在于：头脑风暴前的准备和头脑风暴后的总结和完善工作。在头脑风暴中，学生的主体作用得到最大限度的发挥。在头脑风暴中，不仅鼓励学生发言，而且允许学生"天马行空"，大胆假设，即使提出的观点看似"荒谬"和"古怪"，也没有人会对其"说三道四"。这样的沟通方式能够最大限度地扩大或启迪经验，刺激学生丰富的想象，提升学生的学习兴趣。因此可以说，头脑风暴是一种更加自由的学习方式。

（3）建立一个学习共同体。有学者指出，真正的共同体需要具备三个特性，即独特性、小规模和自给自足（鲍曼，2003）。其中，独特性意味着"我们"和"他们"是分离的，谁不是"我们"中的一员是显而易见的，不存在模棱两可的混乱状态；小规模意味着"我们"之间的交流是全面的、经常的；自给自足意味着与"他们"之间的分离是全面的，打破这种分离的机会应该是少之又少（鲍曼，2003）。头脑风暴一般以学习小组为单位进行。学习小组内的同学彼此之间便构成了"我们"，小组外的其他同学便构成了"他们"。"我们"和"他们"界限清晰，因而头脑风暴小组具备了独特性的特征。在头脑风暴中，学习小组内的同学之间的交流是全面的、经常的，而且是多向的。小组内的同学都有机会发言，每位同学发言的次数也比较多，而且他们的想法或观点都认为是有意义的，因而头脑风暴小组具备了小规模的特征。与此同时，头脑风暴小组会依据创设的问题情境，通过阅读、思考、沟通和交流等去独立地探索，自行发现并掌握相关的理论和知识，因而头脑风暴小组又具备了自给自足的特征。由此可见，头脑风暴建立了一个真正的学习共同体。

4.4.2　系统化处理

头脑风暴结束后，尚无法直接确认学习问题。头脑风暴的结果只是为学习问题的确认提供了一些基本素材。要想在这些素材中确认出需要解决的问题，还必须对头脑风暴的结果进行系统化地处理（systematization）。这里所说的系统化处理，通常会在头脑风暴会议结束后的一两日内进行，一般需要开展以下几项工作：

（1）成立一个由 2～3 人组成的系统化处理工作小组，该工作小组通常包括主持人、记录员及与会成员代表等。

（2）由记录员将所有的想法都整理出来，并用通用的术语说明每一个想法的要点，且为所有的想法逐一进行编号。

（3）采用逻辑分类的方法，基于一定的分类标志，将这些想法划分成不同的类别，也可以将特别相似或互补的想法进行整合，最后将其整理在一个设计良好的表格之中。

（4）基于一定的准则、采用适当的方法对表格中的想法进行评价。这里所说的一定的准则包括科学性、可行性、趣味性、是否符合教学目标要求等；这里所说的一定的方法通常有两类：一是专家评审法，即聘请有关专家对所有想法进行评审，这些专家既可以是相关领域的教授与学者，也可以是来自实业界的优秀人士；二是通过二次会议评审，即举行所有头脑风暴参与成员共同参加的二次会议，集体对所有想法进行评审。

（5）基于评价结果，对所有想法进行排序，挑选出得分较高的几个想法（通常为 2～3 个），以便后续进行主题选择。

经过上述几个步骤之后，大部分想法将被删除，只有少部分具有实际价值的想法会被保留下来。这些想法往往是多种优秀创意组合，是学习小组所有成员集体智慧的结晶。

4.4.3　主题选择

为确认学习问题，在系统化处理之后，便需要进行主题选择了。这里所说的主题选择（theme selection），实际上就是在上述系统化处理后得到的少数几个（通常为 2 ~ 3 个）得分较高且具有实际价值和可行性的想法中选择 1 个作为学习主题。主题选择既可以在学习小组成员充分协商之后自行作出，也可以在导师主持召开的辅导会议中进行。主题选择的目的就是：基于学习目标以及必要性、可行性等决定要承担的学习任务。

4.5　找寻知识缺口

在学习主题确定之后，学习小组的学习任务就会十分明确。接下来，学习小组成员就该通过合作学习解决问题了。一般情况下，他们会激活已有的知识和经验来探究问题的解决方案。然而，他们很快就会发现，单凭他们已有的知识和经验是不足以解决问题的。要想真正解决问题的话，还必须学习新的知识，即弥补他们的知识缺口。

4.5.1　知识缺口的内涵

目前，知识缺口（knowledge gap）一词在组织管理领域经常被提到，因而产生了"组织知识缺口"的概念。至于何谓组织知识缺口，学术界的界定主要有两个：一是扎克（Zack，1999）的界定。他提出，知识缺口就是知识差异，这种差异是组织履行其使命所需要的知识和组织当前（雇佣员工、研发技术以及获取其他形式的知识资源）拥有的知识之间的不一致引起的。简言之，知识缺口是组织知识需求与组织知识供给之间的差异。扎克认为，知识缺口源于战略缺口，并在此基础上提出战略缺口——知识缺口分析模型，同时提出运用 SWOT 方法，即通过分析组织具有的优势（strength）和劣势（weakness）、组织面临的机会（opportunity）和威胁（threat）来识别知识缺口。二是海德和马里奥蒂（Haider & Mariotti，2010）的界定。他们在对巴基斯坦的两个企业进行实地调查的基础上，研究了知识缺口的形成原因并对知识缺口的类型进行了分析。他们指出，知识缺口是组织当前缺乏的知识，而且该知识对组织的生存和成长是至关重要的，因此，必须要对其进行弥补。

基于上述两个对组织知识缺口的界定，本书认为，PBL 中的知识缺口可以界定如下：学习小组解决问题所需的知识与其实际拥有的知识之间的不一致引起的知识差异。确切地讲，所谓知识缺口，就是学习小组解决问题所需的知识与其实际拥有的知识之间的差距。

4.5.2 知识缺口的分类

学者们依据不同的分类标志，将知识缺口划分为不同的类别。在组织学习领域，有的学者依据知识来源的不同，将知识缺口划分为组织内部的知识缺口和组织外部的知识缺口两个类别（Zack，1999）。有的学者依据知识用途的不同，将组织知识缺口划分分为产品研发类知识缺口、制造类知识缺口、营销类知识缺口和管理类知识缺口四个类别（Vos et al.，1998）。还有学者依据知识特性的不同，将组织知识缺口划分为显性知识缺口和隐性知识缺口两个类别（党兴华等，2005）。更有学者依据组织知识积累的情况，将知识缺口划分为有知识积累的知识缺口、具备一定知识积累的知识缺口和无相关知识积累的知识缺口（陈菊红等，2007）。

综上所述，不难看出，尽管学者们针对知识缺口的分类大多是针对组织知识缺口进行的，而且基本上是依据单一维度进行的，但这些研究为我们分析思考 PBL 中学习小组的知识缺口提供了有意义的参考和借鉴。

为了进一步细化 PBL 中知识缺口的类别，本书参考我国两位学者陈丽和杨洪涛（2012）对组织知识缺口的分类思路，采用知识基础和知识整合能力两个维度对学习小组的知识缺口进行划分。这里所说的知识基础是就学习小组现有的知识资源积累/储备而言的，相当于学习小组的知识存量，是小组开展合作学习活动的基本要素。学习小组有知识基础，意味着在已有知识资源的基础上，学习小组能够积累和生产所需要的知识。学习小组无知识基础，意味着依靠学习小组现有的知识资源基础无法完成所需知识的生产。这里所说的知识整合能力则是就学习小组综合运用其现有知识与所获取知识的能力而言的，这种能力不仅包括工具的运用，还包括学习小组成员之间的沟通协调以及他们所具备的共同知识以及如何将知识转化成可沟通的方式并扩散到小组成员中去的能力。

本书依据知识基础和知识整合能力，对学习小组可能出现的知识缺口进行的分类结果如图4.6所示。

从图4.6中不难看出，学习小组可能出现的知识缺口有以下三大类：

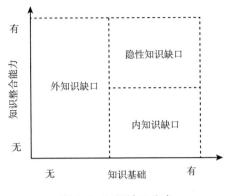

图 4.6　知识缺口分类

（1）学习小组拥有充足的知识基础，但由于小组内部缺乏知识整合能力，因而形成了"有储备无整合"的知识缺口，我们将其称为"内知识缺口"。

（2）学习小组本身不具备一定的知识基础，因此，即使拥有知识整合能力也无以为继，从而形成了"没储备无整合"的知识缺口，我们将其称为"外知识缺口"。

（3）学习小组知识基础扎实，知识整合能力强，但由于知识缺口在学习小组中的普遍存在，因而形成了"有储备有整合"的知识缺口，我们将其称为"隐性知识缺口"。

4.5.3　知识缺口的弥补策略

由于不同类型知识缺口的特性显著不同，因此，采取的知识弥补策略也必然会有所差异。

1. 基于内知识缺口的弥补策略

具有内知识缺口的学习小组内部拥有比较充足的知识资源，但这些知识资源并未得到充分有效的利用，换句话说，就是缺乏综合运用其现有知识的整合能力，这种能力的匮乏导致知识缺口的出现。因其"最好的想法可能已经存在于学习小组中"，这类学习小组在弥补知识缺口时，可以从维持知识基础和提升知识整合能力两方面着手。具体来说，基于内知识缺口的弥补策略至少有以下两种：

（1）强调每一个小组成员的作用。由于学习小组内的知识资源充足，小组成员的知识也相对丰富，学习小组首先应当确保这些资源不会中途流失，其次要特别强调每一个小组成员的重要作用。在可能的情况下，学习小组可以为每一个小组成员制定个性化的发展方案，鼓励个性化发展。这样就可确保学习小组完成学习任务所需的知识资源留在小组内部，从而维持小组的知识基础水平。

（2）搭建鼓励知识共享的平台。知识整合能力的提升，一方面要求小组成员之间的协调与沟通，另一方面要求知识在小组成员间的持续扩散。受利己性因素的影响，学习小组成员可能不会自愿地将自己掌握的知识与他人分享，这就不利于小组学习任务的顺利完成。因此，学习小组需要建立必要的激励机制，如培育知识共享的小组文化、创建良好的知识共享氛围、利用现代信息技术搭建虚拟互动社区等，鼓励小组成员进行知识交流和知识共享。

2. 基于外知识缺口的弥补策略

具有外知识缺口的学习小组依靠自身贫瘠的知识基础，无法完成所需知识的积累和生产。这就意味着，学习小组缺乏开展知识活动的对象，即使具备整合知识资源的能力也无济于事。这类学习小组往往都是新组建的。由于刚刚接触到 PBL，甚至选择的学习主题也相对陌生，因此，他们的知识资源相对匮乏，小组成员也没有太多经验，但整体学习能力可能很强。他们可能迫切需要增加自身的知识资源数量并提高自身知识资源质量。在学习小组内部的知识积累无法满足学习需要的情况下，寻求小组外的资源可能是一种有效的途径。因此，这类学习小组弥补知识缺口的重点是寻求外部的知识资源并将其内化为小组资源，以提升其知识基础水平。具体来说，基于外知识缺口的弥补策略主要有以下几个：

（1）努力引进外部知识。小组成员可以想方设法从学习小组外部获取所需的知识，如请教专家、教师等，并对这些知识进行消化再吸收，从而将其内化为自己的知识资源。

（2）建立知识库，并设立知识主管。这是一个解决外知识缺口的有效途径。为学习小组建立一个知识库，利用知识库对知识进行合理的分类存储，增强知识资源的易得性，方便小组成员的摄取和使用。同时，设立知识主管，负责知识库的更新、维护，保证知识库的正常运作。

（3）建立知识联盟。建立知识联盟是缓解学习小组知识资源匮乏的有效方法之一。学习小组可以积极寻求知识合作伙伴，与其建立知识联盟，形成知识共享关系。例如与有经验的且表现优秀的学习小组建立知识联盟等，形成广泛的知识网络，有效弥补自身的知识缺口。建立知识联盟不仅可以加强对外部知识的有效利用，提升小组自身的知识储备，还能与知识合作伙伴合作学习，提高小组的学习效率。

（4）鼓励小组成员利用线上资源进行学习和培训。随着现代科学技术的飞速发展，近年来线上培训资源不断丰富。小组成员利用线上资源进行学习，不仅可以促进其个体知识的增加，也可以增强其对专业知识以及科技动态的总体把握与理解，有利于学习任务的圆满完成。

3. 基于隐性知识缺口的弥补策略

具有隐性知识缺口的学习小组不但拥有雄厚的知识基础，而且具有卓越的知识整合能力。属于这类学习小组的知识"有储备有整合"，但这类学习小组仍然存在知识缺口，只是其知识缺口被"隐性化"了，所以难以识别。若要保持优势，他们就必须设法弥补这类隐性的知识缺口。具体而言，基于隐性知识缺口的弥补策略主要有以下几个：

（1）聘请外部专家对学习小组的知识缺口进行评估。由于这类学习小组的知识缺口难以识别，因此，需要聘请外部专家对其知识缺口及其可能产生的后果进行分析和评价。例如，聘请企业界的专业人员对学习小组知识缺口进行识别和评估，并结合完成学习任务的实际要求提出具体解决方案；通过建立知识地图，迅速找到小组内成员的隐性知识并高效地实现其价值。

（2）构建学习小组内部的学习体系。首先，必须树立终身学习的理念。其次，内部学习体系的构建分个人学习、小组学习两个层面进行。个人学习是基础，个人学习的知识通过小组学习初步得以"杂交"和综合，形成小组知识。

（3）构建基于知识缺口的反馈机制。由于学习小组的知识缺口具有时效性，随着时间的推移，学习小组的知识缺口也会动态变化。因此，需要建立一个反馈机制，定期地对小组的知识缺口进行评估和反馈。

4.6　进行自主学习

在自主学习开始之前，学习小组成员应明确各自的学习任务。在明确学习任务时，应该使小组成员明白，哪些任务是需要全体成员都要做的，哪些任务是需要某一成员独立完成的。唯有如此，才能既保证小组成员对自己的学习任务负责，又能做到分工合作、相互依赖，共同完成学习任务。

自主学习一直是教育心理学研究的一个重要课题。自 20 世纪 50 年代以来，许多心理学派均从不同角度，对自主学习问题做过探讨。但直至 20 世纪 80 年代以后，以美国华盛顿城市大学的齐默尔曼（Zimmerman）为首的一批心理学家在广泛吸收前人研究成果的基础上，对自主学习进行了全面深入的研究之后，才逐步建构起了一套颇具特色的自主学习理论，进而引起了教育心理学界的广泛关注。齐默尔曼也因此成为最早研究自主学习的学者之一，也是目前在该领域中影响力最大的学者之一。

4.6.1　自主学习的内涵

自主学习是一个与被动性学习、机械性学习和他主性学习相对应的概念。在英文语境下，自主学习有多种多样的叫法，如自我调节学习（self-regulated learning）、自我导向学习（self-directed learning）、自我指导学习（self-instructed learning）等。尽管从严格意义上讲，这些术语的含义不完全相同，他们彼此之间存在些许细微的区别，但鉴于本书关注的自主学习的侧重点是学生在学习过程中的自我调节、自我监控等方面，因此，更偏向自我调节学习的意义，但依然包含着自我导向学习的含义。基于此，本书使用的自主学习是一个相对宽泛的术语。

至于何谓自主学习，国外学者给出了多种不同的界定。但较为广泛接受的应是齐默尔曼（1986）的界定。他认为，当学生的元认知、动机和行为三方面都是积极的参与者时，其学习就是自主学习。在元认知方面，自主学习的学生能够对学习过程的不同阶段进行自我计划、自我组织、自我指导、自我监控和自我评价；在动机方面，自主学习的学生把自己视为有能力、自我有效和自律者；在行为方面，自主学习的学生能够选择、组织、创设使学习达到最佳效果的环境。

为了进一步解释什么是自主学习，齐默尔曼（1994）又提出了一个系统的自主学习研究框架，详见表4.6。

表 4.6　　　　　　　　　　　　自主学习的理解维度

科学的问题	心理维度	任务条件	自主的实质	自主的信念和子过程
为什么	动机	选择参与	内在的或自我驱动的	自定目标、自我效能感、价值观、归因等
怎么样	方法	控制方法	有计划的或习惯化的	策略使用、放松等
何时	时间	控制时限	定时而有效的	时间计划和管理
学什么	行为表现	控制行为	意识到行为和结果	自我监控、自我判断、行动控制、意志等
在哪里	环境	控制物质环境	对物质环境的敏感和随机应变	环境的选择与营造
与谁一起	社会性	控制社会环境	对社会环境的敏感和随机应变	选择榜样、寻求帮助等

　　齐默尔曼认为，确定学生的学习是否是自主的，主要依据表 4.6 中的第 3 列，即任务条件。如果学生在该列中的六个方面均能够由自己作出选择或控制，那么他的学习就是充分自主的，反之，如果学生在这六个方面均不能由自己作出选择或控制，那么他的学习就谈不上自主。表 4.6 中第 4 列分别从六个方面说明了自主学习的实质，也就是说，自主学习的动机是内在的或自我激发的；学习的方法是有计划的或已经熟练到自动化的程度；自主学习者对学习时间的安排是定时而有效的；他们能够意识到学习的结果并对学习的物质和社会环境保持着高度敏感和随机应变的能力。齐默尔曼指出，如果学习在某些方面不具备这些特征，那么学习的自主程度就会下降。例如，如果学生的学习是由教师驱使的，他就不能调控自己的学习动机，如果学习的时间完全由教师来限定，那么学生就没有计划和管理时间的自主权，其学习的自主程度就会被削弱。当然，在实际的学习情境中，学生在上述六个方面完全自主或完全不自主的情况是较为少见的，多数学习是介于这两极之间的。总而言之，研究学生的自主学习需要从上述六个方面有针对性地予以考察。

4.6.2　自主学习的影响因素

　　基于美国学者班杜拉（Bandura，1977）的三元交互决定理论，齐默尔曼提出了自主学习是自我、行为和环境三者互为因果、相互影响的结果。自主学习并非仅仅由自我过程来决定，它还会受到环境事件和行为事件以一种交互作用的方式来影响。自主学习可以划分为内在的自主、行为的自主和环境的自主。因此，探讨自主学习的影响因素也可以从个体、行为和环境三个方面着手（庞维国，1999）。

1. 自主学习的个体影响因素

齐默尔曼认为，影响自主学习的个体内在因素有很多，如自我效能感、已有知识、元认知过程、目标、情感等。

自我效能感是个体对自己是否有能力组织和执行某种特定行为的判断，是自信心在某项任务中的具体表现。自我效能感是影响自主学习的一个关键变量。一方面，自我效能感与学生学习策略的运用和自我监控密切相关。与低自我效能感的学生相比，高自我效能感的学生会展示出更高水平的学习策略，更多地对学习结果进行自我监控；另一方面，自我效能感与学习成绩显著正相关，这种相关在低成就学生身上表现得尤为强烈。马尔顿（Multon，1991）等在对 38 个有关自我效能的研究进行元分析后发现，自我效能感能解释大约 14% 的学习差异。此外，自我效能感与任务的持久性、任务选择、良好技能的获得等呈正相关关系。因此，自我效能感是影响自主学习的一个重要的动机变量。

齐默尔曼赞同将学生已有的知识划分成陈述性知识、程序性知识和条件性知识，但他又进一步从中分离出一种自主性知识。自主性知识是学生用来自我调节的知识，兼具程序性知识和条件性知识的特征。自主性知识能够有效地指导学生的学习，这种知识不仅能使学生知道怎样学习，而且能使学生知道何时学习、为什么学习。在自主性知识中，最为重要的是自主学习策略。经过长期的研究，齐默尔曼鉴别出 14 种有效的自主学习策略，即自我评价、组织和转换、设置目标和作出计划、寻求信息、记录和监控、组织环境、自我奖励或惩罚、复述和记忆、寻求同学/教师/其他成员的帮助、复习笔记/课本/测验题。齐默尔曼发现，成绩较好的学生对上述 14 种学习策略的应用显著多于成绩较差的学生，并且这些策略能在极大程度上解释学习的个体差异。

齐默尔曼指出，学生自主学习策略的运用在很大程度上依赖于他们的元认知决策过程。在一般的自主水平上，任务分析或计划决定自主学习策略的选择或改变。而计划的制订又依赖于任务和环境的特征、陈述性和自主性知识、目标、自我效能感、情感状态和学习的结果等。在具体的自主水平上，行为控制过程引导注意、执行、坚持性以及在具体情境中对策略和非策略性反应的监控，对自主学习者来说，策略性计划引导学生对学习过程的控制，并与来自控制过程的反馈相互影响。

目标设置对自主学习也具有重要的影响。研究发现，与成绩较差的学生相比，成绩较好的学生更经常、更一致地根据学习任务设置学习目标。但齐默尔曼认为，目标设置本身对自主学习并不是关键的决定因素，重要的是要对目标的类型和目标设置的方式作出区分。第一，目标的设置应根据任务的难度，所设置的目标应具有现实性。自主学习的学生能更好地设置可以完成的目标。第二，要对近期目标和远期目标进行区分。研究表明，帮助具有较低学习动机的学生学会设置近期学习目标，能够大大地提高他们的学习成绩，激发他们的学习兴趣。第三，要对具体目标和总体性目标进行区分。与设置总体性目标的学生相比，设置具体目标的学生的学习效果更好，对完成目标也更自信。第四，要对学生自定的目标和外部给定的目标进行区分。研究表明，让具有较低成就动机的学生自己设置目标，能够显著地提高他们的学习水平。第五，还要对学习目标（为了获得技能）和表现性目标（为了取得一个好的结果）进行区分。研究发现，与设置表现性目标的学生相比，设置学习目标的学生具有更高的自我效能，能够获得更高水平的技能，对自己也更满意。因此，教会学生设置合适的学习目标对促进他们的自主学习极为重要。

情绪状态也同样影响学生的自主学习。例如，焦虑会影响元认知过程和行为过程。研究表明，焦虑与学生对学习过程的自我控制呈负相关关系。此外，焦虑还会影响学生长远目标的设置。情绪状态在学生主动寻求他人帮助方面也具有重要的中介作用。由于寻求帮助的学生往往被解释为能力上的欠缺，因此，学生必须在寻求帮助时所面临的窘迫与帮助给予的受益之间作出权衡，这会在一定程度上妨碍学生主动寻求他人的帮助。

2. 自主学习的行为影响因素

与班杜拉的行为自主思想相一致，齐默尔曼把影响自主学习的行为反应分为自我观察、自我判断、自我反应三个类别。齐默尔曼指出，虽然这三类行为反应受自我过程及环境变化的影响，但是每一类行为都是可观察的、可训练的，并且是相互影响的。因此，可以将它们视为影响自主学习的行为因素。

自我观察是指学生对自己的学习过程进行系统的监控。自我观察监控学习过程并提供目标进展情况的信息。它受自我效能、目标设置、元认知计划等自我过程以及其他行为因素的影响。两种常用的自我观察方法是：言语的或书面的报告；对行为和反应的量化记录。大量的证据表明，提示学生做学习记录能够影响他们的学习、动机和自我效能。有学者使用了几种自我记录程序训练学习减法有困难的学生，结果发现，与对照组相比，自我记录组的学生获得的技能更多，自我效能感和学习的坚持性也得到提高（Schunk & Zimmerman，1997）。

自我判断指的是学生把自己的学习结果与标准或目标进行系统比较之后作出的反应。自我判断受自我效能、目标的特征和重要性、标准的类型以及自我观察的结果等影响。学生常用的两种行为自我判断方法是检查和评价。前者如对数学题答案的重复检查；后者如根据别人的答案或标准答案对自己的答案进行评估。自我判断对学生的学习具有重要的影响。对学生进行自我判断训练能够增强学生的自我效能感，促进各种技能的学习。齐默尔曼通过研究发现，学生使用自主学习的策略与他们对测验的自我判断密切相关。此外，与相对较低的自我效能感的学生相比，相对较高的自我效能感的学生在解决问题方面能够更好地进行自我判断。

自我反应指学生对自己的学习结果所作的反应。自我反应可分为三类：一是行为的自我反应，如学生达到学习目标后给自己安排休息时间或物质奖励等；二是内在的自我反应，如学习成功后作出积极的自我评价等；三是环境的自我反应，如改善自己的学习条件、寻求他人的帮助等。积极的自我反应，如自我奖励、自我肯定、改善学习环境，对自主学习有重要的促进作用。但自我反应并不总是能够促进自主学习的。对学习进步情况的消极评价就会影响学生对学习的进一步尝试，这是因为他们预料到即使自己去尝试也可能是失败的，进而产生退缩或习得性的无助感。

自我观察、自我判断、自我反应三种行为的影响是相互依存的。例如，让学生进行自我观察可以两种方式影响他们的自我判断：为设置现实的学习目标提供信息；为评价行为的变化提供信息。研究表明，训练学生进行自我记录能够使学生在学习过程中产生各种积极的反应。此外，学生的自我判断不仅会影响其对学习完成情况的自我记录，而且会影响他们的自我效能感。

3. 自主学习的环境影响因素

齐默尔曼等把影响自主学习的环境分为两类，即社会环境和物质环境。他们认为，在社会环境方面，可供模仿的榜样以及同学、教师、家庭成员的帮助对自主学习有重要影响；在物质环境方面，信息资源的可利用性以及学习场所对自主学习具有一定的影响。

　　香克和齐默尔曼（Schunk & Zimmerman，1997）提出，自主学习能力的获得起源于对外部学习技能的学习，其后经过一系列阶段转化成自己的能力。在这个过程中，学习要依次经历由低到高的四个级别，即观察水平、模仿水平、自我控制水平和自主水平。在观察水平上，学生通过榜样的示范作用学习最快。例如，通过观察榜样，许多学生能够归纳出学习策略的主要特征。但要把这些技能整合到自己的知识结构中，多数学生需要实际的练习。模仿的准确性随榜样的指导、反馈和社会性强化而提高。当学生的行为接近了榜样行为的一般形式，学习就达到了模仿水平。此时，观察者不再直接照搬榜样的行为，而是模仿一般的形式或风格。例如，他们可能模仿问题的类型而不去模仿榜样的原话。当学习达到自我控制水平时，学生能够灵活地运用学习策略去独立地解决应对新的任务或解决新的问题，学生对策略的应用已经内化，但它还要受到模仿行为的表征和自我强化过程的影响。当学生能够根据个人和情境的变化系统地调整自己的策略时，学习技能就达到了自主的水平。在这种水平上，学生能够自觉地使用策略，根据情境特征调整自己的学习，由目标和自我效能驱使去获得成绩。在没有榜样指导的情况下，学生也知道何时运用特定的策略并自主地变换策略的特征。因此，在学习达到自主水平的过程中，榜样起到了不可或缺的作用。

　　齐默尔曼等认为，自主学习不等于绝对孤立地学习，自主学习者并不排斥寻求他人的帮助。当面临复杂困难的任务时，自主学习者可以向那些更有知识和能力的人寻求帮助。提供帮助的人可以是他的同学、教师、专家，也可以是他的家庭成员。一般地，与学习自主性差的学生相比，学习自主性好的学生会更多地寻求他人的帮助，但他们仅在必要时才会寻求帮助，不会像学习自主性差的学生那样，过度地依赖他人的帮助。在问题解决的过程中，学习自主性好的学生会更多地渴望得到提示，最终通过自己的努力得出问题的答案，而不希望从帮助者那里直接得到完整的答案。因此，自主学习者在必要时能否得到别人的帮助以及接受帮助的形式都会对其学习产生重要的影响。

　　此外，物质支持对自主学习也有一定的影响。为了完成学习任务，自主学习的学生往往会主动地寻求课本以外的信息，因此，参考书、图书馆的藏书及其他信息资源的可用性都会在一定程度上影响他们的学习。学习的场所也会影响自主学习的质量。与学习自主性差的学生相比，学习自主性好的学生更注重环境的营造，更注重选择一种安静、舒适的学习环境，注意排除来自环境的干扰。他们倾向于在图书馆选择一处安静的地方学习。相对而言，他们很少在家中学习。因为家中往往会有电话、电视声音以及其他家庭成员的干扰。所以，家庭和学校能否为学生提供适宜的学习环境对自主学习也有一些影响。

4.6.3　自主学习的经典模型

如果说自主学习的影响因素没有触及自主学习的过程且难以将这些影响因素整合在一起，那么几个经典的自主学习模型则在一定程度上弥补了这一缺欠。西班牙的学者卡洛斯（Carlos Núñez，2017）等曾按照时间线索，梳理出了目前较为流行的且影响力较大的六种自主学习模型。

1. 齐默尔曼：基于社会学习理论视角的自主学习模型

齐默尔曼在先前研究的基础上，依然依据社会学习理论，于 2000 年提出了图 4.7 所示的自主学习模型。从图 4.7 中不难看出，他将自主学习分为三个阶段：前瞻阶段；表现阶段；自我反思阶段。在前瞻阶段，学生分析任务，设定目标，计划如何实现这些目标，并且一些动机性信念激励了这一过程并

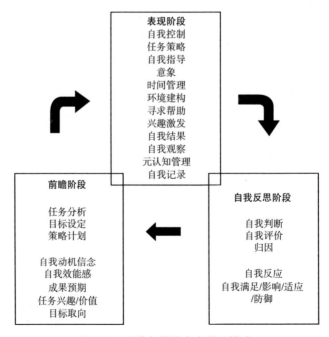

图 4.7　齐莫尔曼的自主学习模式

影响了学习策略的激活。在表现阶段，学生实际执行任务，同时监视他们的进度，并使用多种自我控制策略来保持自己的认知参与和积极性来完成任务。在自我反思阶段，学生评估他们如何完成任务，并对成功或失败进行归因。这些归因产生自我反应，可以对学生在以后的表现中如何完成任务产生积极或消极的影响。

　　齐默尔曼所构建的自主学习模型具有以下几个特点：一是阶段分明，即将自主学习分为三个阶段；二是循环模式，自主学习的三个阶段是循环的；三是重点突出，每个阶段都将学习者完成任务的表现作为重点。该模型获得了较高的认可，也被付诸大量的实践应用，但没有显性化地呈现和强调情境因素。

　　2. 波卡特：基于目标达成和情感作用视角的自主学习模型

　　荷兰学者波卡特（M. Boekaerts）也是自主学习理论早期研究者之一。她开发了两种自主学习模型，一种是自主学习要素组成结构模型；另一种是自主学习双重处理适应模型。在自主学习要素组成结构模型中，她将自主学习分为六个部分，即特定领域的知识与技能、认知策略、认知自我调节策略、动机信念与心理理论、动机策略和动机自我调节策略。事实上，这个要素组成结构模型是围绕两个机制构建的，即认知自主调节机制和情感/动机自主调节机制。如图 4.8 所示，在自主学习双重处理适应模型中，她提出了掌握/学习模式和应对/幸福模式，两者并行，其路径既可以自上而下，也可以自下而上，达到了动态建构自主学习模型的目的。

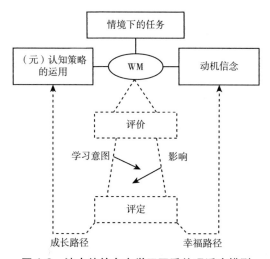

图 4.8　波卡特的自主学习双重处理适应模型

从图4.8中可以看出，波卡特所构建的模型比较重视自主学习的（元）认知和动机要素。与齐默尔曼的模型相比，该模型具有以下几个特点：一是淡化阶段，强调机制，即没有突出自主学习的阶段，转而建立了认知和动机的双轨并行调节机制模式；二是循环模型，以情境下的任务完成为主要线索，学习者通过认知和动机的双轨调节，实现自主学习的适应；三是简化而不简单，该模型似乎结构化程度更高，呈现也比较简单，但是其对过程的简化处理，导致人们在对该模型进行应用时存在一些困难。

3. 温恩和哈德温：基于元认知视角的自主学习模型

加拿大学者温恩和哈德温（Winne & Hadwin，1998）的自主学习模型受到认知理论的较大影响，将关注点聚焦到了认知和元认知方面。该模型可以通过监控和使用（元）认知策略来认识自主学习的学生是如何积极地管理自己的学习的。与此同时，该模型主张目标驱动的自主学习本质以及自主学习行为对动机的影响。此外，在温恩提出的最新模型中，详细说明了学生在计划、实施和评价任务时如何进行认知处理，一个显著的特点是使用标准来设定目标、监控和评价，如图4.9所示。

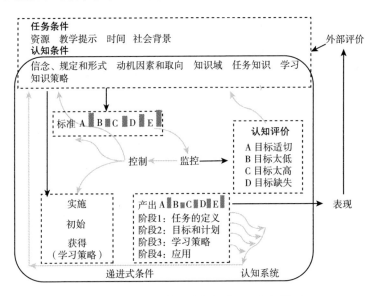

图4.9　温恩和哈德温的自主学习元认知模型

温恩和哈德温所构建的自主学习模型比较重视（元）认知。该模型具有以下特点：一是阶段分明，与齐莫尔曼相似，该模型将条件、实施、控制、监控和产出等作为自主学习的主要阶段；二是循环模式，该模型中的各个主要阶段随自主学习的开展体现循环的特点；三是确定标准水平，在该模型中，外部条件、产出和认知等有了粗略的评判标准，在模型的精细化程度方面有了一些改观。

4. 平特里奇：基于动机视角的自主学习模型

美国学者平特里奇（Pintrich，2000）是最早从经验上分析自主学习和动机之间关系的学者之一。他认为，动机和认知之间应当存在一定的联系，他所构建的自主学习模型可以称为"阶段—领域自主学习模型"。该模型由四个阶段构成：前瞻阶段；监控阶段；控制阶段；反思反应阶段。每个阶段都包含自主学习的四个领域：认知；动机/情感；行为；情境。自主学习阶段和领域相结合，呈现了自主学习的图景。其中，认知领域的自主学习结合了元认知，动机/情感领域的自主学习结合了学生的已有经验，行为领域的自主学习结合了自控行为，情境领域的自主学习结合了监控和调节学习的情境、任务等，见表4.7。

表4.7　　　　　　　　　　　　　平特里奇的自主学习模型

阶段	领域			
	认知	动机/情感	行为	情境
前瞻阶段（计划和激活）	目标设定 先前知识激活 元认知知识激活	目标取向的选择 功效判断 易学判断和任务难度知觉 任务价值激发 兴趣激发	时间和努力计划 行为的自我观察计划	任务知觉 情境知觉
监控阶段	元认知意识和认知监控	意识、动机、情感的监控	努力、时间利用和寻求帮助的意识和监控	改变任务或情境条件的监控
控制阶段	选择/应用学习和思考的认知策略	选择/应用管理动机和情感的策略	行为的自我观察 增加或减少努力 坚持或放弃 寻求帮助行为	改变或协商任务 改变或离开情境
反思反应阶段	认知判断 归因	情感反应 归因	选择行为	评估任务 评估情境

平特里奇所构建的自主学习模型具有以下特点：一是其关于自主学习的阶段划分与齐莫尔曼接近或者说基本上是一致的；二是较为全面地在自主学习的要素与阶段之间建立了关联，即在每个阶段中，涉及的要素都有不同的表现；三是模型在体现自主学习阶段的循环方面是非直观的。

5. 艾福蒂外斯：基于弥补元认知和自律学习之间缺失的自主学习模型

希腊学者艾福蒂外斯（Efklides，2011）提出了认知和情感自主学习模型。该模型同样受到社会学习理论的影响。与齐默尔曼社会学习理论取向的自主学习模型相似的是，艾福蒂外斯认为，在个人水平上，自主学习包括认知、动机、自我概念、情感、意志以及与元认知有关的知识和技能等。所不同的是，艾福蒂外斯提出的模型是双层的，即存在"个人水平"和"任务×个人水平"两个层面。其中，"个人水平"处于宏观层面，"任务×个人水平"处于微观层面，微观层面是个人水平与任务类型发生相互作用的地方。艾福蒂外斯在此层面上确定了四个基本要素，即认知、元认知、情感与情感和努力的调节，如图 4.10 所示。

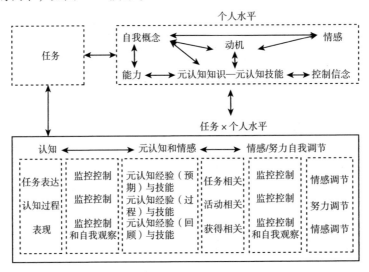

图 4.10　艾福蒂外斯的自主学习模型

艾福蒂外斯所构建的自主学习模型，在发表时间上较之前几个理论模型稍晚，在模型的理论架构和模型呈现上，有着之前几个模型的"痕迹"。例如，该模型一如既往地重视任务在自主学习中的地位，但同时又强调了个人潜在的自主学习能力需要在任务完成时才得以显现出来，这就使得任务或者情境任务的地位得到进一步凸显。该模型中，自主学习的要素基本与之前的几个模型一致，但在个人完成任务过程中，要素与自主学习阶段的交互不是显性的。

6. 贾韦拉和哈德温等：基于合作学习视角的自主学习模型

芬兰学者贾韦拉（Järvelä）和加拿大学者哈德温（Hadwin）等认为，自主学习理论并非只可以应用于个人。对个人的自主学习来说，有着较为明显的社会性和互动性。因此，他们探索了自主学习理论在解释、调节学习的社会性和互动特征等方面的潜力，如在信息和通信技术（ICT）和计算机支持的协作学习（CSCL）中的应用，由此提出了分享/合作—自主学习模型。该模型的第一版由以"我"为中心的自主学习 + 以"你"为中心的自主学习 + 以"我们"为中心的自主学习三部分构成，三部分之间以循环的方式形成了自我监控、共同监控和共享监控三种监控模式。该模型的修订版以更为简化的方式呈现了分享/合作模式的自主学习，如图 4.11 所示。

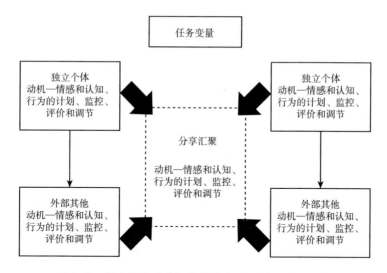

图 4.11　贾韦拉和哈德温等的分享/合作自主学习模型

贾韦拉和哈德温所构建的自主学习模型是六个模型当中发表时间最晚的。该模型最显著的特征是提出了学习者自主学习与合作学习的构想。很显然，该模型同样受到了社会学习理论的影响。具体来说，环境的变化（如从个体学习到协作学习，从独立建构到分享建构）等会对学习者自身以及学习者的行为表现等产生较大的影响。此外，该模型在任务的地位确定、循环的模式构建、要素的确定等方面与之前的几个模型具有异曲同工之处。

4.6.4　促进自主学习的几点举措

为了促进学生的自主学习，提升学生的自主学习能力，诸如确定学习内容（为完成与给定问题有关的学习任务所需的知识点）的能力、获取有关信息与资料的能力（即知道从何处获取以及如何去获取有关的信息和资料）以及利用有关信息和资料并对其进行评价的能力等，学者们提出了一系列的方法。概括起来，主要有激发学生内在的学习动机、注重学习策略的教学、指导学生对学习进行自我监控、教会学生运用各种学习资源等。

1. 激发学生内在的学习动机

由于学习动机的自我激发受目标、自我效能、行为结果、归因等因素的影响，因此，齐默尔曼（1997）对教师提出了以下建议：

（1）在布置学习任务时，要提供给学生具体的、通过努力能够完成的、短期的学习目标，并逐渐教会学生自己设置合适的学习目标及其子目标。

（2）要教会学生对自己的学习实施自我强化。教师要把奖励或惩罚学生的理由告诉学生，并逐渐把外部强化的任务交给学生自己，使其能够根据自己学习的成败实施自我奖励或自我惩罚。

（3）增强学生学习的自我效能感。增强学生自我效能感的方法主要有三种：一是提供学习榜样，尤其是那些与学生情况类似的榜样，让学生观察榜样在学习上的成功，使他们相信如果自己进行尝试也可以取得同样的成功。二是让学生在学习中体验到自己的进步。对那些取得进步有困难的学生，教师要降低其学习进步的标准，并视其进步情况给予适当的鼓励。三是进行言语说服，表明老师相信他们会取得学习上的成功。但要说明的是，言语说服本身的效果并不是太好，但若能结合榜样的示范就能发挥较好的作用。

2. 注重学习策略的教学

（1）向学生传授各种一般性的和具体性的学习策略。常见的一般性的自主学习策略包括目标设置、计划制订、自我监控、自我复习等。其中，教师应该特别注意学生的学习时间计划的制订，帮助学生学会管理自己的学习时间。常见的具体性的学习策略包括复述、分类、小结、头脑风暴法、列提纲、画示意图等。对于具体性的学习策略，教师应将其渗透在各学科乃至各门课程的具体教学内容之中传授给学生。例如，在阅读教学中，可以结合文本内容对略读策略进行训练等。

（2）为学生指明学习策略适用的条件和范围。要做到这一点，一种常用的方法是为每种学习策略的使用提供多个案例，让学生从中归纳出策略适用的条件；然后进行大量的练习，最终实现灵活地运用各种学习策略。由于策略教学有时候并不能确保学生持久地使用该策略，因此，还要给学生提供关于策略价值方面的信息，使学生明白策略使用与学习成功之间的关系。

（3）让学生熟悉学习策略运用与个人努力之间的关系。与那些持有不同看法的学生相比，那些相信自己学习成功与努力分不开的学生，更为经常地使用自己已经掌握的策略。因此，教师应该向学生讲解策略的使用与个人努力的关系，也就是说，要让学生明白即便使用了学习策略，也并不一定能够确保学习的成功，他们还需要付出一定的努力。而要做到这一点，可能需要对学生学习成败的归因进行必要的训练。

3. 指导学生对学习进行自我监控

研究表明，自我监控的学习效果优于依靠教师监控的学习，因此，对学生进行学习自我监控训练是十分必要的。在这方面，可以采取的具体举措如下：

（1）训练学生对学习情况进行自我记录。自我记录的方法有多种，如频数记录、持续性测量、时间抽样测量、行为评价等。行为评价是评估在某一个既定时间内某种行为发生的经常性，如对周末的学习情况从"总是""有时""从不"三个标准进行评估。自我记录要遵循三个标准，即经常性、接近性和准确性。经常性指自我记录要持续进行，不能中断；接近性指自我记录要在观察后的一个较短的时间内进行，不能拖延；准确性指对学习情况的记录要准确，不能有误。

（2）在学习过程中利用自我言语。按照言语内化规律，有学者曾开发出以下自我指导训练程序：教师在示范学习任务时，大声说出适当的规则和程序；教师在学生执行学习任务时，大声说出指导语；学生自己执行学习任务时，大声叙述指导语（自我言语）；学生自己执行学习任务时，小声叙述指导语（消退）；学生在执行学习任务时，默念指导语（Meichenbaum，1997）。结果表明，这种方法能够有效地提高学生的学习成绩。

4. 教会学生运用各种学习资源

（1）鼓励学生克服能力欠缺的自卑心理，在学习遇到困难时主动向同学和他人寻求帮助。

（2）给予学生优秀作业和测验的范例，鼓励学生从中挑选自己的学习榜样。

（3）多花些时间教会学生从图书馆或其他信息来源中，查阅自己需要的信息资料。

（4）提醒学生各种环境干扰可能对其学习产生的不良影响，教会学生营造有利于学习环境的方法。

4.7　形成问题解决方案

在自主学习之后，学习小组成员会重新聚集在一起进行小组学习。在小组学习过程中，小组成员除了要汇报各自的自主学习成果并倾听他人的自主学习成果以外，更为重要的是要围绕需要解决的问题，反复地进行讨论与协商，直至形成最终的问题解决方案。

4.7.1　问题解决方案的内涵

这里所说的问题解决方案是一个较为宽泛的概念，简单地讲，就是在PBL 教学结束时，学生提交的研究报告、实物模型、图片、录音片段、录像片段、电子幻灯片、网页、表演等。应该说，问题解决方案的形式多种多样，学生到底需要提交哪种形式的问题解决方案，与问题的类型、所属的学科性质以及教学设计等密切相关。但不管是何种形式的问题解决方案，均应呈现出以下特征：

（1）具有真实性。如前所述，在 PBL 中，问题大多是来自现实世界的真实问题，因此，问题的解决方案也应该具有真实性特征，即能够解决来自现实世界的真实问题，甚至如西方很多学者所要求的那样——可以改变世界。即使做不到这一点，但至少要保证其思维的真实性。换句话说，就是解决PBL 问题的思维模式应该能够用在解决现实生活中的其他问题之中。

（2）既体现个人贡献也体现小组成就。在 PBL 中，学习评价既关注个人贡献也关注小组成就，为此，问题解决方案应同时展现出每一个小组成员的贡献和整个学习小组的成绩。如果问题解决方案仅强调小组成就的展示而忽略了小组成员的责任和贡献，那么就有可能产生经济学中的"搭便车"现象、管理学中的"责任分摊效应"，学生的学习质量很难得到保证。

（3）应指向对核心知识的理解。在 PBL 中，学生学习质量的高低在很大程度上是通过问题解决方案体现的，因此，问题解决方案不仅要解决实际问题，更为重要的是要体现小组成员对核心概念的深入理解。唯有如此，才能实现预定的学习目标。具体而言，每一个学习目标中列出的重要概念，都需要在问题解决方案中有所体现。即使是报告、演讲类的问题解决方案，也不能让学生谈感想和感悟，而是要体现出他们对核心知识的深度理解。

（4）既包括作出了什么也包括怎么做的说明。在 PBL 中，学生提交的问题解决方案通常包括两部分内容：一是学生"做了"什么，即问题解决方案具体是怎样的；二是学生是怎么做的，即问题解决方案形成的过程如何，学生经过了怎样的思考和调整，这些思考和调整的过程涉及什么概念、情境中的背景知识、限制条件的综合分析、推理、再设计与创造等。具体而言，问题解决方案往往包括两个部分：一是制作出来的"产品"；二是用来说明这个"产品"内在设计的理念和过程文本、PPT 或口头报告等。当然，学生在学习过程中生成的材料，如观察日志、过程记录、实验报告、自主学习记录、小组清单、日记等均可作为佐证材料。

4.7.2　问题解决方案的设计

在学习开始时，PBL 教师就应该清楚最终的问题解决方案是什么样的。在此，我们重点阐述以下能够提升学生学习质量和参与度的问题解决方案的设计流程。

（1）根据核心知识设计问题解决方案。问题解决方案应该指向核心知识，这一点是至关重要的。这里所说的核心知识既不是事实性知识，也不是技能性知识；它既可以是关键的学科概念、学科能力，也可以是与学生成长、时节运转密切相关的知识。通过这些知识，学生们会发现知识与现实世界之间的联系。

（2）明确问题解决方案的类型。如前所述，问题解决方案的类型有很多，但总体上可以分为两类：一是强调"做和表现"的制作表现类问题解决方案；

二是强调"说和写"的解释说明类问题解决方案。前者在科学技术领域较为常见，学生们在经历了技术性实践、探究性实践、审美性实践之后，形成制作表现类的问题解决方案；后者则在语言、人文领域较为常见。两类问题解决方案可以同时产生，共同指向问题的解决和核心知识的深度理解。在多数情况下，两类问题解决方案需要同时呈现。

（3）为个人贡献和小组成就设计必要的关联。问题解决方案要同时体现个人贡献和小组成就，两者之间需要有一定的关联和匹配，且共同指向学习目标。

（4）设计可供选择的问题解决方案。在 PBL 中设计可供选择的问题解决方案的目的是包容不同类型学生的学习差异。学生可以自由地选用不同的方法、实践和问题解决方案进行回应，只是不管是何种类型的问题解决方案，都需要指向核心知识，这是不可以改变的。

（5）比较问题解决方案与学习目标之间的匹配程度。在问题解决方案设计完成以后，为了保证其与学习目标的一致性，可以再将问题解决方案与学习目标进行比较，标明问题解决方案中的哪些方面指向哪些学习目标，以免有遗漏和缺失。

（6）设计问题解决方案的评价标准。设计好问题解决方案后，还需要回答如下问题：什么样的问题解决方案是可以接受的？什么样的问题解决方案是高质量的？这涉及问题解决方案的评价问题，将在后续的学习评价之中作详细阐述。

4.8 展示学习成果

4.8.1 展示学习成果的作用

展示学习成果是 PBL 的重要一环。学习成果展示的目的不是展示精致而美观的产品，而是要展示学生对所学概念的理解和把握。总体上，展示学习成果的作用可以体现在以下几个方面：

（1）检验小组合作学习的成效。由于 PBL 的学习目标侧重于开发学生的高层次思维，且以小组合作学习的形式进行，学习过程也比较自由与灵活，因此，检验学生的学习成效就显得较为重要了。而学习成果展示为检验学生的学习成效提供了较好的平台。

（2）激发学生的学习动力。通过学习成果展示，可以让学生再次回顾自身的问题解决历程，这不但能够促使学生对学习过程与结果进行反思，使学生对所选主题理解得更为深刻，而且可以庆祝整个学习小组共同完成了富有挑战性的学习任务，让学生充分体验到应有的仪式感和获得感，进而激发他们进一步学习的动力。

（3）为其他研究类似主题或对该主题感兴趣的学生或公众提供共同探讨的机会。学习成果展示不仅使学生们有机会采用口头或书面形式向公众报告自己的学习过程和学习结果，而且使得那些研究类似主题或者对所研究的主题感兴趣的学生或公众有机会与其一起，就其中的某个部分深入地进行讨论与交流，这无疑会加深学生对学习主题的理解。

4.8.2　展示学习成果的形式

展示学习成果的形式可谓是多种多样，如提交研究或调查报告，组织答辩，举办成果展、辩论会、小型比赛甚至是现场表演等。参与人员除本校的老师和学生外，还可能有校外的来宾，如学生家长、相关领域的专家等。

应该说，尽管展示学习成果的形式多种多样，但其中的许多形式都是大家较为熟悉的。在此，我们仅选择上海外国语大学西外外国语学校（以下简称西外）的一个成果（夏雪梅，2018），作为展示学习成果的一个例子呈现出来。

一场英式下午茶与英国文学的邂逅

在一个阳光明媚的午后，轻柔的背景音乐，在一片绿茵如毡、绿树成荫的花园里，白色的贝壳帐篷下，一条长长的西式长桌上铺面精致的桌布。"履带屋"的英式下午茶的摆放，如教科书一般标准：茶、三明治和司康饼、蛋糕等甜点，组成了一套完备的下午茶。一群身穿礼服的宾客，正缓缓地向举办英式下午茶的"第二空间"走来，侍应生正在门口列队欢迎他们的到来。定睛一看，无论是宾客还是工作人员，都是西外的那些"小家伙"。

参加下午茶的学生，需要了解英式下午茶的历史、了解在英式下午茶影响下的英国文学。学生分组学习，分配任务到各个小组——查询英国作家与他们的作品。从乔治·吉辛的《亨利莱克罗夫特的一生》到18世纪英国文学泰斗塞缪尔·约翰逊，从影片《女王》到夏洛蒂·勃朗特的《简·爱》，都对英式下午茶进行了不同角度的描绘。这些文学内容和历史资料让学生们叹为观止。他们主动且积极地寻求更多有关英式下午茶的描写。这些前期的探索和报告让最终的下午茶充满了"那个年代"的"那个氛围"。

作为侍应生，学生必须学习认识每一种器具和每一种食物的英文单词，必须学会作为工作人员的用语，要揣摩宾客会提出怎么的问题，自己又该如何应对。作为宾客，学生必须要学习必要的礼节性问候语，学习表达自己的需求。与以往不同的是：学生先思考自己整个工作和参加活动的流程，然后主动地设计在这个过程中自己需要表达的和可能接收的语言信息。三层塔的摆放、茶与奶的先来后到、茶具只受到哪根手指的控制、勺子搅拌的途径、杯盘与杯子的形影不离、男士绅士风度的彰显、司康饼的吃法……

从迎宾、入座到管家的现场讲解，从侍应生彬彬有礼的服务、宾客间的交流到根据礼仪要求的实践操作，一切都进行得非常顺利。

最终所呈现的英式下午茶可以说是一个集中的学习成果展示。学生展示自己前期对下午茶、下午茶与英国文学关系的探究成果。这是西外"履带屋走世界"课程的一个组成部分，让学生每学期"走"一个国家。在英语的语境中，采用 PBL 方式，感受这个国家的文化、习俗、地理、风光、特产等，最后采用集中的情境性成果展的方式呈现学习效果。通过这样的成果展，可以让学生理解语言学习是文化与生活的学习、是环境中的学习，不仅展示前期成果，而且本身也是一种语言思维的真实学习过程。

在下午茶活动过程中，由教师和家长组成的团队全程站在外围进行观察、记录和评价。在活动结束以后，学生也会针对活动情况进行自评。

4.9　进行学习评价

尽管本书将学习评价安排在了学习成果展示之后，但这并不意味着在学习成果展示之后才需要进行学习评价。事实上，PBL 中的学习评价是贯穿在整个学习过程的。换句话说，基于 PBL 的很多教学环节都是伴随着持续的学习评价进行的。

研究显示，学习评价对学生学习的影响是巨大的。有学者（Snyder，1971；Miller & Parlett，1974）在研究了一些著名大学的学生学习之后得到了一个出乎意料的发现，即对学生学习影响最大的不是教学本身，而是学习评价。学生们表示，他们学习的诸多方面，如参加什么活动、做多少工作、如何学习等，均取决于他们所感知到的学习评价系统。德里克·朗特里（Derek Rown-tree，1987）曾经说过："若要发现某个教育系统的真相，就必须首先研究它的评价程序。"由此可见，学习评价对学生学习影响之巨大。毫无疑问，学习评价会在很大程度上决定教学目标的实现程度。因此，要想很好地达成教学目标，必须做好学习评价。换句话说，在设定学习评价的原则、选择学习评价的方式与方法、确定学习评价的内容时，都必须依据先前制定的教学目标。

就整体而言，PBL 中的学习评价范围较为广泛，具体包括对学生的评价、对老师的评价、对教案的评价、对课程的评价等，但在此本书重点讨论的是对学生的学习评价。

4.9.1　学习评价的原则

学习评价的原则通常是依据评价标准来确定的，而评价标准又与具体的教学目标密切相关。由于 PBL 的教学目标不仅是理论与知识的简单记忆，更为重要的是要激发学生的学习动机，培养学生的自主学习、终身学习、合作学习能力以及运用所学解决实际问题的能力，开发学生的高层次思维等，因此，在进行学习评价时，应坚持发展性、全面性、多样性、真实性和激励性原则（董卫国，2015）。

1. 发展性原则

PBL 关注学生综合能力和素质的提升以及个性与特长的发展，因此，PBL 学习评价的主要功能和根本意义既不在于鉴定和选择，也不在于警戒和鞭策，而在于教学目标的实现水平与学生的实际潜力和发展趋向，从而促进学生综合素质的全面提升，是一种以促进学生发展为最终目标的发展性评价。

PBL 中的学习评价反对把复杂的教育现象简单化，把学生生动活泼的个性抽象成一组组僵硬的数字，强调将学生的所见所闻、所思所想乃至所做进行真实记录和全面评价；强调反映学生各方面的发展和进步，反映学生生动活泼的个性，既考虑学生参与活动、达到 PBL 目标的一般情况，又关注每一个学生在某些方面的特别收获，顾及学生的个体差异，促进每一个学生依照各自的条件得到其可能得到的最佳发展；强调一次评价不仅是对一个学习阶段的总结，更是下一个学习阶段的起点、向导和动力。

PBL 中的学习评价善于发现学生发展的潜能，帮助学生树立自信，促进学生积极主动地寻求发展；倡导学生的主体性、创造性和独特性，鼓励学生"冒尖"，即在使多数学生普遍获得成功体验的同时，也让在 PBL 中卓有成效的少数优秀学生脱颖而出。PBL 中的学习评价给学生提供了表现自己所知所能的各种机会，重视学生在评价过程中学会自我评价和自我改进。根据评价结果，为学生提供适时的和必要的学习支援，让学生掌握更多的问题解决策略，学会实践和反思，学会发现自我和欣赏别人，从而感受到在现有基础上的实实在在的进步、提升和发展。

2. 全面性原则

众所周知，每一个学生都是具有主观能动性和发展潜力的个体，而且在不同的发展阶段会呈现出不同的特征。由于不同的个体具有不同的认知结构和认知层次，因此，在评价时就不能把某类活动或某种内容作为标准，而应该关注学生的参与过程和体验，即学生的认知、思维、情感、态度等特征方面的变化。

PBL 中的全面性原则要求，全面评价处于不同阶段、不同层次的学生的各个方面。在评价时不能仅仅局限于学生对知识的把握，更要关注的是学习是否促进了学生的学习兴趣、动机、思维方式等的形成或改进。因此，PBL 特别强调对学生学习过程的评价，特别重视学生在学习过程中所表现出来的学习态度和所运用的学习方法，特别关注学生在亲身参与探索性实践活动中所获得的感悟和体验以及学生在发现问题、提出问题和解决问题过程中的智能综合、思维运用和观点创新。从某种意义上讲，PBL 评价更注重学习过程的评价，相对于"做得好不好"而言，它更关注"是否做了"。

PBL 对学习过程的重视，必然要求其学习评价贯穿于 PBL 的全过程。只有这样，才能充分搜集到学习过程信息并对学习过程作出价值判断，才能充分发挥学习评价对 PBL 的导向和激励作用。具体而言，PBL 中的学习评价就是要关注学生发现问题、提出问题和提出解决方案的意识和能力，检查学生在学习过程中遇到问题和解决问题的过程，即学生参与 PBL 过程中产生的体验、资料的搜集、研究结果以及成果展示等方面的表现，旨在对学生的学习活动进行必要的督促、检查和指导的同时，引导学生对学习活动进行反思，以确保学习活动的顺利进行并实现预期的学习目标。

3. 多样性原则

PBL 中的学习评价多样性原则体现在评价主体的多样性、评价方法的多样性以及评价标准的多样性等方面。

传统教学模式中的评价通常都具有单一主体的特性，即由任课教师采用所谓的"统一标准"对学生的学习结果进行评价，其评价结果较为片面。PBL 中的学习评价主体除了有教师以外，还有学生参与其中，形成了多元化的评价主体。其中，教师可以是一位教师，也可以是几位教师组成的教师小组；同样，学生可以是学生个人，也可以是学生小组。学生不仅是 PBL 中的学习主题，同时也是评价自身学习状况的主体。这种多元化主体参与的学习评价不仅使评价结果更为真实，评价内容也更加丰富。

学习评价一般有相对评价、绝对评价和个体差异内评价三种类型。其中，相对评价主要通过个体的成绩与同一团队的平均成绩或常模相比较来确定其成绩的适当等级，重视区分个体在团队中的相对位置和名次，但无法反映个人的努力状况和自我进步的程度，尤其对后进者的努力缺乏适当的评价。绝对评价主要是对被评价者是否达到了目标要求和达到目标程度进行判断，但达到标准的确定却是最大的难题，而且标准一旦确定就失去了必要的弹性和自由度。个体内差异评价是依据个人标准进行的评价，具体指对学生个体在同一学科内的不同方面或不同学科间的成绩与能力差异进行横向比较和评价，可以了解一个学生的潜能、兴趣、态度、意志、创新精神与实践能力等。通过个体内差异的纵向比较，可以评价学生在不同时期的学习进步或退步程度。这种评价充分考虑了学生的个体差异，不仅能够为教师的个别指导提供较好的依据，而且不会对学生造成过重的心理压力，有助于开发学生的潜能，形成创新能力。因此，PBL 中的学习评价应慎重使用相对评价，灵活运用绝对评价，充分发挥个体内差异评价的积极作用。只有综合运用多种评价形式和评价方法，才能充分发挥学习评价的导向作用和管理功能。与此同时，在学习成效的评价方面，PBL 强调评价标准的灵活性，鼓励学生标新立异，发挥自己的个性和特长。

4. 真实性原则

PBL 中学习评价的真实性原则要求，将学生在真实情景中的真实表现作为评价的基础，并在预测其未来职场的表现方面具有一定的价值。

传统教学模式中的评价往往重认知轻情感、重知识轻能力、重理论轻实践、重分科轻综合、重再现轻创造，缺乏与真实情境的联系。学生在这种评价中得到的分数，并不能全面准确地反映他们当下的真实状况，对他们在未来工作中的表现也很少具有预见价值。实际上，教育的真谛不仅是对学生在学校情境中的表现负责，更是对学生在非学校情境中，尤其是职场情境中的表现负责。因此，PBL 中的学习评价要具有真实性和情境性，以便学生在真实的情境中表现出对解决真实问题的领悟能力、解释能力、创造能力以及他们的情感、态度和价值观等，并以此作为学生学习评价的基础。

5. 激励性原则

从某种程度上讲，评价是否具有激励性是衡量评价思想是否正确的重要标志。传统教学模式中的评价强调甄别功能，只有少数学生在评价中能够获得激励，体验成功的快乐，多数学生感到自己表现平平，有的学生甚至成为失败者，这严重地挫伤了他们的学习积极性，甚至在他们心中留下阴影。PBL 中的学习评价则把学生看作正在成长发展中的个体，具有自己的情感、欲望且渴望得到赞扬和鼓励的活生生的生命，进而将学习评价看作调动学习积极性，鼓励学生进步，引发、提高和维持学生学习动机推进学生持续学习的有效手段。具体而言，PBL 中的学习评价特别强调肯定性，以使学生从评价中获得愉快、自信和成就感；PBL 中的学习评价不以最终成果论"英雄"，而是努力发现、确认学生身上的优点和努力程度，发现和确认学生身上哪怕是极其微小的进步或潜在的积极因素，并通过认同、肯定的方式，促进可能性向现实性、低水平向高水平转化；PBL 中的学习评价十分重视学生学习热情的保护，即使是在学生遇到困难甚至是遭受失败的时候，也是以鼓励和表扬为主，从而使学生在任何情况下都能够获得积极的情绪体验并有勇气迎接挑战，战胜困难，创造卓越。对于年龄较低、自主学习能力较差或信心不足的学生，PBL 中的学习评价会采用小步子、分阶段的评价方法，通过为学生设置一个个的小目标并鼓励其努力达成，让学生获得一个个小的成功，从而树立他们的自信，激励他们完成较大的学习任务，进而获得较大的成功。

4.9.2 学习评价的内容

与传统的学习评价相比，PBL 的学习评价内容较为广泛。它除了要评价学生的基础知识储备以外，还要评价学生的学习态度、能力提升、专业素质等多个方面。

1. 基础知识储备

所谓基础知识，就是指构成各学科的基础事实、基本概念、原理以及公式与系统等。基础知识对学习的重要性是不言而喻的，可以说，没有基础知识，就没有学习进阶。知识体系通常都是环环相扣的，如果没有坚实的基础知识储备，那么知识体系就会漏洞百出；如果只懂表面，不懂原理，那么学习任何事物都不会取得令人满意的效果。万丈高楼之所以能够拔地而起，其主要原因就在于地基打得牢固。

虽然 PBL 的教学目标不是刻意追求学生对理论与知识的短期记忆，而是侧重于培养学生解决问题、自主学习、合作学习以及终身学习等能力，但如果没有必要的基础知识储备也是无法做到的。因此，PBL 中的学习评价也是要评价学生的基础知识储备情况的。这些基础知识储备应该包括：相关的基础事实、基本原理和规律等；现代科学技术的主要成就及其对相关学科发展的影响；能够满足自主学习所需的各种知识和技能；在生产、生活、科学技术发展和环境等方面的应用知识；等等。

在 PBL 中，对学生基础知识储备的评价可以从以下几个方面着手：能否用自己的语言表述、解释所学的知识；能否基于所学知识作出某些推论或预测，从而解释相关现象或解决有关问题；能否综合运用所学知识解决较为复杂的问题；能否将所学知识转移到实际问题的解决之中；等等。

基础知识储备的评价通常采用书面测试、口头陈述等方法。

2. 学习态度

依据建构主义的观点，学生的学习是否有效，首先体现在能否调动学生的学习积极性，促进学生主动建构知识上。换句话说，学生的学习效果在很大程度上取决于学生的学习态度。

简单地讲，学习态度就是学习者对学习持有的积极、肯定的或者消极、否定的心理倾向，包括认知、情感、行为三个因素。从认知的角度来看，学习态度就是学习者对学习对象的价值判断，即为什么学；从情感的角度来看，学习态度是学习者对学习对象的情绪反映；从行为角度来看，学习态度是学习者对学习对象的外显行为。研究表明，学习态度对学习成效具有重要的影响。美国著名的希尔教授曾经说过，造就人类的成就除了能力以外，还有一种催化剂，那就是态度。当我们的态度端正时，能力便能发挥到极致，自然也就有好的成绩出现。学生的学习态度是否端正，可以从以下三个方面进行判断：一是是否充分认识到学习的意义与价值；二是是否对学习充满热情；三是在挫折和失败面前，能否满怀信心并坚强不屈。

在 PBL 中，对学生学习态度的评价可从学生的学习准备情况、出勤状况、参与程度等方面进行。其中，学习准备情况可以通过学生是否准备好学习所需的各种材料和工具等来评价；出勤状况可以通过学生能否积极准时地参加各种讨论、交流、汇报等学习活动来判断；参与程度可以通过学生能否积极主动地参与到各种学习活动之中、能否认真地完成应该完成的学习任务或解决学习过程中遇到的困难等来判断。

学习态度的评价可通过学生自评、同学互评和教师评价相结合的方式进行。

3. 能力提升

能力是指人们顺利地完成某种活动而在主观上必须具备的心理特征，是影响人们活动效率与效果的基本因素（窦胜功等，2012）。通常情况下，人类的任何一项活动或者工作都不是仅凭一种能力就能够完成的，而是同时需要几种能力共同发挥作用。从这个意义上讲，能力就是人们顺利地完成某项活动而在主观上必须具备的多个心理特征的综合。

PBL 侧重于对学生复合能力的培养，因此，可从信息搜集能力、信息整理与分析能力、问题解决能力、自主学习能力、合作学习能力、沟通交流能力、决策能力、创新能力等对学生的能力提升进行评价。其中，信息搜集能力主要考查学生能否从多个电子和非电子渠道搜集到与学习主题相关的信息，并正确地标明出处；信息整理与分析能力主要考虑学生能否采用科学的方法整理和分析信息，并得出合理的结论；问题解决能力主要考查学生能否有效地解决了在学习之初提出的问题，并设计出行之有效的解决方案；自主学习能力主要考查学生能否独立完成所承担的学习任务；合作学习能力主要考查学生能否为完成学习任务，而有效地与他人合作，如共享信息、相互提供直接或间接的帮助等；沟通交流能力主要考查学生能否通过多种途径，积极主动地与他人，如同伴、教师、专家等交流并能虚心地采纳他人的合理性建议；决策能力主要考查学生能否对学习中遇到的问题作出及时的判断、分析并提供有效的解决办法；创新能力主要考查学生能否创造性地处理学习中出现的问题，如基于对搜集到的信息的分析生成新的信息并提出有创意的解决方案等。

4. 专业素质

从广义的角度来讲，专业是指一群人通过"特殊的教育或训练"掌握了"科学或高深的知识技能"，并以此进行"专门化的处理活动"，从而解决"人生和社会问题"，促进社会进步的"专门性职业"，它是在社会分工职业分化中形成的一类特殊的职业（刘婕，2001）。素质是指"人在先天禀赋的基础上，通过环境和教育的影响形成和发展起来的相对稳定的素养和品质"（经柏龙，2012）。那么，专业素质就应该是一个人在先天禀赋的基础上，经过严格的专门化教育或训练所获得的并可应用到某一种或某几种职业领域中的知识、能力、品格、信念等的集合。鉴于前面阐述的学习评价内容已经涵盖了知识和能力，在此，本书将专业素质界定为除了知识与能力以外的品格、信念等的集合。这样一来，在 PBL 中，对学生专业素质的评价便可以从品格、信念等方面展开。

对学生品格的评价可以从专业/职业情怀、道德修养、人格品质着手。其中，专业/职业情怀评价包括学生是否热爱所学专业、是否热爱其未来可能从事的职业等；道德修养评价包括学生是否具备正确的世界观、价值观和人生观，是否具有较高的思想政治觉悟等；人格品质评价包括学生是否拥有上进心、责任心、自我约束等内在品质。

对学生信念的评价可从学生的专业/职业信念、学科知识信念等入手。其中，专业/职业信念评价主要考查学生具有的专业/职业理念，包括对自己的专业和未来可能从事的职业的本质、具体操作、学习过程等的认识；学科知识信念评价主要考查学生对所学学科知识的基本观念，包括对学科知识的来源、价值性、真理性和结构性等的认识。

4.9.3　学习评价的方式

美国国家科学研究委员会（United States National Research Council）曾经指出，一个好的学习评价方式至少应该满足三个条件：应促进学习并有助于教学；能为每一个学生提供平等的学习机会；可反映出对学生学习而言最为重要的内容（李丽萍，2015）。因此，在进行 PBL 中的学习评价时，除了要充分凸显 PBL 的优势与价值以外，更为重要的是要围绕着基于 PBL 的教学目标，选择合适的学习评价方式。

由于 PBL 的教学目标不仅是建构一定知识体系，更为重要的是要激发学生的学习动机，培养学生解决实际问题、自主学习、合作学习、终身学习的能力，开发学生的高层次思维等，相对于传统的教学模式，PBL 的学习过程相对自由与灵活，学生与教师的角色均发生了改变，学生需要对自己的学习负责，因此，除了需要教师对学生的学习进行评价以外，学生也应对自身的学习进行评价。应该说，这样的评价不仅是对学习效果的评价，也是学习过程中不可或缺的一部分。通过对自己和他人的评价，学生可以深化对知识的理解，并提高对知识的灵活运用。因此，在 PBL 中，学习评价一般采用学生自我评价（自评）、学生相互评价（互评）和教师评价（师评）以及其他评价主体的评价相结合的形式进行，以形成性评价为主，以总结性评价为辅，强调对整个学习过程的评价（董卫国，2015）。

1. 学生评价

学生评价主要有两种方式：一是学生自我评价；二是学生之间的相互评价。

学生自我评价就是让学生作为评价主体，在教师的引导下，依据一定的标准对自己的学习进程、学习行为和学习结果进行判断与评估，是学生自我认识、自我分析和自我提高的过程。学生自我评价的意义在于：加深学生对相关知识的思考和理解，促进其进行深度学习；纠正学生的不良学习习惯；开发学生的终身学习能力。尽管有些学者提出，学生在进行自我评价时，可能会因夸大或低估自己的成绩而导致其评价不够准确（Bender，2012），但学生自我评价对挖掘学生自身独特的可塑性优势、激励和引导学生的自信与自尊、促进学生的健康成长与发展还是具有重要的作用。

学生相互评价也是让学生作为评价主体，在教师的引导下，依据一定的标准对学习伙伴的学习状况进行的评价。换句话说，学生相互评价是依据学习伙伴取得的学习成果的价值和质量来对彼此的工作进行的评价（Topping，2005）。这是一种反思性的学习活动，通过审查和评估学习伙伴的工作，可以帮助学生巩固、加深和强化自身的理解（Harris，2011；Luo，Robinson & Park，2014）。此外，学生相互评价还能够培养学生的团队合作精神，促进学生彼此间的学习与分享，激发学生学习的自觉性。尽管有研究显示，学生在进行相互评价时，可能会因为同学间好的或不好的关系而使评价结果产生一定的偏差，但学生相互评价在深化教师对学生以及学生对学生的了解、提升学生的自主学习能力、促进学生的人格发展等方面的作用是不容小觑的。

2. 教师评价

教师评价就是教师作为评价主体对学生的学习进行的评价。因教师在学生心目中通常占据着较为特殊的位置，教师评价自然会对学生产生较为直接的影响。为了充分发挥教师评价对学生学习的促进作用，PBL 中的教师评价应尽可能地做到以下几点：①客观公正。这是对教师评价的基本要求。因此，教师在进行学习评价时，应避免随意性，以维持教师评价的权威性和严肃性。②全方位。由于学生的先天素质、兴趣爱好、个性特长、发展潜力等方面千差万别，因此，教师不能用统一的标准评价学生。教师对学生的学习评价应多管齐下，除了要关注学生的学习成绩以外，还应关注学生的学习方法、学习态度、学习习惯等。③适度地运用鼓励。从心理学的角度来看，每一个人都有被认可、被肯定的需要，因此，每个学生都会在意别人的评价，尤其是来自教师的评价。倘若学生取得了些许进步，就得到了教师的肯定，学生的自信和自尊便会得到增强，学生的学习自觉性和主动性也会被激发，他们便会取得一个又一个的进步。④注重评价的动态性。任何事物都不是静止不动的，都是在发展变化之中的。因此，教师在进行学习评价时，应以发展的眼光看待学生，要充分地认识到他们正处在成长期，不可能尽善尽美，要相信他们有发展潜力，关注他们的每一点进步并及时给予肯定，运用评价的导向作用，帮助学生建立自信，不断进取，成为社会有用的人。值得说明的是，这里所说的教师既可以是某一位教师个人，也可以是由多位教师组成的教师团队。

3. 其他评价主体的评价

顾名思义，其他评价主体的评价就是由除了学生自身、学习伙伴、教师以外的其他评价主体，如外部相关专家、家长、公众等对学生学习进行的评价。由于这种类型的评价实施起来较为复杂，因此，通常会在评价最终学习成果时采用。

4. 形成性评价

形成性评价（formative evaluation）又称"过程性评价"，是对教学过程中学生的学习状况进行的评价，除了了解学生现阶段的学习动态以外，更能实时提供反馈意见和进行调整，使得学生的学习过程在监控中不断改善。形成性评价也是对学生学习成果的阶段性评价。形成性评价的目的主要体现在：督促学生复习，检测学生的理解程度，让学生有机会听取教师的反馈，以改进学生的学习行为；给学生提供一个了解评价要求的机会，使其将学习重点放在需要掌握的知识和能力上；帮助学生在学习与评价之间建立联系，以调整自己的学习方式和策略，更好地满足学习要求。实际上，学习评价的主要目的就是督促学生反思，帮助学生树立学习信心，为后续更好的学习提供指导。

5. 总结性评价

总结性评价（summative assessment）又称"结果性评价"或"终结性评价"，是在某一相对完整的学习阶段或课程结束后对学习成效进行的评价。总结性评价的目的主要体现在：总体把握学生掌握知识、技能的程度，为后续的学习奠定基础；考查学生的整体水平，为各种评优、选拔提供依据。

4.9.4　学习评价的方法

在 PBL 中，要想评价学生学习效果的好坏，必须要借助一定的方法。从总体上看，基于 PBL 的学习评价既包含对概念性知识、较高层次认知策略的评价，也包含较低层次的基础知识和基本技能的评价，因此，可供选择的学习评价方法有很多。在此，仅对其中几种使用较为广泛的学习评价方法进行简要的介绍。

1. 进度测试法

进度测试法（progress test）是 PBL 中较具悠久历史的学习评价方法（Schuwirth & Van Der Vleuten，2012），其主要目的在于：避免学生进行以考试为导向的学习。进度测试是一项综合性笔试，通常会测试一些能够体现课程目标要求的或阶段性的项目或问题（Van Der Vleuten & Schuwirth，2019）。它适合于面向所有年级的所有学生开设的所有课程，只是每个年级的测试标准不同而已。进度测试每年可以重复多次，每次测试的项目或问题都是不同的，但却指向最终的学习目标。若将某门课程中的不同的进度测试结果结合起来，便可以生成学生的成长曲线并预测其后续的学习成绩。由于进度测试可以测试任何问题，因此，学生们很难为进度测试做特别的准备，但倘若学生能够在 PBL 中进行正常的学习，那么学生的成长则是不言而喻的。

2. 作业法

作业（assignment）通常有课上作业和课后作业两种，作业法自然也就可以划分为课上作业法和课后作业法两种。

课上作业法是指为了评价学生掌握知识的方法与能力，设计一个作业让学生在课堂上完成，评价主体通过考察作业完成的速度、质量与效果，来评价学生的探究能力和水平。学生的观察、资料收集、形成假设、实验、动手操作等能力的评价均可采用课上作业法。采用课上作业法评价的关键是要有好的作业设计。好的作业设计不仅能够反映出学生的知识掌握程度及其运用水平，而且便于评价主体观察和记录，且在一些关键点上能够区分出学生学习水平的高低。因此，应事前设计好作业中的观察点和记录方式，在观察过程中，只记录，不评价，等全部记录完成之后，再做汇总分析。由于采用课上作业法进行的学习评价是在课堂上作出的，因此，对评价主体具有较高的要求，但课上作业法的可信度较高，可比性较强。

课后作业是指学生根据教师的要求，在课外时间内独立完成的学习任务，如撰写论文、提交调研报告、设计问题解决方案等。课后作业通常耗时相对较长，是课上学习的延伸。对巩固和完善学生在课堂上学到的知识、技能以及培养学生独立学习的能力和习惯大有帮助。教师会根据学生课后作业完成的质量给予学习评价。

3. 实地调查法

实地调查法就是在一定的评价理论体系的指导下，通过访谈、问卷调查等方式搜集学生与学习的相关信息，然后经过比较分析作出价值判断的方法，主要用于学生学习兴趣、学习态度等属于主观认知范畴的评价。其中，访谈法是以口头形式搜集学习评价所需信息的方法。访谈问题可分为选择型和开放型两种。前者有利于结果统计，后者有利于评价对象的充分表达。在通常情况下，两类问题应结合起来使用。具体的访谈形式可以是面对面访谈，也可以是利用电话或计算机网络等现代通信技术进行访谈。问卷调查法是评价主体先将需要了解的信息编制成问卷，再请学生认真作答，最后通过对问卷的统计分析，了解他们的学习态度、学习兴趣等。问卷调查法是否有效，主要取决于问卷的编制质量。一份高质量的调查问卷，至少要做到：问卷中的问题应与学习评价所要了解的信息直接相关；问题阐述要清晰，使用术语要通俗易懂；不能使用诱导性的提问方式；选择题的备选答案应该穷尽；在问卷的前面要有引导语和答卷说明；等等。采用访谈法和问卷调查法对学生的学习兴趣、学习态度等进行评价，均要以学生的自我陈述信息为主。前者用语言表述，后者用文字表述，因此，两者在本质上没有太大的区别。它们的基本操作过程是：确定评价目标与对象；拟定相关题目；编制成访谈提纲或问卷；实施访谈或问卷调查；整理和分析访谈记录或问卷信息；完成评价报告。

4. 档案记录法

在 PBL 中，学生的学习活动较为分散、零星、偶然，这就给学习评价带来了较大的困难。为此，教师可以为每一个学生建立学习档案，搜集每一个学生日常学习活动的相关信息，并将其作为学习评价的依据，这就是档案记录法。可存放到档案中的日常学习活动类型不限，既可以是平时完成的作业、研究计划、查阅的文献资料、小组讨论记录、课堂表现的记录和录音，也可以是撰写的论文（包括草稿、修改稿等）、制作的各种模型、学习日志、学习反思及对他人的评价记录等任何与学习有关的书面材料。通过这些材料可以看出学生的整个学习过程，判断学生的进步以及最终取得的学习成效。尽管对教师而言，用档案来收藏学生的学习记录是一项长期而细致的工作，但学习档案可以帮助教师和学生及时准确地掌握学习进展情况，以便调整下一阶段的学习。档案记录法是一种完全个性化的评价方法，教师与学生定期不定期地通过讨论这些学习记录，可以帮助学生进行自我评价和自我反思，以培养学生良好的自主学习习惯。

5. 口头陈述法

口头陈述是 PBL 中进行学习评估常用的一种方法。其中，演讲（presentation）是目前使用较为频繁的口头陈述的表现形式。这里所说的演讲，就是指学生在公共场所，以有声语言为主要手段，以身体语言为辅助手段，针对某个具体的学习任务，面向所有小组成员或全体同学和教师或由教师等组成的委员会，鲜明、完整地阐述自己或所在小组的学习过程（如使用了哪些资料和数据、如何使用这些资源和数据的、如何使用了已知的理论和知识、如何弥补知识缺口等）、学习发现以及相关的见解与主张以及情感等的语言交际活动。根据演讲的表现形式，可以将演讲划分为照读式演讲、背诵式演讲、提纲式演讲和即兴式演讲。目前使用比较多的是，借助一定的现代技术手段（如幻灯片、PPT 等）进行的演讲。通过学生的演讲，不但可以了解学生学习任务的完成情况，而且可以了解学生的语言组织能力、口头表达能力以及思维的逻辑性与敏捷性等。在学生的口头陈述中，教师可以随时追问相关问题，以进一步厘清学生回答中表达模糊的地方，从而加深学生对相关理论和知识的理解运用能力。口头陈述法常被运用于总结性评价之中。

6. 书面测试法

书面测试在 PBL 中的使用也是较为广泛的。书面测试可以采用闭卷形式，也可以采用开卷形式。闭卷测试多用于测试学生对基础理论和基本知识的掌握情况，其命题侧重于记忆型兼顾思考型，如单选题、多选题、扩展配对题、简答题等，测试内容大多包括基本概念、基本原理等。开卷测试则多用于综合测试学生对理论和知识的理解与分析、解决问题的能力等，其命题侧重于理解、思维型兼顾应用型，如情景模拟题、案例分析题、角色扮演题等。无论是闭卷测试还是开卷测试，在设计测试题目时，既可采取有固定答案的题项，也可采取没有固定答案的题项，而且正确的答案可以是一个，也可以是多个，回答的形式也可以有所不同。

需要指出的是：PBL 中的单选题、多选题、扩展配对题等与传统的单选题、多选题、扩展配对题等是不同的。PBL 中的单选题、多选题、扩展配对题等侧重于测试学生对知识的理解力以及将其运用于解决实际问题的能力，而不仅仅是事实性知识的掌握程度。为了做到这一点，PBL 中的单选题、多选题、扩展配对题等常常基于实际场景进行设计。举例说明如下（Samy，2012）。

[**选择题举例**] Maria Roberts 是一名 10 岁的小学生，两年前被诊断为糖尿病，靠胰岛素控制病情。最近两天，她说自己全身无力、发热、口渴、尿频、没有胃口、恶心，呕吐了两次。因为她没有吃东西，在注射胰岛素时，妈妈只给她打了平时一半的量。她面色苍白、脱水、呼吸急促，故入院做了进一步检查。检查发现，心血管和呼吸系统检查正常，动脉血和尿样已送到实验室待检。你估计病人会出现以下哪一组检验结果？

A. 血 $pH(7.28 \sim 7.44)$：7.54；血 HCO_3^-（$21 \sim 28mmol/L$）：22；尿 pH：碱性

B. 血 $pH(7.28 \sim 7.44)$：7.41；血 HCO_3^-（$21 \sim 28mmol/L$）：25；尿 pH：酸性

C. 血 $pH(7.28 \sim 7.44)$：7.39；血 HCO_3^-（$21 \sim 28mmol/L$）：15；尿 pH：碱性

D. 血 $pH(7.28 \sim 7.44)$：7.30；血 HCO_3^-（$21 \sim 28mmol/L$）：16；尿 pH：酸性

E. 血 $pH(7.28 \sim 7.44)$：7.26；血 HCO_3^-（$21 \sim 28mmol/L$）：36；尿 pH：酸性

答案是 D。

[**扩展配对题举例**] 针对下面两位神经系统异常的病人，分别选择最有可

能导致这种异常的动脉是：A. 右前脑动脉；B. 左前脑动脉；C. 右中脑动脉；D. 左中脑动脉；E. 右小脑下后动脉；F. 左小脑下后动脉；G. 右豆核纹状动脉；H. 左豆核纹状动脉

病人 I：65 岁惯用右手的男性，不能用右手、右腿。检查发现，脸右下部肌无力右足主动背屈受限，病人不能说话，但能听懂。

答案是 D。

病人 II：53 岁女性病人，频繁呕吐，恶心。检查发现，复视，左侧面部肌无力，吞咽困难（左侧脑神经麻痹 9&10）。此外，她还有右侧痛感和温度感觉消失的症状。

答案是 F。

7. 项目评价

项目评价是一种较为宽泛的学习评价方法，通常需要对整个项目的运行与结果进行评价（Schuwirth & Van der Vleuten, 2011；Van der Vleuten et al., 2012）。在进行项目评价时，需要遵循以下基本原则：每个部分的评价都只是一个数据点；每个数据点都会通过向学生提供有意义的反馈而实现学习的优化；通过或不通过的决定不能依据单个数据点作出；可同时使用多种评价方法进行学习评价，具体评价方法的选择取决于教学目的；形成性评价和总结性评价可以交替使用；学生的收益与其学习决策进程密切相关；多个数据点的学习评价信息能够实现三角验证；涉及诸如晋升或毕业的决定最好由专业委员会作出；采用多数据点评价的目的是促进学生的学习进程；学生与教师应定期举行学习会议，以对多数据点的信息进行评估。

项目评价需要从整体上进行设计。项目评价方法的选择需要深思熟虑，应尽可能地使所选择的每一种方法都最大限度地符合预期的学习目标。任何一个数据都不能作为进行高风险决策的依据（Van der Vleuten & Schuwirth, 2005）。自主学习是通过定期数据驱动的自我评价和学习计划来促进的，并通过跟随学习者的可信赖的人员得到加强和支持。从本质上讲，数据点是丰富的。专业判断和直接观察在项目评价中的运用较为广泛。通过三角验证和聚合跨数据点的信息，会使决策变得稳健。由于跨数据点信息是定量和定性数据的结合，因此，决策的方法也应该是定性与定量相结合的。任何高风险的决定都可以通过使用独立的决策委员会来实现，这些委员会通过使用丰富的信息并在需要时通过迭代协商过程达成共识来作出决定。

除了以上提到的学习评价方法以外，还有很多其他的学习评价方法，如三级跳考试、实际操作测试、面试等。究竟采用何种方法进行学习评价，应取决于多种因素，如学习评价方法的信度，即评价的准确性及可重复性；学习评价方法的效度，即是否评价了相应的知识和能力；对后续学习和个人发展的影响以及学习评价方法是否能够评价一种以上的能力等。

4.10　进行学习反思

学习反思是 PBL 的有机组成部分，在 PBL 中起着十分重要的作用（Kolb，1984）。与学习评价十分相似的是，学习反思也不只是在学习结束后才需要进行的。事实上，学习反思也是贯穿在整个 PBL 学习过程之中的。为了实现学习的持续改进，PBL 中的学生在每一个学习阶段，如自主学习、信息搜集、小组讨论、形成解决方案等，均需要不断地进行总结和反思。除此之外，学习反思的主体不仅是学生，教师也应该不断地进行学习反思。本书在此主要阐述的是学生的学习反思。

4.10.1　学习反思的内涵

在我国传统文化中，人们对反思是十分看重的，并将反思、自得自悟、反求诸己等当作学习的基本方式。例如，孔子提出，"吾日三省吾身""内省不疚，夫何忧何惧"（张圣洁，2020）。

在西方教育研究中，最早明确提出反思概念的是杜威。他将反思界定为对某个问题进行反复的、严肃的、持续不断的深思，并指出对于任何信念或假设性的知识，按照其所依据的基础和进一步导出的结论，去进行主动的、持续的和周密的思考，就形成了反思（杜威，2005）。杜威首先强调了反思与经验之间的关联性。他认为，经验是指人的主动行动或尝试和行动所产生的结果之间的联结；反思是识别人们所尝试的事和所发生的结果之间的关系。因此，杜威所谈论的"反思"实际指的是"经验中的反思"，杜威所谈论的"经验"实际指的是"反思的经验"。在他看来，"离开经验的理论，甚至不能被理解为理论"；"没有某种思维的因素便不可能产生有意义的经验"（杜

207

威，2011）。杜威还分析了反思的过程及其特性。他认为，反思的基本过程包括情境→问题→假设→推论→验证共五个环节（杜威，1990）。杜威提出，反思具有两个主要特征：一是反思面临不确定性的问题，即"引起思维的怀疑、踌躇、困惑和心智上困难等状态"；二是以探究的方式寻求问题的解决，"人们只有心甘情愿地忍受疑难的困惑，不辞劳苦地进行探究，才可能有反思"。不经过分析批判、不寻求相应的根据或匆忙地得出结论而不耐心地寻找更好的答案等，都不是反思（杜威，2005）。

加拿大知名教授范梅南（Van Manen，2001）提出，从某种意义上讲，反思是思考的另一种表达形式。他认为，反思就是思考。但是在教育学领域，反思含有对行动方案进行深思熟虑、选择和作出抉择的意味。它出现在诸如反思性教学、批判性反思实践、在行动中反思等术语中。

博伊德和法莱斯（Boyd & Fales，1983）认为，反思是自我审查和探索由经验引发的问题的过程，它能够创造和阐明自我意义并能够导致认知视角的转变。

舍恩（Schon，1984）从实践的角度对反思进行了描述。他不但将反思看作学习活动中自发产生的，而且提出反思会反过来对学习实践活动起指导作用。

依据上述研究和我们的思考，本书提出，反思的内涵主要包括以下三个方面：一是反复思考，即深思、沉思、审慎思考；二是反身思考，即反思主体，即以自身（如自身的经验、行为等）为思考对象进行的反思；三是指返回去思考，即对已经发生或完成的事件、行为或生活经历的思考。

基于此，本书对学习反思作出如下界定：学生基于已有的经验，通过反身性的自我观察、自我分析、自我评价等，对已经发生的学习活动、学习过程、学习结果等进行的审慎思考，以改进其后续的学习进程，提升其后续的学习成效。由此可见，学习反思不是苦思冥想，不是哲学上那种动脑不动手的沉思，而是与学习活动紧密相连的。这正是杜威所强调的反思与经验的统一，也是舍恩所倡导的，反思是在行动中对行动和为了行动的反思。

实际上，学习反思不仅是有效地提升学生学习成效的一种手段，而且从一定意义上讲，学习反思本身也是一种学习类型（陈佑清，2010），对学生的身心发展具有独特的价值。

4.10.2　学习反思的分类

依据不同的分类标志，学者们将学习反思划成了不同的类别。

依据学习反思层次的不同，范梅南（Van Manen，2001）将学习反思划分为四类：一是基于每日的"日常"进行的思考和行动；二是专注于某些特殊"事件"进行的反思，舍恩提出的在学习活动中的反思基本上属于这个层次的反思；三是针对个人或他人的经历进行的反思，这个层次的反思是相对较高层次的反思，不但与特定事件无关，而且可能涉及从先前反思中发展而来的知识；四是针对反思的反思，即在本体层面上进行的反思，是最高层次的反思，反思的是有关认识和反思的本质。这四个类别的学习反思应该是逐层递进的。在 PBL 中，学生的学习反思会从较低的层次开始，逐渐向较高的层次递进。

依据学习反思所处阶段的不同，洪暐（Woei Hung，2006）将学习反思划分为两类，即形成性反思和总结性反思。其中，形成性反思是学生在解决问题的过程中持续地进行的反思，其反思的内容一般包括是否学到了应该学到的知识、对问题的研究深度是否达到了要求；采用的研究方法是否有效等；总结性反思是学生在学习结束后进行的反思，其目的是帮助学生促进和改进后续的学习。在 PBL 中，这两类学习反思是较为普遍的。

4.10.3　学习反思的作用

在 PBL 中，学习反思的作用巨大，具体体现在学习反思不但有助于培养学生的反思意识和习惯，而且有助于提升学生的自我认知能力。

1. 有助于培养学生的反思意识和习惯

众所周知，意识是行动的前提。要想使学生产生反思的行动，必须首先树立反思的意识。因此，在 PBL 中，通过设置学习反思环节，帮助学生意识到学习反思的重要意义，进而逐渐增强学生的反思意识。随着基于 PBL 的学习实践的不断增多，学生的反思习惯也会逐渐养成，这对学生自主学习、终身学习能力的培养是必不可少的。

2. 有助于提升学生的自我认知能力

俗话说："人贵有自知之明。"但自知之明不是与生俱来的，是通过后天的持续修炼，即不断地反思才能够达到的。只有经历了不断反思的过程，才能够全面、准确地认识自己以及其与他人、社会乃至自然的关系。由于 PBL 所强调的建构性学习、自主学习、以学生为中心的学习等均离不开学习反思。

（1）学习反思与建构性学习。建构主义认为，学习是学习者基于自身经验、认知结构和思维方式，主动对学习对象进行加工、改造，从而建构出学习对象在自己头脑中的意义的过程。显然，建构与反思有密切的关系。在建构性的学习中，学习者要对自身已有经验、认知结构以及学习对象与自身的关系等进行清晰的认知，对自身与学习对象之间相互作用的思维过程进行评价和调控，对学习的结果进行分析、评估等，这一切均会涉及学习反思。没有深入、全面的学习反思，就没有真正自主和有效的建构性学习。

（2）学习反思与自主学习。实际上，自主学习就是学生主动地对自身学习过程进行目标策划、资源选择、过程调控和效果评价的过程。对自身学习过程和学习结果持续地进行反思，是有效地进行自主学习的前提。对任何年龄阶段的人来说，反思都是一个提高自主学习能力的有力工具。例如，要制定切实可行的学习目标，就要通过反思了解自身已有的学习基础以及新的学习任务对自己的要求；要调控自身的学习过程，就要对学习资源、学习方法、学习时间、努力程度等进行反思。显而易见，学习反思贯穿于整个自主学习过程的始终。事实上，学习效果的评价也是对整个学习过程进行的整体反思。

（3）学习反思与以学生为中心的学习。以学生为中心的学习意味着学生在学习中要发挥主体性的作用。从一般意义上讲，主体是指能够能动地支配、控制活动的对象及环境，而不是简单地被活动对象和环境所控制和支配的人。相应地，人的主体性是指人作为主体，在处理与自身活动面临的对象或所处环境的关系时，所表现出来的能动、自主和创造的意识与能力。在 PBL 中，学生的主体性作用主要体现在：学生需要自己制定学习目标、自己实施学习计划并对自己的学习结果负责等。要想有效地发挥学生的主体性作用，就要提升学生的主体意识和能力。而学生主体意识和能力的形成与提升则是以清晰、自觉的学习反思为前提的。

此外，学习反思对小组合作学习的作用也是十分巨大的。在小组合作学习中，通过学习反思，可以加深自己及其对小组成员的了解，改善自身与小组成员之间的关系，进而提升小组合作学习的成效。

事实上，在 PBL 中，任何学习环节都是离不开学习反思的。通过持续的 PBL

学习，学生便会树立反思的意识，养成反思的习惯，进而提升其自我认知能力。

4.10.4　学习反思的内容

按照范梅南和舍恩的观点，学习反思的内容主要包括学习前反思、学习中反思和学习后反思三大部分。

1. 学习前反思

在 PBL 中，学习前反思主要体现在学生对学习目标、学习计划等方面的反思。具体而言，就是在开始学习活动之前，学生通过反思设定合理的学习目标、学习计划等。这种学习反思主要是基于对学生自身过去的学习经验、现有的知识基础以及学习能力等进行的反思和评估，对将要展开的学习目标、学习过程等进行筹划和安排。由于不同个体之间的差异是客观存在的，因此，对任何一个学生而言，都不应简单地、完全地照搬教科书上的规定或教师指定的学习任务，而应根据自身现有的基础和实际需求以及教师规定的学习任务，设定符合自身实际的学习目标、学习计划。这是因为教科书上的规定或教师指定的学习任务通常是依据全体学生的平均水平而确定的。学生对学习目标、学习计划等进行反思的具体内容一般包括：学习目标是否反映了教科书上的规定或教师指定的学习任务；学习目标是否符合自身的实际情况；学习目标的难度是否在自己的最近发展区之内；学习目标的指向性是否具体且明确；学习计划是否可行；现有的学习条件，如学习时间、学习所需的物质条件等是否能够满足学习要求等。

2. 学习中反思

在 PBL 中，学习中反思是对学习过程的反思，具体包括对学习小组的组建及其运行、学习问题的确定、学习资源的选择、学习资源的整理与分析过程、问题解决方案的形成乃至学习成果的展示等环节进行的反思。学习中反思基本上都是发生在学习过程中或者在每个学习环节结束之后。

（1）对学习小组组建的反思。诸如，学习小组规模是否合适；学习小组结构是否合理；学习小组成员间的分工是否恰当；学习小组成员作用的发挥是否到位；等等。

（2）对学习问题确定的反思。诸如，学习问题确定的方式是否科学；确定的学习问题是否能够达成预定的学习目标；学习问题的难度是否合适；等等。

（3）对学习资源选择的反思。诸如，对自身或学习小组知识缺口的推断是否正确；对资源搜寻渠道的选择是否合适；对搜寻到的学习资源的可信性和权威性判断是否准确；等等。

（4）对学习资源整理和分析过程的反思。诸如，对学习资源整理与分析的方法是否正确、运用的思维模式、认知策略等是否合适；得出的分析结果是否符合逻辑；等等。

（5）对问题解决方案形成的反思。诸如，问题解决方案是否唯一；如果不是唯一，那么大约有多少个解决方案；我们的解决方案是否具有必要性和可行性；我们的解决方案具有什么优势和劣势；等等。

（6）对学习成果展示的反思。诸如，学习成果展示形式是否得当；学习成果展示内容是否全面；等等。

在 PBL 中，学生对学习过程的反思不仅包括学生在认知层面上的反思，也包括学生在情感、态度、学习品质等方面，如对学习过程中表现出来的学习兴趣、学习态度、学习技能、学习习惯等的反思。

3. 学习后的反思

在 PBL 中，学习后反思主要体现的是对学习成效及其整个学习过程的反思，学习后反思的核心就是要突出学习与反思之间的结合与互动，即在学习的基础上进行反思，再用反思促进后续的学习。

（1）对学习成效的反思。在传统教学模式中，学生通常认为，他的学习效果是由教师来评价的，与自己没有多大关系。其实，这是一种消极对待学习评价的态度。在 PBL 中，学生应该学会对自己的学习结果进行自我反思和评价。这主要是因为学生本人对自己的学习过程和结果最为熟知；而且学生进行自我评价和反思的过程也促使学生更深入和准确地认识、了解自己的学习状况，发现存在的问题和取得的经验。通过反思总结出来的成功经验会提高学习的自我效能感；反思中发现的问题可以为后续学习提供方向。学生对学习成效的反思主要包括知识的掌握程度、技能或能力的提升水平、情感或态度等的形成、学习习惯的好坏等。

（2）对整个学习过程的反思。如前所述，在学习进行中，学生可以在任一教学环节中或结束后对其进行反思。在整个学习过程结束后，学生还应对整个学习计划的执行情况进行反思。诸如，是否按照规定的时间完成了学习任务和学习计划；是否自主有效地进行时间管理；自己的努力和付出程度是否令自己和他人满意；学习方式方法的选择是否得当；整个学习计划的制订是否合理；等等。

4.10.5　学习反思的方法

从本质上讲，学习反思凸显的是学生的学习经历、学习经验等与思考之间的结合与互动过程。为了提炼所学到的东西，学生们需要反思问题解决的过程，反思自己在知识、技能的获取方面以及元认知策略方面有哪些收获。而要做到这一点，就需要采用科学的学习反思方法。无论从理论层面上讲，还是从实践层面上看，可用于学习反思的方法都有很多。但是，较为常用的学习反思方法主要有学习日志法、学习档案法、辅助反思表格法、反思文本法、与他人的讨论交流法等。

1. 学习日志法

学习日志是正规教育中鼓励学生反思最为常用的方法（Chappell，2006；Thorpe，2004）。学习日志可以记录学生头脑中闪过的想法、思维片段、在学习过程中遇到的问题、困惑或获得的感想、经验以及对关键概念的掌握等。它其实是学生跟自己进行的交流、对话，如同一面镜子。借助这面镜子，学生能够更清晰地反思自己的学习过程和学习成效，进而促进学生的后续学习。具体而言，学习日志可以帮助学生实现从表面学习到深度学习的转变、清楚自己的学习过程、增加对学习的个人所有权、提升对自我的认知、实现有意义的个人建构、明晰自己的世界观、更好地利用直觉以增强自身的创造力等。

学习日志既可以是结构化的，也可以是非结构化的，只要能够具体地指导学生的反思过程即可。结构化形式的学习日志通常包括需要反思的问题、学习实践、教师的指导与反馈等。实际上，学习日志没有固定不变的结构要求，其结构到底是怎样的，与其伴随的学习性质等密切相关。查佩尔（Chappell，2006）的一项研究显示，在第一年的地理课程中，学习日志被用于基于体验式问题学习模块的支撑。通过学习日志，查佩尔看到了学生如何从"教我"到"帮我学习"态度转变过程中所经历的"悲伤的过程"。

2. 学习档案法

在前面的学习评价中，曾阐述过一种叫作档案记录法的学习评价方法。事实上，用于学习反思的学习档案法与用于学习评价的档案记录法既有相似之处，也有不同之处。两者的相似之处是：它们都是将学生日常学习活动的相关信息，如课堂参与及表现情况、完成作业情况、参与小组讨论情况、学习展示的录音录像、他人的评价、学习日志等汇集在一起，形成学生的学习档案。两者的不同之处是：用于学习评价的学习档案大多是由教师建立的，其目的是用来评价学生的学习成效；而用于学习反思的学习档案既可以由教师建立也可以由学生自己建立，但最好是由学生自己建立。这样一来，学生可以随时查看自己的学习档案，随时反思自己的学习状况，并随时进行相应的调整，为在后续的学习中取得更好的学习成效奠定基础。

3. 辅助反思表格法

受年龄和认知结构等的限制，那些初涉 PBL 学习环境的学生或者不谙反思之道的学生，可能不能独立地对自己的学习进行反思和总结，这就需要教师提供必要的工具，如设计一些辅助学生反思的表格，即以表格的形式将需要学生进行反思的项目呈现出来，以引导和帮助学生进行学习反思。

辅助反思表格的内容可以依据需要学生进行学习反思的内容而定。教师既可以针对学生的学习策略、学习习惯、学习兴趣、学习态度、学习结果等设计相应的学习反思表格，如学生学习时间管理策略反思表等；也可以针对 PBL 中的任一个学习环节设计相应的学习反思表格，如小组合作学习反思表等。学生通过填写这些表格，便可完成学习反思。

4. 反思文本法

反思文本（portfolio）是记录学生学习过程、学习进展以及自我反思的工具。它既可以出自教师之手，也可以出自学生之手。出自教师之手的反思文本通常叫作教师反思文本（teaching portfolio），出自学生之手的反思文本通常叫作学生反思文本（learning portfolio）。无论是教师反思文本还是学生反思文本，其目的均在于：通过回顾过去，重新体验或重新捕捉体验的过程并赋予其相应的意义。有学者（Pitts，2010）指出，基于反思文本的学习已经成为一种重要的智力任务，即从对经验的描述转移到从经验中学习，并最终确定通过后续学习需要弥补的差距。实际上，反思文本已经成为一种独特的绩效评估工具（Michelson & Mandell，2004）。

由于反思文本是极具个人特色的，因此，每个人提交的反思文本无论是内容还是结构都是不尽相同的，这可能与所处学科领域、学生年级、教师风格等密切相关。尽管如此，学者们还是提炼出一些反思文本中通常会突出的某些关键方面（Michelson & Mandell，2004），具体阐述如下：

（1）经验：即经历或体验，如发生了什么、做过什么、看过、写过、作出了什么等。

（2）学习：通过回忆整个学习过程，发现了什么能够对未来的学习是有重要意义的。

（3）证据：展示如何使学习应用于特定的环境之中。

（4）学习需求：识别并确定后续的学习需求。

（5）学习机会：确定可能满足学习需求的学习行动计划。

构建反思文本的最重要的三个步骤是收集、选择和反思，且每个步骤都需要一定的反思能力才能完成（Ng，2010）。尽管在教学实践中，不同的反思文本所展现出来的反思深度不同，但其最大的价值就在于：能够促进反思，进而使其作者转变成为反思型的学习者（Gordon，2003），即在任何场所参加任何活动，他都会进行自我反思（Lonka et al.，2001）。反思型的学习者也是批判性的思考者（Ghaye，2010）。从本质上讲，这种批判性反思是学习获得的、能够改变现有事物的秩序的一种语言、一套论点、一种技能或力量，进而提高学习者的学习体验质量（Zhou，2019）。

5. 讨论交流法

顾名思义，讨论交流法就是学生借助于与他人，如教师、同学、家长、朋友等，就自身的学习情况进行讨论或交流的方式进行学习反思。通过与他人的讨论与交流，学生将自己的学习过程、学习结果乃至反思过程和结论呈现出来，从他人的反应或评价中，修正、补充反思结论，以达到更加全面地进行反思的目的。

与他人的讨论与交流既可采用较为正式的方式，如讨论交流会等，也可以采用非正式的方式，如闲聊等。无论是采用讨论会的方式还是采用闲聊的方式，均可以帮助学生更加全面和客观地了解自己已经学会了什么、还需要学习什么，以此激发学生的学习动机，并促进学生的元认知能力的发展。

本章参考文献

［1］［澳］SAMY A. 问题导向学习指南［M］. 王维民，蔡景一，译 . 北京：北京大学医学出版社，2012.

［2］陈菊红，孙其霞，朱玉岭 . 企业知识缺口识别方法及弥补策略研究［J］. 科学学

研究，2007，25（4）：750－755.

[3] 陈丽，杨洪涛. 不同知识缺口对组织创新的影响机理分析及对策研究 [J]. 科技进步与对策，2012，29（19）：115－118.

[4] 陈宁，辛增友. 基于问题学习的实施及对教师的挑战 [J]. 现代中小学教育，2005（9）：50－51.

[5] 陈向明. 小组合作学习的组织建设 [J]. 教育科学研究，2003（2）：5－8.

[6] 陈佑清. 反思学习：涵义、功能与过程 [J]. 教育学术月刊，2010（5）：5－9.

[7] 党兴华，任斌全. 网络环境下企业技术创新中的知识缺口及其弥补策略研究 [J]. 科研管理，2005，5（3）：12－16.

[8] 董卫国，黄钢，夏强，等. 临床医学 PBL 教程 [M]. 北京：人民卫生出版社，2015.

[9] 窦胜功，张兰霞，卢纪华. 组织行为学教程 [M]. 北京：清华大学出版社，2012.

[10] 纪康丽. 外语学习中元认知策略的培训 [J]. 外语界，2002（3）：20－26，14.

[11] [加] 马克斯·范梅南. 教学的机智：教育智慧的意蕴 [M]. 李树英，译. 北京：教育科学出版社，2001.

[12] 姜振寰，吴明泰，王海山. 技术学词典 [Z]. 沈阳：辽宁科学技术出版社，1990.

[13] 经柏龙. 教师专业素质的形成与发展研究 [M]. 北京：中国社会科学出版社，2012.

[14] 李丽萍. 评价学习结果与反馈 [A] //PBL：我们的思考与实践 [M]. 北京：人民卫生出版社，2015.

[15] 刘捷. 教师职业专业化与我国师范教育 [J]. 天津师范大学学报（社会科学版），2001（2）：75－80.

[16] [美] 大卫·W. 约翰逊，[美] 罗格·T. 约翰逊，[美] 卡尔·A. 史密斯. 合作性学习的原理与技巧——在教与学中组建有效的团队 [M]. 刘春红，孙海法，编译. 北京：机械工业出版社，2004.

[17] [美] 约翰·杜威. 民主主义与教育 [M]. 王承绪，译. 北京：人民教育出版社，2011.

[18] [美] 约翰·杜威. 我们怎样思维：经验与教育 [M]. 姜文闵，译. 北京：人民教育出版社，2005.

[19] 莫雷. 教育心理学 [M]. 北京：教育科学出版社，2007.

[20] 庞维国. 自主学习理论的新进展 [J]. 华东师范大学学报（教育科学版），1999（3）：3－5.

[21] 夏雪梅. 项目化学习设计：学习素养视角下的国际与本土实践 [M]. 北京：教

育科学出版社，2018.

　　［22］［英］齐格蒙特·鲍曼. 共同体［M］. 欧阳景根，译. 南京：江苏人民出版社，2003.

　　［23］张建伟. 基于问题式学习［J］. 教育研究与实验，2000（3）：55 – 60，73.

　　［24］张圣洁. 论语［M］. 杭州：浙江教育出版社，2020.

　　［25］朱娜. 小组合作学习模式在英语教学中的应用［J］. 镇江高专学报，2014（3）：87 – 89.

　　［26］ALBANESE M A，MITCHELL S. Problem-Based Learning：A Review of Literature on Its Outcomes and Implementation Issues［J］. Academic Medicine，1993，68（1）：52 – 81.

　　［27］ANDRUSYSZYN M A，DAVIE L. Facilitating Reflection Through Interactive Journal Writing in an Online Graduate Course：A Qualitative Study［J］. Journal of Distance Education，1997，12（1/2）：103 – 126.

　　［28］BANDURA A. Social Learning Theory［M］. Oxford：Prentice-Hall，1977.

　　［29］BANDURA A. Self-Efficacy：The Exercise of Control［M］. New York：Freeman，1997.

　　［30］BARRON B J S. Achieving Coordination in Collaborative Problem-solving Groups［J］. Journal of the Learning Sciences，2000，9（4）：403 – 437.

　　［31］BARROWS H S. Practice-Based Learning：Problem-Based Learning Applied to Medical Education［M］. Springfield：Southern Illinois University School of Medicine，1994.

　　［32］BARROWS H S. Problem-Based Learning Applied to Medical Education［M］. Springfield：Southern Illinois University Press，2000.

　　［33］BARROWS H，KELSON A C. Problem-Based Learning in Secondary Education and the Problem-Based Learning Institute［M］. Problem-Based Learning Institute，Springfield，IL，1995.

　　［34］BARROWS H S. Problem-Based Learning in Medicine and Beyond：A Brief Overview［A］//WILKERSON L，GIJSELAERS W H. Bringing Problem-Based Learning to Higher Education：Theory and Practice［M］. San Francisco：Jossey-Bass，1996.

　　［35］BELBIN M. Building the Perfect Team［M］. Cambridge：Industrial Research University，1992.

　　［36］BENDER W N. Project-Based Learning：Differentiating Instruction for the 21st Century［M］. Thousand Oaks：Corwin Press，2012.

　　［37］BIGGS J B. Approaches to the Enhancement of Tertiary Teaching［J］. Higher Education Research and Development，1989，8（1）：7 – 25.

　　［38］BOEKAERTS M，CORNO L. Self-regulation in the Classroom：A Perspective on Assessment and Intervention［J］. Applied Psychology，2005，54：199 – 231.

　　［39］BOYD E M，FALES A W. Reflective Learning：Key to Learning from Experience

[J]. Journal of Humanistic Psychology, 1983, 23 (2): 99 – 117.

[40] BRANSFORD J D, MCCARRELL N S. A Sketch of a Cognitive Approach to Compre-hension: Some Thoughts about Understanding What It Means to Comprehend [A] //Thinking: Readings in Cognitive Science [M]. Cambridge: Cambridge University Press, 1977.

[41] BOUD D, FELETTI G. The Challenge of Problem-Based Learning [M]. London: Kogan Page, 1998.

[42] PANADERO E. A Review of Self-regulated Learning: Six Models and Four Directions for Research [J]. Frontiers in Psychology, 2017, 8 (4): 1 – 28.

[43] CHAPPELL A. Using the 'Grieving' Process and Learning Journals to Evaluate Students' Responses to Problem-Based Learning in an Undergraduate Geography Curriculum [J]. Journal of Geography in Higher Education, 2006, 30 (1): 15 – 31.

[44] CHI M T H, FELTOVICH P, GLASER R. Categorization and Representation of Phys-ics Problems by Experts and Novices [J]. Cognitive Science, 1981, 5 (2): 121 – 152.

[45] DECI E, RYAN R M. Intrinsic Motivation and Self-determination in Human Behavior [M]. New York: Plenum, 1985.

[46] DECI E L, VALLERAND R J, PELLETIER L G, et al. Motivation and Education: The Self-determination Perspective [J]. The Educational Psychologist, 1991, 26 (3/4): 325 – 346.

[47] DWECK C S. Self-theories and Goals: Their Role in Motivation, Personality, and De-velopment [A] //Nebraska Symposium on Motivation [C]. Lincoln: University of Nebraska Press, 1991: 199 – 235.

[48] EFKLIDES A. Interactions of Metacognition with Motivation and Affect in Self-regulated Learning: the MASRL Model [J]. Education Psychology, 2011, 46 (1): 6 – 25.

[49] FERRARI M, MAHALINGHAM R. Personal Cognitive Development and Its Implica-tions for Teaching and Learning [J]. Educational Psychology, 1998, 33 (2): 35 – 44.

[50] FLESHER J W. An Exploration of Technical Troubleshooting Expertise in Design, Manufacturing, and Repair Contexts [J]. Journal of Industrial Teaching Education, 1993, 31 (1): 34 – 56.

[51] GALLAGHER S A. Problem-Based Learning: Where Did It Come From, What Does It Do, and Where Is It Going [J]. Journal for the Education of the Gifted, 1997, 20 (5): 332 – 362.

[52] GALLAGHER S A, STEPIEN W J. Content Acquisition in Problem-Based Learning: Depth Versus Breadth in American Studies [J]. Journal for the Education of the Gifted, 1996, 19 (3): 257 – 275.

[53] GALLAGHER S A, STEPIEN W J, ROSENTHAL H. The Effects of Problem-Based Learning on Problem Solving [J]. Gifted Child Quarterly, 1992, 36 (4): 195 – 200.

［54］ GHAYE T. Teaching and Learning through Reflective Practice: A Practical Guide for Positive Action ［M］. London: Routledge, 2010.

［55］ GORDON J. Assessing Students' Personal and Professional Development Using Portfolios and Interviews ［J］. Medical Education, 2003, 37 (4): 335 – 340.

［56］ HADWIN A F, Järvelä S, MILLER M. Handbook of Self-Regulation of Learning and Performance ［M］. New York: Routledge, 2019.

［57］ HAIDER S, MARIOTTI F. Filling Knowledge Gaps: Knowledge Sharing across Inter-firm Boundaries and Occupational Communities ［J］. International Journal of Knowledge Management Studies, 2010, 4 (1): 1 – 17.

［58］ HANDY C. Understanding Organizations ［M］. Harmondsworth: Penguin Books, 1985.

［59］ HARRIS J. Peer Assessment in Large Undergraduate Classes: An Evaluation of a Procedure for Marking Laboratory Reports and a Review of Related Practices ［J］. Advances in Physiology Education, 2011, 35 (2): 178 – 187.

［60］ HAYS R, GUPTA T S. Realizing Medical Curricula: The Importance of Context in Problem Design ［J］. Australia Journal of Rural Health, 2003, 11 (1): 15 – 17.

［61］ HMELO-SILVER C E. Problem-Based Learning: Effects on the Early Acquisition of Cognitive Skill in Medicine ［J］. Journal of the Learning Sciences, 1998, 7 (2): 173 – 208.

［62］ HMELO-SILVER C E. Problem-Based Learning: What and How Do Students Learn? ［J］. Educational Psychology Review, 2004, 16 (3): 235 – 266.

［63］ HOFFMAN B, RITCHIE D. Using Multimedia to Overcome the Problems With Problem Based Learning ［J］. Instructional Science, 1997, 25 (2): 97 – 115.

［64］ HUNG W. The 3C3R Model: A Conceptual Framework for Designing Problems in PBL ［J］. Interdisciplinary Journal of Problem-Based Learning, 2006, 1 (1): 55 – 77.

［65］ HUNG W. The 9-Step Problem Design Process for Problem-Based Learning: Application of the 3C3R Model ［J］. Educational Research Review, 2009, 4 (2): 118 – 141.

［66］ HUNG W. All PBL Starts Here: The Problem ［J］. Interdisciplinary Journal of Problem-based Learning, 2016, 10 (2): 1 – 10.

［67］ HUNG W, HOLEN J B. Problem-Based Learning: Preparing Pre-Service Teachers for Real World Classroom Challenges ［J］. ERS Spectrum, 2011, 29 (3): 29 – 48.

［68］ HUNG W, JONASSEN D H, LIU R. Problem-Based Learning ［M］. Handbook of Research on Educational Communications and Technology, 2012.

［69］ HUNG W, MEHL K, HOLEN J B. The Relationships Between Problem Design and Learning Process in Problem-Based Learning Environments: Two Cases ［J］. The Asia Pacific Education Researcher, 2013, 22 (4): 635 – 645.

［70］JOHNSON D W, JOHNSON R T. Learning Together and Alone: Cooperation, Competition, and Individualistic Learning ［M］. New Jersey: Prentice Hall, 1991.

［71］KOLB D. Experiential Learning as the Science of Learning and Development ［M］. New Jersey: Prentice Hall, 1984.

［72］KRISHAN S, GABB R, VALE C. Learning Cultures of Problem-Based Learning Teams ［J］. Australasian Journal of Engineering Education, 2015, 17 (2): 67 – 78.

［73］LEONTIEV A N. Activity, Consciousness, and Personality ［M］. Englewood Cliffs: Prentice Hall, 1978.

［74］LEVESQUE J E. A comparison of problem-based learning and traditional lecture methods on medical student performance ［D］. University of Houston, 1999.

［75］LONKA K, Slotte V, Halttunen M, et al. Portfolios as A Learning Tool in Obstetrics and Gynaecology Undergraduate Training ［J］. Medical Education, 2001, 35 (12): 1125 – 1130.

［76］LOHMAN M C, FINKELSTEIN M. Designing Groups in Problem-Based Learning to Promote Problem-Solving Skill and Self-directedness ［J］. Instruct. Science, 2000, 28 (4), 291 – 307.

［77］LUO H, Robinson A C, Park J Y. Peer Grading in a MOOC: Reliability, Validity, and Perceived Effects ［J］. Journal of Asynchronous Learning Networks, 2014, 18 (2): 1 – 14.

［78］MARTENSON D, ERIKSSON H, INGELMAN-SUNDBERG M. Medical Chemistry: Evaluation of Active and Problem-oriented Teaching Methods ［J］. Medical. Education, 2010, 19 (1): 34 – 42.

［79］MARTIN L M, BEACH K. Technical and Symbolic Knowledge in CNC Machining: A Study of Technical Skills Training and Assessment ［M］. Pittsburgh: University of Pittsburgh, Learning research and Development Center, 1992.

［80］MEICHENBAUM D. Cognitive-behavior Modification: An integrative Approach ［M］. New York: Plenum, 1977.

［81］MICHELSON E, MANDELL A. Portfolio Development and the Assessment of Prior Learning: Perspectives, Models, and Practices ［M］. New York: Sterling, 2004.

［82］MILLER C M I, PARLETT M. Up to the Mark: A Study of the Examination Game ［M］. Guildford: Society for Research into High Education, 1974.

［83］MOUST J H C, VAN BERKEL H J M, SCHMIDT H G. Signs of Erosion: Reflections on Three Decades of Problem-Based Learning at Maastricht University ［J］. Higher Education, 2005, 50 (4): 665 – 683.

［84］MULTON D K, BROWN D S. Relation of Self-efficacy Beliefs to Academic Outcomes: A Meta Analytic Investigation ［J］. Journal of Counseling Psychology, 1991, 18 (1): 30 – 38.

［85］ Ng C K C. Portfolios: An Affordable and Effective Means to Pursue Lifelong Learning ［A］. CALTONE M P. Handbook of Lifelong Learning Developments ［M］. New York: Nova Science Publishers, 2010.

［86］ NORMAN G R, SCHMIDT H G. The Psychological Basis of Problem-Based Learning: A Review of the Evidence. Academic Medicine, 1992, 67 (9): 557 – 565.

［87］ ONN SENG T. Problem-Based Learning Innovation: Using Problem to Power Learning in the 21st Century ［M］. Singapore: Thomson, 2003.

［88］ OTHMAN H, SALLEH B, SULAIMAN A. 5 Ladders of Active Learning: An Innovative Learning Steps in PBL Process ［C］. The 4th International Research Symposium on Problem-Based Learning (IRSPBL), 2013.

［89］ PINTRICH P R. Handbook of Self-Regulation ［M］. San Diego: Academic Press, 2000.

［90］ PITTS J. Portfolios, Personal Development and Reflective Practice ［A］ //SWAN-WICK T. Understanding Medical Education: Evidence, Theory and Practice ［M］. New Jersey: Willey-Blackwell, 2010.

［91］ POLANCO R, CALDERON P, DELGADO F. Effects of a Problem-Based Learning Program on Engineering Students' Academic Achievements in a Mexican university ［J］. Innovations in Education and Training International, 2004, 41 (2): 145 – 155.

［92］ ROGERS J. Adults Learning ［M］. Philadelphia: Open University Press, 1989.

［93］ ROMITO L M, ECKERT G J. Relationship of Bio-Medical Science Content Acquisition Performance to Students' Level of PBL Group Interaction: Are Students Learning during PBL Group ［J］. Journal of Dental Education, 2011, 75 (5): 653 – 664.

［94］ ROWNTREE D. Assessing Students: How Shall We Know Them? ［M］. London: Kogan Page, 1987.

［95］ SAVERY J R, DUFFY T M. Problem Based Learning: An Instructional Model and Its Constructivist Framework ［J］. Educational Technology, 1995, 35 (5): 31 – 38.

［96］ SCHON D A. The Reflective Practitioner: How Professionals Think in Action ［M］. Basic books, 1984.

［97］ SCHUNK D, ZIMMERMAN B J. Modeling and Self-efficacy Influences on Children's Development of Self-regulation ［A］ //JUVONEN J, WENTZEL K. Social Motivation: Understanding Children's School Adjustment ［M］. Cambridge: Cambridge University Press, 1997.

［98］ SCHWARTZ P, MENNIN S, WEBB G. Problem-Based Learning: Case Studies, Experience and Practice ［M］. London: Kogan Page, 2001.

［99］ SUGRUE B. A Theory-Based Framework for Assessing Domain-Specific Problem-Solving

Ability [J]. Educational Measurement: Issues and Practice, 1995, 14 (3): 32 – 35.

[100] SNYDER B R. The Hidden Curriculum [M]. Cambridge: MIT Press, 1971.

[101] TAN O S, HUNG D. Problem-Based Learning in E Learning Breakthroughs [M]. Singapore: Thomson Learning, 2007.

[102] THORPE K. Reflective Learning Journals: From Concept to Practice [J]. Reflective Practice, 2004, 5 (3): 327 – 343.

[103] TORP L, SAGE S. Problems as Possibilities: Problem-Based Learning for K – 12 Education [M]. Alexandria: Association for Supervision and Curriculum Development, 2002.

[104] TOPPING K J. Trends in Peer Learning [J]. Educational Psychology, 2005, 25 (6): 631 – 645.

[105] TRAFTON P R, MIDGETT C. Learning Through Problems: A Powerful Approach to Teaching Mathematics [J]. Teaching Children Mathematics, 2001, 7 (9): 532 – 536.

[106] VAN DEN HURK M M, WOLFHAGEN I H A P, DOLMANS D H J M, et al. The Impact of Student-Generated Learning Issues on Individual Study Time and Academic Achievement [J]. Medical Education, 1999, 33 (11): 808 – 814.

[107] VERNON D T A, BLAKE R L. Does Problem-Based Learning Work: A Meta-analysis of Evaluative Research [J]. Academic Medicine, 1993, 68 (7): 550 – 563.

[108] WINNE P H. Handbook of Self-Regulation of Learning and Performance [M]. New York: Routledge, 2011.

[109] WOODS D R. Problem-Based Learning for Large Classes in Chemical Engineering [A] //in WILKERSON L, GIJSELAERS H. Bringing Problem-Based Learning to Higher Education: Theory and Practice [M]. San Francisco: Jossey-Bass, 1996: 91 – 99.

[110] VOS J P, KEIZER J A, HALMAN J I M. Diagnosing Constraints in Knowledge of SMEs [J]. Technological Forecasting and Social Change, 1998, 58 (3): 227 – 239.

[111] ZACK M H. Developong a Knowledge Strategy [J]. California Management Review, 1999, 41 (3): 125 – 145.

[112] ZIMMERMAN B J. Becoming a Self-regulated Learner [J]. Contemporary Educational Psychology, 1986, 11 (4): 307 – 313.

[113] ZIMMERMAN B J. Dimension of Academic Self-regulation [A] //Self-regulation of Learning and Performance [M]. Lawrence Erlbaum Association, 1994.

[114] ZIMMERMAN B. J. Handbook of Self-Regulation [M]. San Diego: Academic Press, 2000.

[115] ZHOU C. Introducing Problem-Based Learning (PBL) for Creativity and Innovation in Chinese Universities: Emerging Research and Opportunities [M]. Hershey: IGI Global, 2019.

第5章　基于 PBL 的教学设计实例

为进一步加深读者对 PBL 基本教学流程的了解和把握，本章选取了几个典型学科中的典型课程或其中的某个知识点作为实例，具体阐述一下基于 PBL 的教学流程设计。

在此特别需要指出的是：在基于 PBL 的整个教学过程中，教师的引导和促进都是必不可少的，而且是十分重要的，但由于教师的引导与促进几乎贯穿于每一个学习环节，因此，在进行具体课程设计时并没有对此作出明确说明。

5.1　基于 PBL 的"管理博弈"课程的教学设计

"管理博弈"（management game）课程是中国东北大学工商管理学院与美国卡耐基·梅隆大学（Camegie Mellon University，CMU）的泰珀商学院（Tepper School of Business）面向工商管理专业硕士研究生联合开设的一门选修课程，课程总学时为 32 学时，每周 4 学时，总共 8 次课程。"管理博弈"课程是以计算机和互联网技术为支撑，由 4~6 名学生组成高层管理团队（学习小组），共同运营一家以腕表的生产和销售为主营业务，市场遍布于美国、德国、英国、日本、中国和墨西哥等国家的跨国公司，经过 3 年（12 个季度）的模拟运营与管理实践，使学生真正参与到"真实"的管理情境之中，培养和提升学生综合运用管理理论和知识应用于公司管理实践的能力和水平。

5.1.1　明确教学目标

传统教学模式下的课程设置具有较强的条块分割特征，各个专业之间、各个课程之间的界限较为明显，加之学生早已养成的在课堂上被动地"接收"

信息的学习习惯，导致学生们学到的理论和知识看似较为丰富，但由于绝大多数是以"模块化"的形式储存于学生的大脑之中的，不同学科的知识甚至是同一学科不同课程的知识，基本上都是相互独立的存在，根本谈不上综合运用，致使学生的理论与知识整合能力以及综合管理实践能力普遍较为薄弱。

为改变这种状况，基于 PBL 的"管理博弈"课程的教学目标就是借鉴国外的工商管理教育经验，以卡耐基·梅隆大学的交互模拟中心为依托，通过在动态环境下，对一家跨国公司进行 3 年的模拟运营实践，拓展学生的视野，扩大管理教育的知识来源，培养学生将管理理论与知识综合运用于企业管理实践的复合能力。具体而言，基于 PBL 的"管理博弈"课程的教学目标主要包括以下几个方面：

（1）通过在动态环境下，对一家"真实"的跨国公司进行为期 3 年的实际运营，提升学生整合模块化的管理理论与知识，并将其应用于"真实"管理情境中的能力。

（2）通过在动态环境下，与其他跨国公司在国际市场上的竞争与博弈，激发学生的学习兴趣，增强学生的学习动机。

（3）通过在动态环境下，与学习小组中其他成员的合作，培养学生的团队意识，提升学生组织、协作、合作学习和人际沟通等能力。

（4）通过在动态环境下，持续地进行管理决策，培养学生的批判性思维、系统性思维、全局性思维等高层次思维能力。

（5）通过聘请企业高管进入模拟"董事会"，来扩大学生的知识来源，拓展学生的管理视野。

（6）通过改变传统的知识传授方式，引导学生在做的过程中学习（learning by doing），使学生在将理论与实践、学与用有机结合起来的同时，实现其由被动学习向主动学习的转变。

5.1.2　创设问题情境

概括地讲，"管理博弈"课程为学生创设的问题情境就是：组建一家以腕表生产和销售为主营业务的跨国公司，并在卡耐基·梅隆大学的交互式计算机管理系统上模拟运营 3 年（12 个季度），尽可能地取得较好的经营绩效。

与这一问题情境相关的、呈现给学生的一些具体信息包括：

（1）卡耐基·梅隆大学的交互式系统模拟出了不断变化的国际市场竞争环境。在这个竞争环境（universe）中，有来自美国、日本、乌克兰、俄罗斯、智利、墨西哥、中国等数十家公司在同时运营；其中，每 5 家公司组成一个寡头市场（world）；每家公司的实际运营涉及战略管理、营销管理、生产管理、财务管理、人力资源管理、研发管理等领域。

（2）每家公司的高管团队由 4~6 名学生组成。他们分别担任公司的总经理（CEO）、营销副总（CMO）、生产副总（COO）、财务副总（CFO）等职务。

（3）每家公司主营业务均是生产和销售两个系列的腕表。一个是以高端人士为目标市场的具有较好品质和较高价格的高端系列腕表；另一个是以普通消费者为目标市场的具有物美价廉特征的低端系列腕表。

（4）每家公司的两个系列的腕表均可销往六个国家，即美国、德国、英国、日本、中国、墨西哥，其销售收入均以当地货币结算。

（5）每家公司有两个腕表生产工厂，分别坐落在美国和中国，每个工厂只生产一个系列的腕表。

（6）每家公司通常会与来自不同国家的另外 4 家公司在 6 个国家的市场上进行竞争，换句话说，每家公司的直接竞争对手有 4 家。与此同时，每家公司还要与其他数十家公司（universe）甚至百余家共同竞争美国的政府采购合同。

（7）每家公司均需在交互式系统平台上模拟运营 3 年，每个经营年度要按季度进行 4 次经营决策，即每家公司的高管团队在模拟运营期间总共要作出 12 次经营决策。每次经营决策的内容会涉及与工商运营相关的 80 余个变量。学生需要在一定的战略规划的指导下，在规定的时间内，首先将第 1 个季度决策数据录入系统，系统会在运营结束后自动输出模拟运营结果；然后学生在对模拟运营结果进行认真分析的基础上，作出第 2 个季度的运营决策并将相关数据再次录入系统，系统在运营结束后会第 2 次输出模拟运营结果；如此循环往复，直至第 12 个季度经营结束。

（8）高管团队进行运营决策的依据包括所在公司历年的运营状况（在课程开始前会提供过去 15 年即 60 个季度的详细运营数据）、竞争对手可能采取的竞争战略以及自身对未来市场的预判等。

（9）每家公司配备一个由 3~5 人组成的"董事会"，董事会成员由企业高管（1~2 名）和专业教师（2~3 名）组成。

（10）每家公司通常会召开 4 次董事会。第 1 次董事会一般会在公司正式运用开始前召开，其余 3 次董事会会在每年运营结束之后下一年运营开始之前召开。董事会负责审议公司经营计划及其执行情况、公司未来三年发战略规划、评定每一高管团队成员的表现等。在通常情况下，学生有较多的时间准备第 1 次董事会和第 4 次董事会的报告，但第 2 次和第 3 次董事会报告的准备时间不是很充分。这是因为上一个年度经营结束的时间与下个年度经营开始的时间间隔不是很长，大约有 10 天的时间。

（11）学生需要了解和把握学生手册（*Player Manuel*）和街头年报（*Street Journals*）等相关信息。学生手册呈现了公司的运营规则；街头年报展示了竞争对手的部分信息以及在世界范围发生的可能对公司运营产生影响的重大新闻。此外，在课程不断推进的过程中，还有可能发生一些"突发事件"，如工厂着火、因产品质量瑕疵引发的消费者投诉等，就像现实企业在实际运营过程中可能会发生某些"突发事件"一样，学生需要在线上、线下搜集信息并对其认真分析的基础上给出如何应对的决策。

（12）为提升学生的学习成效，"管理博弈"课程还组建了一个由 2 名教授、2 名副教授、1 名讲师构成的教学团队，其中，1 位副教授来自卡耐基·梅隆大学泰珀商学院，其余 4 位教师来自东北大学工商管理学院的不同专业领域。他们除了负责课程的组织、协调和推进工作以外，更为重要的是营造理论与知识的转化环境，解答学生的疑难问题，为学生提供必要的引导和帮助。

"管理博弈"课程要求每家公司的高管团队必须很好地把握不断变化的市场环境、竞争对手的情况及所在公司的内部状况，尽可能地取得较为理想的运营绩效。

5.1.3　组成学习小组

根据多年的教学实践经验，"管理博弈"课程每年的选课人数在 40 人左右，每个学习小组通常有 4~6 人，需要组建 7~8 个学习小组。学习小组的组建需要遵循一定的基本原则。这些基本原则包括：

（1）相互了解原则。成员之间的相互了解是学习小组有效运作的基础和前提。如果将学习小组的有效运作比喻成一座大楼的话，那么成员之间的相互了解就相当于地基。地基打得牢，大楼的质量就高；地基打得差，大楼的质量就差，甚至会有随时坍塌的危险。鉴于选课的学生来自不同的班级，彼此之间并不熟悉，有的甚至较为陌生，因此，在组建学习小组之前，首先让每一位学生在全体同学面前做一个简单的自我介绍，再给他们一定的时间进行自由沟通，以增进彼此之间的相互了解，这为学习小组的有效组建和运行奠定了一定的基础。

（2）背景多元原则。在学习过程中，学习小组成员需要分别扮演不同的角色，履行不同的职责，每种角色的扮演和职责的履行又需要不同的知识结构和业务特长。例如，作为公司的 CEO（chief excutive officer），应该具有较好的协调和统领全局的能力和水平；作为 CMO（chief marketing officer），应该对市场具有敏锐的判断和分析能力等。因此，在组建学习小组时，提倡具有不同知识结构和业务特长的学生组合在一起，以便在学习中取长补短，共同进步。

（3）自主自愿原则。在组建学习小组的过程中，学生们基本上是在相互沟通与了解的基础上，本着自主自愿原则进行的。这里所说的自主自愿主要体现在两个方面：一是学习小组成员的选择是自主自愿的，即哪位同学要加入哪个学习小组是自主自愿的，哪个学习小组吸收哪个同学加入也是自主自愿的；二是学习小组成员的角色确定也是自主自愿的，通常会在评选出 CEO 的前提下，再确定其他小组成员的 CMO、COO（chief operational officer）、CFO（chief financial officer）等角色。除非有特殊情况需要教师团队协助，否则教师团队是不会采取任何干预举措的。

在学习小组组建完成之后，需将小组成员名单报给教学团队，教学团队会为每一位成员发放登录卡耐基·梅隆大学交互式模拟系统的账号和密码，以便后续教学的有序进行。此外，"管理博弈"课程通常要求每一个学习小组的 CEO 带领全体"高管"在全班同学面前发表就职演说，以增加学习小组组建的仪式感和后续学习的责任感和使命感。实际上，在整个学习过程中，学习小组成员间的有效沟通和协作是至关重要的。

5.1.4 确认学习问题

在"管理博弈"课程中，学习问题的确认是在熟练掌握学习手册的条件下才能进行的。因此，在确认学习问题之前，学生们首先需要做的工作就是要阅读和理解《学习手册》的内容。由于《学习手册》是用英文撰写的，这对母语不是英语的学生而言，理解起来不是很容易，对那些英语基础不是很好的同学来讲，理解起来就更加不容易。因此，学生们往往需要采用多种方式，如自己学习、分工学习、小组合作学习、寻求教学团队的帮助等，以实现理解和把握《学习手册》的目的。可以毫不夸张地讲，理解和把握《学习手册》不仅是确认学习问题的前提，也是整个学习过程的基础。

从总体上看，学生要完成的学习任务就是：在一个动态变化的国际市场环境中使自己所在团队运营的公司取得尽可能好的绩效。为了完成这一任务，学生可能确认的学习问题包括但不局限于以下几个方面：

（1）通常公司在正式运营之前需要做哪些准备工作？在"管理博弈"课程中，学生在公司正式运营之前需要做的前期准备可能包括但不局限于以下几个方面：为公司命名，设计公司的标识（logo），明确公司的愿景（vision）和使命（mission），创建公司的网站，商讨并确定公司两个系列腕表的品牌名称和品牌标志，适时参与在线练习等。

（2）如何才能制定出一个能够在竞争中获胜的战略规划？企业战略规划通常分为三个层面，即公司层面的战略规划、事业部层面的战略规划和职能层面的战略规划。在"管理博弈"课程中，没有涉及事业部层面的战略规划，因此，学生需要制定的战略规划应该包括两个层面，即公司总体战略规划和职能战略规划，如营销战略规划、生产战略规划和财务战略规划等。

（3）如何能够保证所制定的战略规划得以有效地实施？如果说战略规划的制定不易，那么战略规划的成功实施就更加不易了。之所以如是说，是因为战略规划的制定可以遵循较为成熟的战略管理理论框架并基于自身的主观分析和判断便可完成，而战略规划的实施是在完全动态的环境下进行，战略规划的实施结果除了与自身的战略实施计划密切相关以外，更为重要的是会受到外部环境变化，尤其是竞争对手的战略举措等的影响。然而，在一般情况下，外部环境的变化趋势是较难预测的，即便是竞争对手的战略举措往往在战略实施结果出来之后才能知晓，在战略规划实施之前是无从知晓的，这就为战略规划的成功实施增加了很大的不确定性，但这也是"管理博弈"的魅力所在。

5.1.5　找寻知识缺口

为了实现公司的有效运营，学生们需要依据公司愿景和使命，在认真分析公司所处内外环境的基础上，明确公司的战略目标和战略选择，并制定出切实可行的战略实施举措。要做到这一点，学生需要弥补的知识缺口可能包括但不局限于以下几个方面：

（1）公司的愿景与使命。什么是公司的愿景和使命？愿景和使命在公司运营过程中起什么作用？如何确定公司的愿景和使命？

（2）公司的战略规划。公司战略规划的制定应该遵循怎样的流程？公司内外部环境分析的工具都有哪些？公司的战略目标应具体哪些特征？公司战略选择的依据是什么？有无成熟的可供战略选择的模型？公司的战略实施又涉及哪些内容？公司总体战略规划与其职能战略规划之间应该保持怎样的关系呢？

（3）其他有助于增加公司运营绩效的举措。由于在"管理博弈"中运营的公司属于跨国公司，其市场也遍布于六个不同的国家，而且在不同市场的销售收入是以当地货币结算的，这就会涉及汇率风险。那么如何才能规避国际市场上的外汇风险以减少公司的汇率损失甚至增加公司的盈利呢？另外，目前公司的两个腕表生产工厂分别坐落在美国和中国，而腕表销售市场却遍布于美国、德国、英国、日本、中国、墨西哥六个国家。这不得不触及腕表的运输、保险等问题，也自然会产生大量的运输和保险等费用，那么工厂设置在哪里才能尽可能地降低相关费用呢？

尽管有部分学生可能在课堂上学习过相关的理论和知识或者其中的部分内容，但传统教学模式所具有的知识很难长期记忆的弊端，导致大多数学生对这些理论和知识已经较为陌生，需要加以弥补。

5.1.6　进行自主学习

自主学习是学生弥补知识缺口的主要途径。在"管理博弈"课程中，学生进行自主学习途径主要有两种：一是每个学生各自独立地进行学习；二是每个学习小组进行合作学习。在通常情况下，学生们会在各自独立地学习之后再进行小组合作学习。无论是各自独立学习还是小组合作学习，均可借助于线上、线下多种资源，如教科书、学位论文、期刊论文等。

各自独立学习的目的主要是弥补学生自身的知识缺口。学生们应该理解和把握以下理论和知识：

（1）公司愿景与使命的内涵及其在公司战略规划中的重要支撑作用。

（2）公司战略的制定主要包括战略分析和战略选择两个内容。其中，战略分析主要是针对公司所处内外部环境进行的，所使用的分析工具主要包括 PEST 模型、"五力"模型、价值链模型、EFE 模型、IFE 模型、SWOT 矩阵模型等；战略选择需要以战略目标为基础，因此，在战略选择之前，首先需要明确公司具体的战略目标，其次可借助于战略选择模型进行战略选择，如波特的"三种竞争战略"、波士顿咨询矩阵、战略机会矩阵等。

（3）公司战略的实施是将战略选择的结果付诸实践的过程，需要制订出明确的战略实施计划、调整公司的组织结构、整合公司的所有资源、优化公司的企业文化等。在这个部分，有些管理工具，如目标成本管理法、滚动计划技术等，也是需要弥补的知识点。

（4）在公司战略的制定与实施的过程中，要特别注意总体战略与职能战略之间以及各职能战略之间的一致性，任何一个职能战略都应该对公司总体战略起到支撑作用，各个职能战略之间也应该相互支持。

此外，有些学生，如公司的 CFO 等可能还要弥补套期保值、工厂迁址决策等方面的理论与知识，以帮助公司规避汇率损失，降低运营成本，提升公司收益。

在独自学习的过程中，学生们除了弥补一定的知识缺口以外，还可能会产生一些与公司运营相关的想法或观点。

在各自独立地自主学习之后，便可以进行小组合作学习了。小组合作学习的主要目的就是：通过小组成员彼此之间的讨论与交流，在相互弥补各自的知识缺口的基础上，经过无数次的观点交锋和思想碰撞，最终达成共识，并形成公司的战略规划报告，并提请董事会审议。

值得说明的是，学生在自主学习的过程中，也可以寻求来自教师团队、董事会成员以及相关专家的帮助。

5.1.7　形成解决方案

"管理博弈"课程中的解决方案主要体现为提请董事会审议的公司战略规划。在整个课程推进的过程中，学生先后要提交 4 份报告。每一份董事会报告均需阐述两个部分的内容：一是公司当年的经营状况；二是公司未来 3 年的战略规划。现以 2021 年经营刚结束 ×× 公司为例，简述一下公司战略规划报告的主体结构如下：

（1）××公司概况。

（2）××公司 2021 年的经营状况。

（3）××公司 2022～2024 年的总体战略规划。

（4）××公司 2022～2024 年的营销战略规划。

（5）××公司 2022～2024 年的生产战略规划。

（6）××公司 2022～2024 年的财务战略规划。

无论是总体战略规划还是营销、生产、财务等职能战略规划，均需按照较为成熟的战略分析、战略选择、战略实施的框架展开，只是内容各有侧重而已，它们彼此之间应该是相互支撑的。在战略规划报告全部完成以后，学生需将其提交给模拟董事会审议。

5.1.8　展示学习成果

在"管理博弈"课程中，学生学习成果的展示通常是在模拟董事会上进行的。首先，学生基于已经完成的战略规划报告，制作出用于演讲的 PPT；其次，面向董事会，在规定的时间内完成公司当年的经营状况和未来 3 年战略规划的阐述；再其次，董事会主席及其成员会针对学生提交的战略规划报告及其现场演讲的内容，提出一系列的问题，与学生深入地进行讨论与交流；最后，董事会成员会在指出战略规划报告及其现场演讲存在的主要问题的基础上，给出一些极具建设性的意见和建议，以促进公司后续的有效运营。

5.1.9　进行学习评价

"管理博弈"课程的学习评价主要采用的是过程性评价方式，即在课程推进的过程中不断地对学生进行评价，最后通过赋权加总的方法得到学生的结课成绩。具体而言，学生的结课成绩主要由以下几个部分构成：

（1）考勤成绩（10%）。除 3 次董事会外，每次课考勤计 20 分，5 次课共计 100 分，主要考查学生遵守基本规矩的程度。

（2）董事会评价（60%）。董事会成员基于每名学生负责的战略规划报告、制作的 PPT 和现场展示以及回答问题等情况对学生进行评价。董事会评价主要从 3 个方面展开：一是他/她的报告是否清晰、准确并且组织得很好的；二是在回答问题时，他/她是否充分地利用了所能获得的全部信息；三是与其他类似的报告相比，他/她的报告是否表现出色。董事会评价的具体信息详见表 5.1。最后依据全部董事会中每位学生的得分情况，计算出每位学生的董事会评价部分的得分，满分也是 100 分。

表 5.1　　　　　　　　　　**"管理博弈"课程董事会评价表**

会议编号　　　公司编号　　　评价者

□　　　　□　　　　□

报告人 1　报告人 2　报告人 3　报告人 4　报告人 5　报告人 6

□　　□　　□　　□　　□　　□

请各位董事根据下列问题对董事会报告进行评价，并在对应的分数上打√。

1. 他/她的报告是清晰、准确并且组织得很好的	很不赞同	1	1	1	1	1	1
	不赞同	2	2	2	2	2	2
	稍不赞同	3	3	3	3	3	3
	既不赞同也不反对	4	4	4	4	4	4
	稍赞同	5	5	5	5	5	5
	赞同	6	6	6	6	6	6
	很赞同	7	7	7	7	7	7
2. 在回答问题时，他/她充分利用了能够获得的全部信息	很不赞同	1	1	1	1	1	1
	不赞同	2	2	2	2	2	2
	稍不赞同	3	3	3	3	3	3
	既不赞同也不反对	4	4	4	4	4	4
	稍赞同	5	5	5	5	5	5
	赞同	6	6	6	6	6	6
	很赞同	7	7	7	7	7	7
3. 与类似的报告相比，他/她的报告	不可接受的	1	1	1	1	1	1
	低于平均水平	2	2	2	2	2	2
	稍低于平均水平	3	3	3	3	3	3
	相当于平均水平	4	4	4	4	4	4
	稍高于平均水平	5	5	5	5	5	5
	高于平均水平	6	6	6	6	6	6
	很出色	7	7	7	7	7	7

注：请各位董事在董事会结束后将评价表提交给教师团队。

（3）教学团队评价（20%）。教学团队通常会基于学生的综合表现，如学生在学习过程中（如课堂上和董事会中）的表现以及课程结束后要求提交的学习反思报告的质量等，对学生作出评价，这部分的满分同样是100 分。

（4）同学之间互评（10%）。在"管理博弈"课程结束后，每位学生均需根据学习小组其他同学在学习过程中的表现以及对解决方案的贡献程度等，对学习小组其他成员作出评价，满分为 100 分。

5.1.10　进行学习反思

为了促进学生进行学习反思，"管理博弈"课程的学习反思主要包括学习中反思和学习后反思两个部分。

学习中反思主要是学生在教学团队的引导下，在整个学习过程中自主进行的。例如，在小组合作学习过程中或小组学习结束后进行的学习反思、在董事会结束后进行的学习反思、在与教学团队或专家等进行讨论交流后进行的学习反思等。这部分学习反思主要通过学习日志的方式呈现出来。

学习后反思是在整个课程结束之后进行的。教学团队通常会要求学生在规定的时间内上交一份学习反思报告，阐述自己在学习过程中获得的经验和教训以及收获和感悟等。这不仅会对学生的后续学习产生较好的影响，也会对教学团队后续的教学提供帮助。

5.2　基于 PBL 的"数据通信安全技术"课程的教学设计

"数据通信安全技术"是面向大学三年级学生开设的一门专业选修课程，重点讲授与数据通信相关的各种安全问题。数据通信安全技术中的"安全"不仅包括数据的机密性和隐私性，还包括数据的完整性和通信系统正确传递数据的能力，即服务质量。

"数据通信安全技术"课程的计划学时为 40 学时，每周 4 学时，共计 10周。其中，理论教学部分 32 学时，实验教学部分 8 学时。通过理论部分的学习，可使学生掌握数据通信安全技术的基本概念及其各种安全技术，进而培养学生将所学的专业理论知识运用到相关领域技术研发之中的能力。具体而言，就是使学生具有利用计算机编程技术分析、解决数据通信中的实际问题的能力以及新理论、新技术发明的创新能力；实验教学部分则侧重于对数据通信系统业务部署的各种类型的数据，如防火墙等。实验教学将同时考虑 Windows 和 Linux 环境，并在理论课上进行讨论。

5.2.1 明确教学目标

通过基于 PBL 的"数据通信安全技术"课程的教学设计与实践，期望达到以下教学目标：

（1）深化学生对所学理论和知识的理解和把握，培养学生对所学理论和知识的长期记忆。

（2）培养学生灵活运用所学知识解决实际问题的能力，使学生能正确表达数据通信安全问题的解决方案，并证实方案的合理性。

（2）培养学生的高层次思维，使学生掌握数据安全软件的设计思路和基本原理，并具有应用软件技术、科学方法创新性地解决网络通信安全问题的能力。

（3）激发学生的学习动机，增强学生建构知识的能力，培养学生具有分析与解决网络通信安全和数据安全的能力，包括实施实验并与预期结果进行实验比较。

（4）培养学生的自主学习和终身学习意识，有不断学习和适应发展的能力。

5.2.2 创设问题情境

鉴于"数据通信安全技术"课程面向的大学三年级学生已经具备一定的理论基础，并掌握了较为成熟的学习技能，因此，所创设的问题情境通常较为宽泛和复杂，有时需要使用跨学科的理论与知识才能解决。例如，"数据通信安全技术"可为学生创设如下问题情境：运用相关理论和知识，解决一个在数字通信系统中与数据传输过程安全相关的问题，如图 5.1 所示。

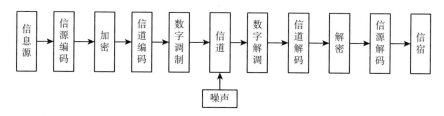

图 5.1　数字通信系统组成

这里所说的问题可能包括但不限于以下六个方面：

（1）信源与信宿的数据加解密问题以及传输过程中的数据加解密问题。

（2）信源编码与解码问题。

（3）信道编码与解码问题。

（4）数字调制与解调问题，如混沌数字调制与解调。

（5）数据同步过程中的安全问题。

（6）利用信道类噪声掩盖技术相关的安全问题。

要求学生以小组为单位，依据已经掌握的相关理论与知识，通过反复的沟通与讨论，提出并解决一个数据通信过程中的安全问题。这一问题需与数据通信相关，且来自现实世界，可体现为项目开发的形式，最终以展演的方式完成项目答辩，并撰写小组报告。

"数据通信安全技术"课程问题情境通常会在教学周期的第 1 周发布。

5.2.3　组成学习小组

在问题情境发布之后，学生便开始组建学习小组。学习小组组建工作在教学周期的第 2 周完成。每个学习小组由 3 ~ 7 名学生组成。按照每年选课学生有 50 ~ 60 名计算，差不多可以组成 10 个学习小组。学习小组中设组长 1 名，记录员 1 名，小组成员若干。全体小组成员各司其职，通过科学的分工与合作，先后完成从确认学习问题、找寻知识缺口、进行自主学习、项目开发、项目展演、撰写报告等环节的工作。具体而言，学习小组的工作包含但不限于以下几个方面：

（1）背景资料搜集与整理。

（2）提出并确认学习问题。

（3）项目开发—后台及数据处理部分。

（4）项目开发—界面部分。

（5）安全相关算法设计与实现。

（6）开题及结题答辩。

（7）撰写小组总结报告。

学习小组组长应组织小组成员进行反复地讨论与交流，明确学习任务，进行合理地分工，以便能够保质保量地完成学习任务。

5.2.4　确认学习问题

学生通过分析问题情境，搜集并整理相关背景资料，结合自身的知识结构和掌握的与数据通信安全相关的技术和能力，围绕数据通信系统的各个方面设计并确认学习问题。针对上述问题情境，学生可能确定的学习问题包括：

（1）防御黑客利用 Wi-Fi 信号窃取数据信息。

（2）基于混沌理论的图像加解密系统。

（3）计算机网络应用层安全协议分析与实现。

（4）局域网即时通信加解密系统的设计与实现。

（5）基于 ICMP 协议的隐蔽传输通信系统的设计与实现。

（6）文件加解密系统的设计与实现。

（7）匿名通信系统的设计与实现。

（8）校园网络安全监控系统的设计与实现。

（9）蜂窝移动网类语音信号加密通信同步方案。

（10）基于小波变换的盲水印加密技术。

5.2.5　寻找知识缺口

在确认了学习问题之后，学习小组成员需要一起或分头寻找可能的知识缺口，以采取切实可行的策略加以弥补。根据前面所述的 10 个可能被确认的学习问题，学生可能找到的知识缺口可能包括：

（1）Wi-Fi 信号与计算机通信信号的获取，数据段识别。

（2）混淆加密与扩散加密。

（3）ModBus 协议实现。

（4）即时聊天工具的设计与实现。

（5）ICMP 协议的隐蔽传输机制。

（6）文件加解密算法实现。

（7）匿名通信原理。

（8）安全监控系统的设计。

（9）类语音信号加密通信同步方案设计。

（10）小波变换与盲水印加密技术。

找寻知识缺口通常在教学周期的第 4～5 周进行，为了解决确认的学习问题，形成最终的解决方案，这个阶段通过小组讨论、记录小组工作日志的方式来找进行。

5.2.6　进行自主学习

学生一般在教学周期的第 4～6 周进行自主学习，与找寻知识缺口有部分交叉，即找到知识缺口后，根据自身小组的知识背景，有条件地进行自主学习。在教学周期的 4～8 周，指导教师根据实际情况，通过多种方式，对每个学习小组遇到的问题进行指导，并根据每组的具体问题，提出改进和修改的意见和建议。

一般来说，学生自主学习主要通过网络收集可能的解决方案以及关于解决问题可能遇到的相关技术和知识。在学习小组内部，小组成员根据各自不同的分工，在各自学习和搜集材料的基础上，按照实际情况进行以小组为单位的学习。

5.2.7　形成解决方案

在教学周期的 6～7 周，每一个学习小组均应形成针对所确定的学习问题的解决方案。结合"数据通信安全技术"课程的特点，每个学习小组均需根据所在学习小组的具体学习问题，提出解决方案的系统框图、流程图或解决方案步骤等。如图 5.2～图 5.4 所示，是针对三个不同问题的解决方案实例。

图 5.2 显示的是防御黑客利用 Wi-Fi 信号窃取数据信息方案预计的系统框图，包括了发送端和接收端的数据通信解决方案。在这个方案中，调制器和解调器中完成了与安全相关的操作。

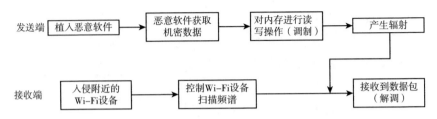

图 5.2   防御黑客利用 Wi-Fi 信号窃取数据信息方案的系统框

如图 5.3 所示,它是即时聊天工具的解决方案可能出现的一种系统框,包括了数据通信的发送方和接收方的设计。发送方和接收方分别用了加密和解密的技术体现了数据在通信过程中的安全相关问题。一般来说,加密在发送方,解密在接收方,方案还考虑了密钥分发的相关问题。

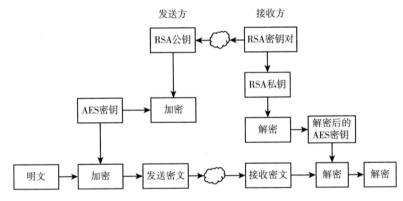

图 5.3   即时聊天工具的解决方案的系统框

如图 5.4 所示,它是 ICMP 协议的隐蔽传输机制解决方案流程。此方案采用了编解码的方式及隐蔽传输机制,体现了数据在通信过程中的安全性。

5.2.8   展示学习成果

展示学习成果通常会在教学周期的第 8 周,即最后一周的理论教学课堂上进行。每个学习小组均需在课堂上面向全班同学展示学习成果,要求学生准备用于阐述学习成果的 PPT,准备项目的实际展演。要求每个学习小组的学习成果阐述(自述)时间不超过 10 分钟;在每个学习小组自述结束后,在场的教师和学生均可以提出问题,全体小组成员即时作答;这个环节的用时同样不超过 10 分钟。可能出现的学习成果形式如图 5.5～图 5.9 所示。

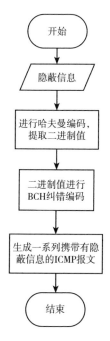

图 5.4　ICMP 协议的隐蔽传输机制解决方案流程

如图 5.5 所示，其为防御黑客利用 Wi-Fi 信号窃取数据信息的可能成果，具体包括信号获取，破解，防御等功能模块。

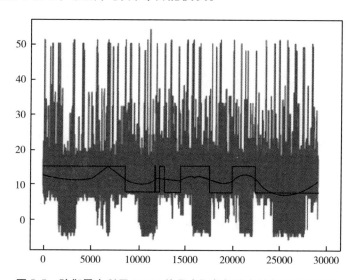

图 5.5　防御黑客利用 Wi-Fi 信号窃取数据信息的部分成果展示

如图 5.6 所示，其为基于混沌理论的图像加解密系统的可能成果，包含加密模块和解密模块等功能模块。

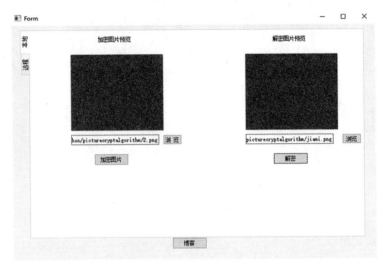

图 5.6 基于混沌理论的图像加解密系统的部分成果展示

如图 5.7 所示，其为即时通信加解密系统的可能成果，包含发送端和接收端模块。

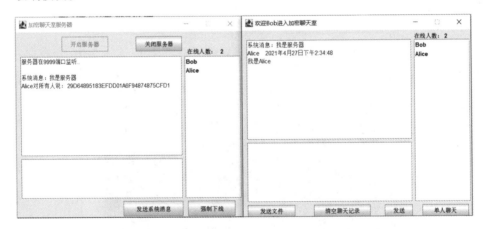

图 5.7 即时通信加解密系统的可能成果

如图 5.8 所示，其为基于 ICMP 协议的隐蔽传输通信系统的可能成果形式，包含发送端、接收端、隐蔽传输控制等功能模块。

图 5.8 基于 ICMP 协议的隐蔽传输通信系统的可能成果形式

如图 5.9 所示,其为蜂窝移动网类语音信号加密通信同步方案的可能成果形式,应包含加密模块、解密模块、展示模块等。

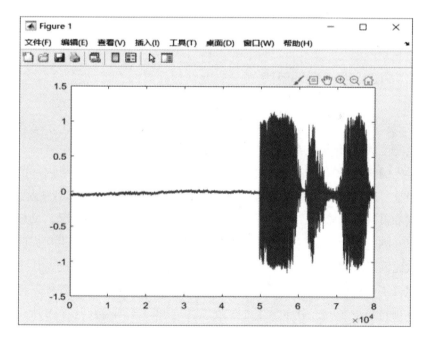

图 5.9 蜂窝移动网类语音信号加密通信同步方案的可能成果形式

5.2.9　进行学习评价

　　"数据通信安全技术"的学习评价采用过程性评价与总结性评价相结合的方式进行。学生能够获得的成绩满分为 100 分，具体由三个部分构成：一是平时随堂测验成绩（30 分）；二是实验成绩（20 分）；三是 PBL 项目成绩（50 分）。其中，PBL 项目成绩还进一步细分为小组项目成绩（30 分）和个人成绩（20 分）两部分。PBL 项目的成绩评定包括学生自述、展演、答辩及最终报告。

　　学习小组的项目成绩主要考虑项目实现的技术难度，答辩时主要考查学生的工作量和项目完成质量等。另外，学习小组的项目成绩，还要考虑报告、代码的完整性以及 PPT、答辩展演的表现情况。个人的项目成绩主要考虑学生在组内的分工情况，个人对小组项目完成的贡献程度以及工作量。与此同时，个人的项目成绩可参考小组成员互评的结果。根据实际情况，小组成员互评的方式可以借助于课堂或微助教等网络工具进行打分或定向投票。个人的报告一般附在小组报告后面，作为评定个人成绩的主要依据。

5.2.10　进行学习反思

　　学习反思的过程同时也是教学相长的过程。因此，在 PBL 中，学习反思既包括学生的学习反思也包括教师的学习反思。

　　学生的学习反思包括小组内部和个人的反思两个方面。小组内部的学习反思可让每组学生进行项目工作进度报告，小组讨论的记录或音视频材料。在开题和最终答辩阶段，要求每个小组对照其他小组的项目情况，反思自身项目存在的优势和不足。可在一定可控范围内，考虑小组之间相互提改进建议以及组间互相评分。学生个人的学习反思可根据课程进展情况，让学生撰写项目分工报告或个人学习周志，记录项目开展过程中遇到的各种各样的问题。在项目结束之后，引导学生通过反馈内容和日志内容反思学习所得以及项目可扩展和可改进之处。

　　教师的学习反思主要是在学生的反馈以及教师的自我总结基础上进行的。学生反馈信息一般通过三种途径收集：一是在报告的结尾处设置"意见和建议"小节；二是通过校院两级督导员和学生督导员的方式获得学生的反馈；三是通过答辩与学生的交谈和互动获得反馈。在收集到这些反馈后，首先，教师要进行 PBL 项目进展的反思，反思在 PBL 教学过程中遇到的问题，项目进度合理性以及在开题、答辩过程中遇到的问题和需要改进的地方。其次，教师要反思教学评价的合理性，完善教学评价的成绩计算公式。最后，教师要反思如何完善教学目标、改进教学内容，以便与 PBL 可能出现的项目进行更精确的匹配。

5.3　基于 PBL 的"工程制图"课程的教学设计

"工程制图"是面向理工科学生开设的一门重要的技术基础课，担负着工科学生对设计对象进行表达和空间形象思维能力的培养任务（于得仁等，2008）。课程不仅包含投影理论、制图标准、机械图和成图技法等理论性的内容，还涉及零件测绘、课程设计及计算机绘图等需要动手能力的实践课程。对刚进入大学的一年级新生来讲，要学好这门课程是具有较大的挑战性的。为了更高效地利用计划内学时学习工程制图课程，提升学生对所学理论和知识的深刻领会，开展基于 PBL 的工程制图课程的教学实践是十分必要的。

"装配图拆画零件图"是"工业制图"课程中的一个重要的知识点，这个知识点是将设计者的设计理念和思路转化为真实的产品的必经阶段，因为零件加工与制造是离不开零件图的。另外，它也是一个理论与实践紧密结合的关键环节。依据自身多年的教学实践发现，这个知识点的教学难度系数较高，加之学生们缺乏实践基础，对这一环节的理论与知识掌握得不是很到位。因此，围绕着"装配图拆画零件图"进行基于 PBL 的基本教学流程设计与实践，不但会深化学生对相关理论与知识的理解和把握，提升学生解决实际问题的能力及其自主学习、小组合作学习、人际沟通等复合能力乃至学生批判性、系统性等高层次思维的开发，而且对其后续的学习乃至于步入职场后的职业生涯发展都是大有帮助的（Boud & Feletti, 1991；Barrows, 1996；Hmelo-silver, 2004；张兰霞等, 2021）。

5.3.1　明确教学目标

通过基于 PBL 的"工程制图"课程中的"装配图拆画零件图"部分的教学设计与实践，期望实现以下教学目标：

（1）读懂装配图。首先，要学会通过装配图的标题栏、明细栏，读懂装配图的工作原理；其次，要清楚装配图上每个零件的作用及零件间的相对位置关系；再其次，要明确装配体的传动路线及孔和轴间的配合关系；最后，对某个重要零件的拆装顺序要明确。

（2）分离出零件。首先，要明确所要拆画的零件，找到其在装配图中位置，即不同视图上的相应投影；其次，对不完整的零件视图要根据其相关的零件形状，进行合理地填补视图；最后，对于在装配图中没有表达清楚的结构，需要进行设计，以完善零件图。

（3）确定零件图的表达方案。首先，判断从装配图中拆画出的零件视图，是否适合作为单个零件的零件图的视图表达方案；若适合，则保留原零件视图表达方案；否则，需要进行调整或重新绘制零件视图表达方案。其次，填写零件图进行尺寸标注及技术要求。

（4）规范地绘制零件图。在绘制零件图时，要遵循《技术制图》和《机械制图》的标准，从而培养学生严谨、细致的工作作风。

（5）培养学生主动学习、合作学习、人际沟通等复合能力，开发学生的高层次思维。

5.3.2　创设问题情境

在设计产品时，一般先画出装配图，再按照装配图，设计并拆画零件图。在生产中，加工制造各种不同形状的机器零件，主要依据是零件图。对于机器零件的生产过程，首先根据零件图中零件材料和数量的要求进行备料，其次按图样中零件的形状、尺寸与技术要求进行加工制造，同时还要根据图样上的全部技术要求，检查被加工的零件是否达到规定的质量标准。因此，零件图是生产中进行加工，制造与检查零件质量的重要技术文件。装配图是表达机器或部件的工作原理、运动方式、零件间的连接及其装配关系的图样，它是生产中的主要技术文件之一。在组装产品时，按照装配图进行装配、检查和试验等工作；在使用产品时，装配图是了解产品结构、正确使用调试、维修产品的重要依据。

　　为了使学生更好地掌握"装配图拆画零件图"的理论与知识，培养学生的复合能力，特创建了一个真实的问题情境，即将分度铣具的装配图（见图 5.10）提供给学生，学生面对的问题情境是：从分度铣具的装配图中拆画 1 号件支座的零件图。

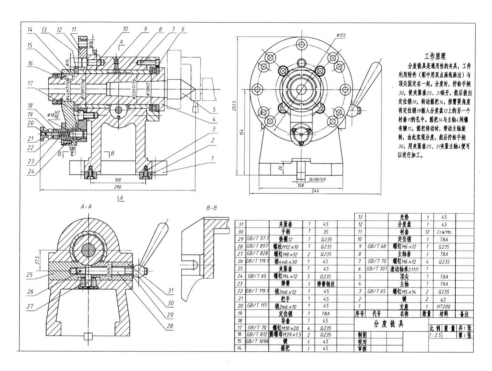

图 5.10　分度铣具装配图

5.3.3　组成学习小组

　　工程制图课程通常采用大班授课，学生来自 3 个自然班，每班 30 人左右，共计 90 人上下。在划分学习小组时，教师限定每组人数为 5~6 人，要求学生自愿组合，共组建成 15 学习小组。每个学校小组需选出组长 1 人，记录员 1 人。

从多年的教学实践中发现，多数学生会以寝室为单位组成学习小组。这样做的好处不仅是方便利用时间、空间进行合作学习，还减少了组员间的磨合时间，可以更加融洽地展开小组学习。在小组学习的过程中，小组成员需要进行分工与合作，共同完成学习任务，所以，学习小组成员间的和睦关系对小组学习的顺利完成是十分重要的。

此外，为方便小组合作学习的进行，学校会为学生提供专用的绘图教室。

5.3.4　确认学习问题

在组成学习小组之后，学生们首先要完成的学习任务就是确认学习问题。针对工程制图课程中的"装配图拆画零件图"部分，学生要确认的学习问题可能是：

（1）拆画分度铣具装配图中的 1 号件支座的零件图所需要学习或重温的内容，如装配图的画法。

（2）由装配图拆画零件图的方法。

（3）零件图视图表达方案确定的方法。

（4）零件的制造及加工方法的不同，所涉及的结构参数如何进行设计。

（5）根据制图标准，规范绘制零件图等。

5.3.5　寻找知识缺口

在一部机器或设备的装配图中，通常不会将所有零件的投影都表达得非常清楚。因此，在拆画零件图的过程中，有时就需要对相关零件进行形状和参数的设计。

为了完成学习任务，学生首先需要弥补的知识缺口就是零件的分类问题。从图 5.11 中可以看出，对于传动零件，在机器或部件中是起传递动力和改变运动方向的作用，其结构要素（如齿轮上的轮齿，带轮上的"V"形槽等）大多已经标准化，并且在国家标准中有其相应的零件图的规定画法。所以，在表达这类零件时，要按照规定画法画出相应的零件图。对于标准件，它们在机器或部件中主要起零件间的连接、联结、支撑、密封等作用。对于标准件通常不必画出零件图，只要标注出它们的规定标记符号即可。按规定标记查阅相关标准，便能得到相应零件的全部尺寸和相关技术要求等。对于一般零件，它们的结构形状、尺寸大小常根据其在机器或部件中的作用，按照机器或部件的性能和结构要求以及零件制造的工艺要求进行设计。在一般零件中，不同类型的零件，由于其制造方法、加工方法的不同，其视图的表达方案中主视图的选择有两种：一是以其加工位置进行选择，如轴套类型、轮盘类的零件；二是以其工作位置进行选择，如叉架类、箱体类的零件。因此，一般零件都要绘制相应的零件图，这样才能进行加工制造。

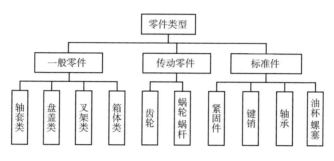

图 5.11　零件分类

其次，学生需要弥补的知识缺口可能就是确定支座的视图表达方案。在支座表达方案的确定方面，学生们在小组讨论后决定：是采纳原装配图中的支座视图表达方案，还是进行调整后继续应用，或者放弃原表达方案，重新确定新的视图表达方案。若能建立三维立体图，则将有助于零件图的绘制。

在解决问题的过程中，学习小组成员不断地讨论、不断地修改及调整问题的解决方案。这就是对理论知识不断进行的梳理及整合，从而更好地完成学习任务，掌握知识点及其实际应用。

5.3.6　进行自主学习

在自主学习开始前，学习小组成员间首先要进行学习分工，明确各自的学习任务，并按照设定的时间节点完成各自的任务。在与小组成员进行分享交流后，适当调节工作进度以及对学习方向调整。这样的良性循环才能使学习任务有效地、顺利地完成。

在从分度铣具的装配图拆画 1 号件支座的零件图的过程中，学生需要学习或重温的内容，如图 5.12 所示。

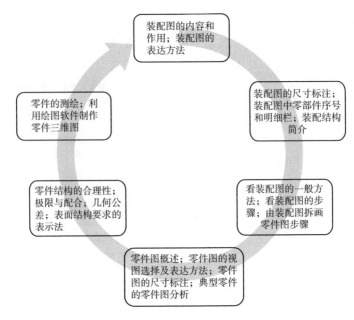

图 5.12　装配图拆画零件图所涉及的学习和重温的内容

　　在理想状态下，学生们可以参照图 5.3 进行学习分工，学习内容可以进行适当合并或分解，以便能够高效地完成学习任务。在自主学习的过程中，学生们可以利用中国大学慕课（MOOC）平台上的"画法几何及机械制图"课程的内容、教材、相关专业书、参考网上分度铣具的视频及教师推送的各种相关链接等。

5.3.7　形成解决方案

　　经过学生们的自主学习、小组合作学习之后，可能会确定的问题解决方案如下：

　　1. 对分度铣具装配图的深度分析

　　如图 5.10 所示，分度铣具是通用性的卡具，利用分度盘上不同的孔数和定位销通过计算来实现工件所需的划分度数。如图 5.13 所示，为明细栏，首先要通过明细栏了解组成此装配体的各个零件。其工作原理是工件利用附件（图中用双点划线画出）与顶尖固定在一起。分度时，先拧松手柄 30，使夹紧套 25、31 松开，再拔出定位销 19，转动摇把 14，按需要的角度将定位销

19 插入分度盘 12 中的另一个衬套 11 的孔中。摇把 14 与主轴 4 间镶有键 15，摇把转动时带动主轴旋转，由此实现分度。然后拧紧手柄 30，用夹紧套 25、31 夹紧主轴 4 便可以进行加工。

序号	代号	名称	数量	材料	备注
31		夹紧套	1	45	
30		手柄	1	35	
29	GB/T 97.1	垫圈12	1	Q235	
28	GB/T 897	螺柱M12×10	1	Q235	
27	GB/T 828	螺钉M8×12	2	Q235	
26	GB/T 119.1	销4m6×30	1	45	
25		夹紧套	1	45	
24	GB/T 65	螺钉M4×12	3	Q235	
23		弹簧	1	弹簧钢丝	
22	GB/T 119.1	销2m6×12	1	45	
21		把手	1	45	
20	GB/T 117	销2m6×10	1	45	
19		定位销	1	T8A	
18		导套	1	45	
17	GB/T 70	螺钉M10×20	4	Q235	
16	GB/T 812	圆螺母M39×1.5	2	Q235	
15	GB/T 1096	键	1	45	
14		摇把	1	45	

序号	代号	名称	数量	材料	备注
13		光垫	1	45	
12		分度盘	1	45	
11		衬套	12	CrWMn	
10		定位销	1	T8A	
9	GB/T 68	螺钉M6×12	1	Q235	
8		主轴套	1	T8A	
7	GB/T 70	螺钉M6×12	4	Q235	
6	GB/T 301	滚动轴承51111	1		
5		顶尖	1	T8A	
4		主轴	1	T8A	
3	GB/T 65	螺钉M5×14	2	Q235	
2		键	2	45	
1		支座	1	HT200	

分 度 铣 具

制图　校对　审核

比例　重量　共1张
1:2.5　　　第1张

图 5.13　明细栏

分度铣具总功能，分别由工件支持功能（如图 5.14 所示）、分度实现功能（如图 5.15 所示）、主轴锁紧功能（如图 5.16 所示）、移动限位功能（如图 5.17 所示）来完成工件分度。

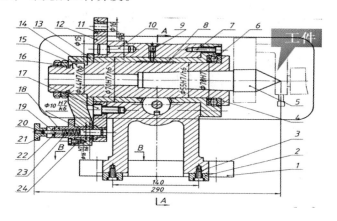

图 5.14　工件支持功能

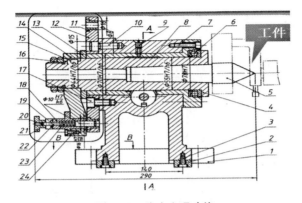

图 5.15　分度实现功能

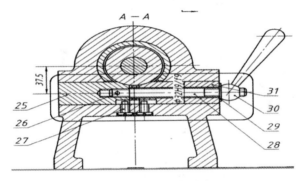

图 5.16　主轴锁紧功能

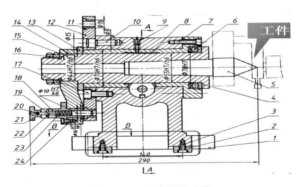

图 5.17　移动限位功能

　　深入分析装配图的各分功能，综合装配体的外形特征、内部结构，参考部件的三维立体图（如图 5.18 和图 5.19 所示），进行传动方式、传动路线、连接方式等模块的分析，清楚每个零件在整体部件的作用，研究装配图上标注的尺寸，为后序拆支座、绘制零件图做准备。

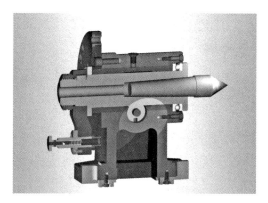

图 5.18　分度铣具全剖立体图

图 5.19　分度铣具的爆炸图

2. 拆画指定的零件，绘制规范零件

经过系统地分析，明确所要拆卸的 1 号件支座在装配图中的相应投影后，判断支座在装配图中的视图是否适合其作为零件图时的视图表达方案。

零件图中的一组视图只能表达零件的结构形状，而零件上各结构的精确尺寸及各结构之间的相对位置大小，是通过图样上标注的尺寸来确定的。尺寸是加工和检验零件的重要依据，是一项十分重要的工作。因此，在拆画零件图时，对于尺寸标注需要注意的是：装配图中与该零件有关的尺寸可抄注；有的尺寸可以通过计算来精确确定；对于标准结构，如键槽、倒角、退刀槽等需要查阅相应的标准来确定；对于其他的位置尺寸，可直接从装配图中量取，量取的尺寸在标注时应注意圆整和比例的协调转换。

在零件图绘制的过程中，要严格遵循国家标准《技术制图》和《机械制图》的基本规定，注意各种线型的使用要求等。

5.3.8　展示学习成果

学生展示的学习成果通常有以下两项内容：

（1）提交支座零件图（尺规绘图）。每位同学依据所给分度铣具的装配图，绘制比例为 2∶1 的支座零件图。在绘制零件图的过程中，小组成员互相切磋和学习绘图的技巧，从而激发学生们掌握比较枯燥刻板的《技术制图》和《机械制图》规则。

（2）以小组为单位，进行 20 分钟的答辩。在答辩过程中，小组成员或小组成员代表首先会通过 PPT 阐述其整个学习过程及其学习成果，其次共同就教师及其他小组同学提出的问题进行解答。以此展示小组成员对所学知识点的理解，同时，也检验了小组合作学习的成效，进而激发学生的学习动机，培养学生解决实际问题、自主学习、合作学习、终身学习等复合能力，开发学生的批判性、系统性等高层次思维。

5.3.9　进行学习评价

针对"从分度铣具的装配图中拆画 1 号件支座的零件图"知识点的学习评价主要采用总结性评价的方式对学生的学习成果进行评价，其分数构成包括两个部分，即支座零件图部分和小组答辩部分，前者占总成绩的 70%，后者占总成绩的 30%。学生最后获得的成绩分别为优、良、中、及格和不及格，共 5 个等级。

对支座零件图部分的具体要求如下：

（1）零件视图表达方案合理——综合运用视图、剖视、断面等方法，选定能够清楚地表达零件结构形状的一组视图。

（2）尺寸标注要求完整、正确、清晰、合理。

（3）标注或说明零件在制造或检验中应达到的技术要求。

（4）标题栏正确填写。

（5）制图要遵循《技术制图》和《机械制图》的标准。

对答辩部分的具体要求如下：

（1）分度铣具的工作原理、传动路线。

（2）工件支持、分度实现、主轴锁紧及移动限位功能的实现过程。

（3）1 号件支座的拆卸过程。

（4）零件图上各个尺寸及技术要求出处。

在答辩过程中，除了要检验小组合作学习的成效以外，还要根据小组成员对问题回答的准确性、完整性以及小组成员间的合作能力进行评分。

5.3.10　进行学习反思

基于 PBL 的"工程制图"课程中的"装配图拆画零件图"的教学设计的一个重要环节就是学习反思。为促进学生持续地进行学习反思，要求学生每天都要根据自己的任务分工进行书面总结，记录自己在小组学习的过程中所思、所想及所得。这种日志式的学习反思，不仅有助于学生的学习呈现螺旋上升的趋势，而且有助于为学生自我认知能力的培养，为其后续深入地学习及研究工作奠定良好的基础。

5.4　基于 PBL 的"并行程序设计技术"课程的教学设计

编程实践能力对培养学生计算机专业技能很重要。目前，传统的教学方法主要侧重于基础知识和技能的灌输，很少注意处理实际生活问题或项目的实际能力。作为一种创新的教学模式——PBL，则是以解决现实生活中的问题和项目为出发点的。然而，在程序设计实践中，任何解决问题的过程都充满了复杂性、不确定性和上下文敏感性，成功的解决问题必须从系统的角度去考察各种影响因素，寻找多种解决方案，作出正确的决策，这也支撑了发散思维在程序设计中的重要作用。

在 PBL 中，学生的学习活动是以问题或项目为导向的，这意味着学生必须在课程结束前完成几个项目。在此，将基于 PBL 的基础教学流程，具体阐述如何引导学生在项目中寻找和识别问题、分析问题、调查现场工作中的问题，并在实践中测试解决方案。

5.4.1 明确教学目标

随着多核体系结构的出现和发展，并行计算科学的硬件基础设施发生了很大的变化，如果把并行硬件基础设施看作"经济基础"，则其相应的上层并行软件就可以视为"上层建筑"。"并行程序设计技术"课程的主要目的是让学生了解并行计算的概念和原理，学习并行编程技术，培养学生并行程序设计思维，使其能够在多核体系结构上进行高效的并行程序设计，以充分利用多核所提供的硬件并行性。

"并行程序设计技术"课程的具体目标在于：使学生了解并行计算的基本概念与原理，培养学生的并行思维，学会在多核多 CPU 硬件平台上编写简单的并行程序，并初步具备解决实际问题的能力。通过本课程的学习，学生应该能了解当前流行的并行计算机的体系结构，多核芯片以及异构多核芯片的演变过程；熟悉进程间通信的基本技术，包括管道、消息队列、信号量、共享内存；掌握线程的基本概念，线程安全性，线程的创建、终止、同步与控制；了解 MPI 并行程序结构，掌握 MPI 基本通信原语，包括点对点通信、集合通信；掌握几种重要的并行设计模式，包括数据并行、流水线并行、工作池模式和主从模式；掌握并行程序的性能分析方法。学完本课程，学生具备分析和解决易并行问题的能力，能够在一周时间内，编写并调试通过、能正确运行、具备可扩展性的、200 行有效代码以内的并行程序。

5.4.2 创设问题情境

"并行程序设计技术"课程包括三个可以发散场景的基于 PBL 的综合实践。

（1）多进程编程。"多进程编程"的实践目的是通过实验使学生了解多进程程序的设计方式，程序结构特点，父进程与子进程间的通信与控制技术。这是一项难度较大的 PBL 项目。

（2）线程编程。"线程编程"的实践目的是通过实验使学生正确理解线程的执行过程，线程的创建、中止、结束方法，能够掌握互斥、条件变量、信号量等线程间的同步技术，能够判断线程安全性引起的原因并加以解决。

这可能是含 1 个具有一定难度的 PBL 项目，大概需要 400 行代码，OJ 系统自动评判提交的多线程并行程序。

（3）MPI 编程。"MPI 编程"的实践目的是使学生了解 MPI 的程序结构、了解执行模式、掌握基本的通信原语，对于拔尖学生，期望他们能够掌握多线程（或多进程）与 MPI 混合编程方法。

通过这些实践项目，可以为学生设置难度逐渐升高的问题情境，同时又留给学生一定的自由度，使他们可以选择将这些编程问题放在自己擅长的技术领域中。例如，线程编程既可以在网络环境下实现，又可以在物联网、智能家居等环境下实现。

5.4.3　组成学习小组

基于 PBL 的"并行程序设计技术"课程中目标之一是在课程体系中培养学生的动手能力和反思性学习能力。从另一个角度来看，其也包括培养学生既能独立学习又能在集体中学习的能力，因此，需要把学生分成一系列的小组。

为帮助他们获得实践应用能力，拟在课程初期简单介绍 PBL，给学生介绍 PBL 基本概念和基本方法，并为他们在接下来的学习中参加 PBL 项目做准备，学生们会接触到 PBL 提供的越来越多的实践应用项目，这样他们会在完成项目的过程中，通过分析问题，寻找解决方法以及实现系统的过程中增强自己的实践能力。

例如，在第一个项目中为了设计一套用于智能家居的并行程序系统，学生将学习分析系统的需求，寻找组件和装配方法，将组件组合成一个完整的系统，并以 PBL 的方式实验性地开发系统的控制软件。为了完成这些任务，学生必须组成一系列由 3~5 人组成的小组。

5.4.4　确认学习问题

首先引导学生对课程中涉及的关键问题进行思考。

首先思考并行程序设计的目的是什么。具体而言，可能需要思考以下几个问题：

（1）为什么要不断提高性能？因为计算能力的提升是很多邻域能够进步的核心。

（2）为什么要建立并行系统？因为对单处理器而言，其性能的提升实际是提高了处理器上晶体管的密度，但受限于散热问题等，密度无法一直提升。如果考虑并行化，即生产多个相对简单的完整处理器放在一个芯片上，即多核处理器，就能解决密度问题。

（3）为什么要编写并行程序？编写并行程序是为了充分发挥多核处理器的优势，然而将串行程序改写成并行程序并不顺利。

在对课程根本问题进行了细致思考并在组内达成共识之后，引导学生确认课程中基于 PBL 的三个实践项目所涉及的具体问题：

第一个项目是多进程编程问题，主要要求学生了解多进程的概念与特点，熟悉多进程程序开发技术，了解进程间通信的必要性，熟悉常用的进程间通信技术。其内容重在了解，不要求学生必须掌握。可能的问题（内容）包括：进程的基本概念与特点、进程的控制、信号、进程间通信。重点引导学生思考多进程的概念与特点、多进程程序设计方式等。

第二个项目是多线程编程问题，主要要求学生掌握线程的概念，学会在 Linux 平台下编写多线程程序；掌握线程的创建、终止、控制与同步；掌握线程的调试方法。问题内容包括线程基础、线程的基本操作、多线程的共享变量、线程同步机制、多线程信号处理、并发常见问题等。重点引导学生思考线程基础、线程的创建与终止、线程同步、线程安全性对程序设计的影响。

第三个项目是 MPI 程序设计问题，主要要求学生掌握 MPI 程序的结构，了解 MPI 的组和通信子的概念，掌握 MPI 常用通信原语。引导学生思考的内容包括什么是 MPI、为什么要用 MPI、MPI 编程基础、MPI 集合通信、MPI 与 Pthread 混合编程等内容。重点引导学生思考 MPI 的程序结构、点对点通信、集合通信、MPI 的执行模型、集合通信、MPI 与 Pthreads 混合编程等知识点在 PBL 项目中的应用。

5.4.5　找寻知识缺口

对初学"并行程序设计技术"课程的学生来说，知识缺口方面可能分为非编译方面瓶颈和编译瓶颈两大块。

非编程方面主要还是程序员的两大痛点，即算法和数据结构。针对这两大知识缺口，每个不同的学生应对的方法和遇到的瓶颈高度不一致，但是总会遇到。编程遇到的一些算法和数据结构问题相对比较简单，目前的趋势就是所有算法和数据结构都会被各种程序设计语言逐个再实现一遍。涉及复杂的实现，一般的编程就会遇到瓶颈，比如游戏 AI、图像识别、文件编解码等，这和学生选择 PBL 项目的具体应用领域也有关系，大部分这样的代码也不会让传统的编程来写，这条坎可以看作一个瓶颈，不进行大量的查询分析很难突破。

除了算法和数据结构，还有非传统编程之外的一些常见知识缺口。例如，Web 后端的实现原理与常见优化方法，通信协议、操作系统相关等，这些是隐性的项目瓶颈。有时候学生间的能力差距就在这里体现出来，如有的学生能用简单的 Sed Grep 等管道程序，这是完全可以碾压一些普通编程的，在工程化和对日志的处理时事半功倍。这些技术可能本身并不复杂，但是可能有时候大部分学生根本不知道有这些工具。除了隐性技能之外还有一些综合实力的瓶颈，如对 mvc 的理解、对设计模式的理解、对一些新框架的理解、学习能力的速度，这些在一个学生的编程技能成长过程中都是很重要的一个瓶颈。

具体而言，学生在"并行程序设计技术"课程中涉及的知识缺口主要分为以下几类：

（1）考虑问题不周全。程序设计是一个严谨的学科，不周全的代码就会有漏洞。考虑问题的思维方式需要进行专业的训练才能变得比较周全。

（2）忽视了程序的扩展性。很多学生只能尽全力实现自己当前的需求，但很少有余力能考虑未来的变更。然而写代码是一个持续的事情，忽视了程序的扩展性就会为自己当初的错误买单。

（3）缺少测试的动力。多数学生都仅仅沉浸于正确的路怎么走，在大多数学生眼里，都应该按照正确的路去走。可是程序设计研发出来的系统要求必须考虑什么是不允许做的，像是一个虚拟世界的规则制定者。因此需要培养学生对代码进行测试的能力。

（4）对底层知识要求很高。大多数学生的编程技术无法进一步提高，就是接触底层知识太少，一旦遇到黑盒子，立刻不知道怎么办了。因此需要把底层的知识如数据库、操作系统、计算机组成原理等基础知识学好。

（5）忽视文档的同步。很多学生都认为自己写的代码就是属于自己的，完全不需要交流和沟通，更不需要花时间维护。

（6）没有复用性。抽象和分层是穿透表象分析核心的重要思维方式，不把每一个细节掰开、揉碎，很难组装起来。但大多学生宁愿重复做无意义的事情，整天写业务代码，而不愿意思考用什么方式能够让自己的工作更高效简单。

（7）缺少凭空想象力。有象棋与围棋经验的人可能会清楚，多数要在自己大脑中推演场景。实际上，编程也是如此。在设计之初，要对着空气构造出未来的样子。在上线之后，对着日志要复原出当时的样子。

（8）缺少主动学习方法能力。大部分学生仍然停留在别人教什么我学什么，不教我就应该不会，不会就别怪我的阶段。

最后，对学生而言，找寻知识缺口的另一种有效方式是分析基于 PBL 的项目实现过程中哪些内容消耗了大量时间或者一直重复某些事情。例如，在实际开发过程中，会使用开发工具，如 Java 开发语言的开发工具 IDEA 里面有很多的快捷键，如果学生不熟悉，就需要先找到菜单、再鼠标点击等一系列烦琐的工作。这些事情会消耗不少的开发时间，但如果使用快捷键则可能几秒就解决问题。这就是实践效率上的差距，如果不熟悉 IDEA 里面对应的快捷键，这就是一个知识短板。再举一个例子，如果用 Linux 服务部署 Java Web 应用，在部署的过程中会用到一些命令来启动或者重启服务。如果很熟悉这些命令，就可以快速高效地完成自己的部署工作；反之，就需要重复地去百度搜或者翻阅别的资料。通过分析这些浪费大量时间的内容，可以帮助学生快速找到知识缺口。

5.4.6　进行自主学习

基于 PBL 的"并行程序设计技术"课程目标之一是培养学生的自主学习能力。物联网工程专业的毕业生需要具有更强的工程应用能力，而这是他们在目前的传统教育模式下无法获得的，只有通过这种基于 PBL 的项目教学模式才能更有效地培养学生的自主学习能力。

作为中国新型工业化进程中培养出来的工程应用人才，学生应该掌握的最重要的能力之一就是创造性地解决现实生活中的问题，这就要求学生的思维要超越被灌输的阶段，达到主动获取的阶段。将知识看作固定的需要由教师对学生灌输的内容是基于对某一时期学习产生方式的误解。随着学生对学习内容理解的加深，现有的知识体系之间可能会出现新的关联关系。而由学生自主地进行学习更有利于学生主动地发现这种关系，进而提升学习的老师。例如，随着计算机网络技术和并行计算技术的成熟，大数据技术应运而生，学生在学习大数据技术的同时，对网络技术和并行计算技术就有了新的理解。此外，学生面临的新问题可能大多来自新兴的科学或技术，可能部分教师对这些新技术也知之甚少。因此，为了能够成功地学习新知识，解决这些问题，一个人的自主学习能力是必不可少的。而 PBL 是提升学生自主学习能力的有效方式。

"并行程序设计技术"课程中学生需要进行自主学习的内容主要包括跟并行设计相关的辅助内容方面。

在学习编程的过程中经常看到有两类同学。一类是上手就干型：奉行的真理是实践出真知，拿到问题就直接编程，代码写了很多，项目做了一个又一个。这类同学很可能具备不错的实践能力，但是很少坐下来去学习理论、总结思考，很少去深究技术背后的深层内容。另一类是纸上谈兵型：奉行的真理是要把背后所有的原理全部搞懂后才肯动手实践，拿到问题后先进行大量的理论分析，有一点点没搞明白就要死磕到底，不彻底搞懂就不肯动手实践，进而导致很少去实践，代码自然也写得很少。从这两类极端的例子中可以看到，自主学习真正的难点在于理论与实践两边兼顾。对想要入门编程的学生来说最有效的方式就是跟一门课程去系统性地入门编程语言。新入门的学生缺乏制定合理学习计划的能力，有时候会因学习节奏过快而导致知识点掌握不牢，有时候会因学习节奏过慢而导致没有学到多少干货内容浪费时间。

学生可以通过 MOOC 网站进行自主学习，但大部分网站还是偏向于传统的课堂模式，需要大块时间坐下来去学习。目前，B 站（bilibili）的学习视频也越来越多，但是 B 站的内容比较杂，优质内容很多，不优质的内容也很多，适合有一定基础知识的学生进一步有选择地学习。有一些学习网站将编程概念制作成概念卡，将关键代码段制作成代码卡以便学习和巩固。同时每天会安排好学习计划，这样就不用担心学习计划的安排问题，大约一个月的时间就可以完全掌握一门编程语言。除了视频授课外还有图文的知识点总结回顾，非常有利于课后复习巩固，以便进一步对所学知识进行系统性的归纳梳理。

对一些学习任务较重的同学而言，利用碎片时间来学习就显得非常重要，可以用 iPad 或者手机在移动端学习。学习编程的过程一般都比较枯燥，很多同学容易半途而废，因此最好是能在一个学习小组内共同学习，大家有着相同的学习目标，这样就比较有动力学下去，也可以互相交流、互相讨论和答疑。

学生在经过课程学习之后，就要通过做实际项目来加强自己所学内容，那么在学习编程的过程中是刨根问底的深究为什么，还是不求甚解的调包就好？其实并没有一个绝对的答案。深度学习领域的技术专家吴恩达给出的建议是第一次学的时候要刨根问底，甚至要自己去造轮子，而在以后真正使用的过程中直接调用现成的轮子就好。我们认为这种做法是比较适合在学校里的学生的，因为在学校里有大把的时间去打基础，而等学生进入职场后，可能就没有很充裕的时间去打基础，基本上上手就是做。

5.4.7　形成解决方案

对"并行程序设计技术"课程而言，解决方案就是把各种产品、技术或理论方法，不断地进行优化组合及创新，从而满足特定目标和需求综合性的技术思路及在技术思路基础上开发出的软件平台。

基于 PBL 项目小组要从繁杂纷乱的业务需求和问题现象中抽丝剥茧，提炼和设计解决方案，从而帮助客户把想法、问题、需求落地成一个可以执行、可实施的项目。同时，还要具有跨领域的能力，即拥有横向和纵向两种能力。纵向是在某一领域的沉淀深度，横向则是跨业务领域的知识广度。PBL 项目小组常会在方案设计过程中碰到多个领域的综合分析和设计的场景，这也是其最主要的挑战来源。不过反过来讲，如果是边界清晰、逻辑简单的业务，则可能也无须进行架构设计了。

从能力模型上看，基于 PBL 项目解决方案的设计要以个人内在素质为核心，同时具备业务能力、技术能力和人际关系能力的综合化能力体系。为了更好地说明程序设计解决方案设计过程，在此分享一个案例：

为了更好地应对疫情，支持医务人员线上学习，某学习小组确定其 PBL 项目为研发一款远程医学教育平台。项目涉及视频直播相关技术选型，经过初步调研后发现华为云提供的视频直播、互动直播、视频会议、实时音视频等视频服务解决方案，似乎都可以支持远程医教项目中的直播需求，开发组有些无从下手。此时，就需要项目小组中负责架构设计的同学对这些看似都可以使用的产品服务进行充分、多维度的跨技术、跨业务、跨场景了解和研究，找到其最优解的正确选型，从而构建最合适的解决方案。在这种情况下，项目组的软件架构师梳理出三个需求关键点：

（1）多方教师参与直播授课，且可实时音视频互动。

（2）观看学员人数不限。

（3）学员可视讯直播交互。

根据梳理结果发现，直播技术方案需要满足以下条件：

（1）具备实时音视频的能力（软件能力）。

（2）能根据观看直播人数动态调整网络对直播的支撑（网络能力）。

（3）无须专业视频设备的支持（硬件能力）。

基于以上以及华为云协助下进行多维分析后，该小组最终选择互动直播方案来实现平台视讯能力，最终完美地实现了预期目标。这正是基于跨技术、跨业务、跨场景的多领域融合分析并提供解决方案的能力体现。

5.4.8　展示学习成果

在基于 PBL 的项目推进管理过程中，教师必须对每个学习小组进行周期性的复盘和总结。因此，需要通过项目周报的方式，对项目每周的进展进行管理。

以下几个关键问题一定要在周报中说明：

（1）项目整体进度如何。项目进度包含了项目整体进展，很多项目都具有阶段性。为了让相关人都能及时获取到项目的整体进展，就需要明确出来。例如，项目概要设计阶段，目前是正在正常进行还是已完成。这是一个统一的认知，唯一的进度标签让学生们能一眼了解明确。

（2）周工作任务进展如何。主要明确的是每周细化任务的进展，在项目周报中明确每一件事的任务名称，进展状态，完成或计划完成时间。这样的明细能让小组每个成员对每一个细化任务进展有比较明确清晰的认识。

在项目进程的最后，要求分组汇报学习成果。每组学生将提交一份完成情况打分表，一份书面大报告，同时还有一个 20 分钟的现场报告，指导老师与学生进行 30～40 分钟的提问与回答。优秀的项目组还会提交一份概括了工作内容的 Poster。

5.4.9　进行学习评价

学生对于学习内容要进行评价，才能及时了解自己的学习效果。"并行程序设计"课程的学习评价主要采用过程性评价和总结性评价相结合的方式进行。学生的最终成绩是过程性评价得分与总结性评价得分之和。其中，过程性评价约占总成绩的60%；总结性评价约占总成绩的40%。

过程性评价的主要方式：

（1）复述知识点。对于学到的知识，能不能用自己的话复述出来以及复述内容的完整程度，是检验学习效果的一个有效办法。复述要求在自己理解的基础上阐述内容。内容一定要逻辑清晰、有理有据，能让别人听懂。组内同学可以对复述效果进行打分。

（2）总结、分析学习进度。每天、每周、每月都要总结自己的学习情况，可以列在一张A4纸上或专门准备一个总结本，直观看到自己的复习进度和效果，然后选出优势和劣势，调整学习侧重点。

（3）测算学习时间，量化学习进度。可以把知识切分成一个个小版块，测算每个版块各个学习阶段需要用的时间，再看看自己目前为止已经完成了多少，从而判断前期的进度是否合理，以便作出调整。

（4）梳理知识框架。在每次项目内容的学习结束后，把此轮学习中的知识点梳理成框架，这样可以从宏观上认识所学习的内容，清楚各知识点之间的联系，而且在整理框架的过程中，可以发现自己对哪一部分的概念、原理等还有所欠缺。

总结性评价主要根据学生最后展示的学习成果、现场报告的质量以及后续的学习反思报告等来进行的。

5.4.10　进行学习反思

为了帮助学生进行学习反思，在学习过程中，设置了引导他们从反思中学习的内容。在学生进行反思时，不仅要自己反思，还会引导学生进行小组讨论，互相给出建设性的意见。例如，在多线程编程项目场景中，如果学生要开发一个用于文档管理的多线程并行的Android应用程序，为了实现文档排序功能，学生将会重温自己之前学习的算法实现知识和技能。而在接触算法知识时，他们会重温之前所学的编程知识。

此外，在某个学习阶段结束之后，还会引导学生进行总结性的反思，要求学生提交一份总结性反思报告，对整个学习过程、学习结果等进行反思，指出其中的可取之处、存在问题以及改进建议等，为后续更好地学习打下基础。

5.5 基于 PBL 的"无机化学"课程的教学设计

培养高素质复合型人才是高校教育教学的主要工作目标。现代化教育技术手段的不断丰富对传统的课堂教学提出了挑战。以往的"教师满堂灌、学生被动学"的传统模式已经无法满足现代高校人才培养需求，高校课堂教学改革迫在眉睫（罗映红，2019；张学新，2014）。

自 2016 年实施大类招生以来，东北大学在人才培养上，以"坚、宽、深、交"为目标，重视通识文化教育，加强基础学科、基础理论课程和学科交叉课程模块的建构，力图实现学生的知识体系精深、广博与学科交叉的协调统一，培养理论基础雄厚、综合能力较强、人文修养底蕴深厚的复合型人才。人才培养新目标对于公共基础课程的教学提出了新的要求。

"无机化学"是国家级一流本科建设课程，是东北大学理工科专业的公共基础课。目前，开设无机化学课程的有理科试验班（6 个班）、冶金类专业（16 个班）、矿业类专业（16 个班），每年选课学生人数约为 1100 人。为了实现新的人才培养目标，无机化学课程在结合新教学模式、双语教学、MOOC、思政教育的基础上，将 PBL 教学模式融入其中，以充分发挥其独特的优势与价值，将学生的知识学习、能力培养与素质提升有机结合起来，建设具有较高品质的课程教学。

尽管无机化学课程的新教学模式是多元的，但在此将重点介绍基于 PBL 的无机化学课程中部分内容的教学设计。

5.5.1 明确教学目标

无机化学是面向大学一年级学生开设的课程。传统中学的"填鸭式"教学模式固化了学生的思维，学生所习惯的是被动的学习模式。因此，改变学生的学习习惯、培养学生的学习能力，学会去发现问题，逐步掌握解决问题的方式方法，是无机化学课程引入 PBL 教学、实现课程对于学生能力培养的重要教学目标之一。

具体而言，通过基于 PBL 的无机化学课程的教学设计和教学实践，试图实现以下教学目标：

（1）深化学生对无机化学专业知识的理解，从理论知识、实践应用和未来发展方向等维度掌握、消化无机化学专业知识。

（2）引导学生自主地展开调研、学习、研究、讨论，培养学生的自主学习能力。

（3）通过与小组成员的分工与合作，培养学生的合作学习能力。

（4）通过真实问题情境的设置，开发学生的批判性、系统性等思维，提升学生发现问题、解决问题的能力。

（5）提升学生的专业交流水平和沟通能力，激发学习兴趣，养成主动式学习习惯。

（6）通过融入思政元素，使学生树立为我国化学工业发展、社会主义强国建设而努力奋斗的使命感和责任感，培养具有家国情怀的社会主义事业建设者和接班人。

5.5.2 创设问题情境

为了实现基于 PBL 的无机化学课程的教学目标，结合大一新生的知识架构和能力基础，无机化学课程首先向学生简要介绍了 PBL 的基本原理及其教学流程；其次为学生设计两个相对简单的问题，要求学生以小组为单位完成，以积累基于 PBL 的学习经验，激发学生的学习意愿和学习兴趣。由于无机化学课程为双语授课，因此，两个相对简单的问题是以英文展示的。

（1）Describe the previous Nobel Prize in Chemistry respected to new element or compounds。要求学生自行查阅近几十年的诺贝尔化学奖奖项，筛选其中奖项内容与新元素或者新化合物相关的工作，并对该奖项的获得者、奖项科学贡献进行汇报。作业形式是 PPT，每个小组的汇报时间为 5 分钟。

（2）Describe the contributions of Chinese scholars related to the developments of chemical elements or compounds。阐述中国学者在新元素、新化合物的发现与利用相关领域的贡献。通过重点查阅近现代中国学者的科学贡献，有意识地培养学生的文化自信和专业认同感。作业形式是 PPT，每个小组的汇报时间为 5 分钟。

随着教学的不断深入和学生学习经验的积累，再围绕无机化学教学大纲规定的两个知识点，即化学反应热力学和动力学基础理论及元素化合物的性质和用途，创设两个相对复杂的问题情境。之所以围绕着这两个知识点创设问题情境，主要有两个原因：一是这两个知识点重要，希望通过基于 PBL 的教学设计，加深学生对这两个知识点的理解和把握；二是这两个知识点与工业生产实践联系较为紧密，具备创设 PBL 问题情境的条件。

（1）工业合成氨理论与工艺。工业合成氨是利用氢气和氮气在一定温度下反应完成的，虽然工业合成氨反应在常温即可有较大的转化率，但是由于反应速率很慢，为其工业化带来了阻碍。要求学生报告的内容包含但不局限于：查找相关资料，了解工业合成氨的历史背景、重大生产意义；工业合成氨条件选择的化学原理；基于化学反应的动力学和热力学知识基础，探讨合成氨条件优化存在的瓶颈问题；实验室合成氨与合成氨工业化的差距，实现工业化过程需要克服的障碍及其有效路径；合成氨下游产品开发，利用氨生产农业中可用的氮肥的工艺条件等。

（2）稀土元素的开发与利用。从我国的稀土元素储量与开发现状入手，基于稀土元素的重要化学性质与稀土元素重要化合物的应用，探究我国稀土工业产业存在的技术难题，并尝试提出可行的解决方案。要求学生的报告内容包括并不局限于：我国的稀土元素储量分布与世界稀土元素储量对比；稀土元素的重要化学性质及稀土元素重要化合物的应用；我国稀土元素的开发现状、我国稀土工业产业存在的技术难题，并尝试提出解决方案；预期我国稀土产业的发展趋势。

5.5.3　组建学习小组

教师适时面向学生发布所创设的 PBL 问题情境，在明确具体的学习任务要求和完成时间之后，引导学生组建学习小组。学习小组规模一般控制在 5～8 人，按照每个班级 30 人左右估量，每个班级可以形成 4～6 个学习小组。

学习小组的组建按照双向选择原则，基本原则以宿舍为单位，1 个男生宿舍（4 人左右）和 1 个女生宿舍（4 人左右）可以组成 1 个学习小组；同时给予学生一定的自主选择权。学习小组成员确定以后，学生将小组名单报给老师，在整个课程学习期间，如无特殊情况，不允许调换组员。

每个学习小组确定组长 1 名，组长具有绝对的领导职能，负责组织所在学习小组的任务完成，包括小组内成员的任务分配、工作分工、报告撰写、PPT 制作以及后续学习成果展示等具体事宜。学习小组成员间需要默契配合、统筹协调，在组长的带领下，分工合作，完成学习任务。

5.5.4 确认学习问题

在无机化学课程的教学过程中，教师着力引导学生主动思考，如何将所学到的知识应用到工程实践问题的解决或者科学研究过程，也就是理论如何指导实践。

围绕着需要完成的学习，学生们首先思考的可能就是如何能够保质保量地完成学习任务。在这方面，他们遇到的问题可能包括：

（1）如何获得相关的资料信息。这对所有大一学生来说，都是一个很重要的问题，是决定 PBL 教学任务能否顺利实施、达到既定教学目标的关键问题。

（2）如何撰写学习展示报告及其 PPT 或墙报。学习成果展示包含两部分：一是撰写 2000～5000 字的报告，报告格式体例参考科技论文的格式；二是形成汇报用的 PPT 或者墙报，展示小组工作成果。成果展示是客观评价学习任务完成情况的关键载体，也是学生们比较关注的环节。

（3）小组成员间如何才能实现有效的分工与合作。小组共同完成一个教学任务，对大一学生来说是新鲜事物，小组成员间既要有明确的分工，又要保证团结合作的工作氛围，保持较高的工作效率。

待这些问题解决之后，学生需要针对不同的问题情境，确认自身的学习问题。

针对第一个问题情境，即工业合成氨理论与工艺，学生首先应该意识到这主要是化学反应平衡和化学反应速率问题。在此基础上，为解决"工业合成氨"过程的理论计算和实际条件控制因素问题，学生可能面临的学习问题包括：化学反应热的定义及理论计算方法；化学反应的熵变以及吉布斯函数变的理论计算；化学反应最小自由能原理；化学反应自发性与化学反应焓变和熵变的符号关系；化学反应的转变温度计算；化学平衡常数计算；化学反应速率方程；影响化学反应速率理论等。为了解决这些问题，学生们需要将在书本上学习到的化学反应理论知识用于合成氨反应的相关热力学函数的计算，并根据计算结果，进行工业反应过程的热力学条件和动力学条件控制因素分析。

针对第二个问题情境，即稀土元素的开发和利用，学生可能面临的学习问题包括：稀土元素的基本物理性质和重要的化学特性；稀土元素的重要化合物的物理化学性质和主要的化学反应规律；稀土元素及其化合物的重要应用；我国稀土元素的开发与利用以及稀土元素行业面临的技术瓶颈问题；等等。学生需要在掌握了稀土元素及其化合物的物理化学性质基础上，探讨稀土元素的开发和利用中面临的技术难题，调研我国稀土产业的技术现状、需要攻克的技术难题，预期我国稀土产业的发展趋势。

5.5.5　寻找知识缺口

在确认学习问题之后，学生通常会以小组为单位，寻找解决问题所需弥补的知识缺口，以进行有目的的学习。

针对不同的问题，学生需要弥补的知识缺口是有差异的。

（1）"工业合成氨"问题的知识缺口。工业合成氨问题是应用化学反应原理选择合成氨的生产条件，探讨实际生产过程的条件选择与理论计算结果之间的差异，了解化学反应原理理论知识在工业生产中的应用。学生可能在化学反应理论计算以及"工业合成氨"行业两个方面存在知识缺口。其中，化学反应理论计算方面的知识缺口可能体现在：工业合成氨反应的热力学参数理论计算，包括标准生成焓、标准熵变、标准吉布斯函数变、反应的临界转变温度；压强、温度、催化剂等因素对反应动力学的影响机制等。"工业合成氨"行业方面的知识缺口可能包括中国工业合成氨的历史背景、发展进程、工业进步，合成氨工业对国民经济的重大意义以及合成氨工业存在的问题，工业合成氨从原料到产品氨的化学反应过程，工业合成氨反应的生产流程和工艺条件，工业反应过程的条件控制标准，工业工艺条件优化的重要考量因素，工业合成氨反应过程的环境污染因素及目前工业污染治理方法，工业合成氨的下游产品开发，如如何利用氨生产农业中可用的氮肥、各种肥料的适用条件等。

（2）"稀土元素的开发与利用"的知识缺口。稀土又称"工业黄金""工业味精""工业维生素"，在军事、冶金、石油化工、玻璃陶瓷、新材料等领域发挥着极其重要的作用。因此，"稀土元素的开发与利用"项目的教学目标，是让学生对稀土元素的开发知识和行业有全面的了解和掌握。稀土元素及其化合物的性质、用途是全新的教学内容，这部分内容在中学教学大纲完全没有涉及，因此，涉及的稀土元素及化合物的性质和化学变化以及稀土行业的知识都是学生需要学习的。其中，稀土元素及化合物性质部分的知识缺口可能包括稀土元素单质及其化合物的基本物理性质，稀土元素的主要化合物的存在形式、物理性质和主要的化学反应，稀土元素及其化合物的化学活泼性、特殊的物理化学性质及其应用等。稀土元素开发行业部分的知识缺口可能包括我国的稀土元素储量及分布，稀土矿的主要元素及存在形态，稀土元素提取、分离、提纯的工艺过程，我国稀土开发与利用的现状，稀土产业存在的技术难题。

5.5.6　进行自主学习

以学生自主学习为主，以教师引导和促进为辅，是 PBL 的重要特征。因此，在确认了学习问题并找到了知识缺口之后，学生们便会进入自主学习阶段。每位学习小组成员都应理解各自的学习任务，明确哪些任务是需要全体小组成员做的，哪些任务是需要某个学生独立完成的。小组成员带着问题进入主动学习阶段，寻找问题的解决方案。

自主学习的方式有很多。就无机化学课程的两个问题情境而言，学生需要自主学习的内容主要包括两大类：一是理论知识缺口和问题解决方案；二是相关行业的背景知识。

理论知识缺口和问题解决方案可以通过线上 MOOC 学习。无机化学MOOC 为国家级一流线上课程，关于无机化学理论知识重点、难点及应用均可以找到相应的教师讲解视频，课程配套的《无机化学》（第 2 版）教材以及推荐的英文教材在无机化学理论知识方面都有很好的阐述，可以用于相关内容的自主学习。另外，课程所有的知识重点和难点也是主讲教师的教学重点，教师在课堂也会通过一些实例分析，讲解理论知识点。

相关行业背景知识需要查阅相应的专业书籍和专业文献。学校图书馆数据库可以查阅中文和英文的化学和化工行业类书籍。学生需要了解可用的数据库以及数据库的使用方法，利用在线资源获取所需的资料信息。文献的查阅、整理、归纳、总结能力通过完成基于 PBL 的学习任务可以得到很好的锻炼。

在自主学习过程中，小组内成员之间的信息交流共享很重要。小组内可以每隔一定的时间，召开信息交流共享会，大家相互共享交流所获得的文献资料，相互讨论，寻找项目的解决方案。在形成最终解决方案前，小组内可以召开学习成果报告会，每位小组成员总结并报告各自任务的进展，以及获取的有价值的资料信息，为形成项目的解决方案和成果报告做好前期准备工作。

自主学习阶段是学生发现问题、解决问题等复合能力提升的关键阶段。通过自主学习，每个小组成员弥补知识缺口、获取所需的资料信息、寻找解决问题的方法、获得解决问题的能力。小组成员间的紧密配合是提高自主学习效率的重要因素，自主学习成果的共享交流起到了相互促进作用，提高团队工作的效率，培养团队合作意识和能力。

5.5.7　形成解决方案

在理论知识学习和文献调研资料工作完成后，便可进入问题解决方案的整理阶段，对每个学习小组来说，既要形成任务最后工作方案的电子文档，又要制作 PPT，或者制作项目成果展示的墙报，以便后续的学习成果展示。

解决方案的形成可以有多种工作模式。例如，要求每位组员形成一份完整的工作方案，通过小组内分享，查找自己方案的不足并不断完善，形成最终解决方案。评选出组内最优方案，用于最后工作汇报展示；每位小组成员只完成自己任务分工部分的方案整理，然后由组长指定专人将大家的任务方案合成最后任务解决方案，通过组内的交流讨论，对方案进行修改、完善，形成终稿，用于小组作业方案展示。

每个小组的解决方案最终要求在翻转课堂上进行展示。科学汇报类型 PPT 的制作也是要培养的学生的工作能力之一。PPT 不是将解决方案简单地复制粘贴，而是对方案的提升和深化，将解决方案讲出来。这部分任务可以安排 1 ~ 2 名同学主要完成，小组成员负责监督检查、完善。

问题解决方案还可以通过墙报形式体现。墙报交流也是学术会议很常见的交流方式。学生需要提炼作业方案的重要内容、浓缩，制作学术墙报。这部分任务也可以安排 1~2 名同学作为主要完成人，其他小组成员负责监督检查、完善。

5.5.8 展示学习成果

学习成果展示是 PBL 教学模式中的重要环节。学生展示的学习成果可以是 PPT，也可以是墙报形式，还可以是 PPT 加墙报形式。通过学习成果展示，各个学习小组之间可以相互观摩、学习、讨论，以取长补短，实现相互促进和提升。

无机化学课程充分结合 MOOC 教学优势，将一部分课程知识点教学内容交给线上，让学生自学，节省下来的课堂时间开展翻转课堂。利用翻转课堂，每个小组都会有课堂展示机会。在学习成果展示过程中，鼓励小组成员之间互相提问与解答，与此同时教师针对学习成果设计诸多问题，引导课堂讨论。通过课堂讨论，检验学生对于问题的认知深度，促进学生对问题解决方案的理解和掌握，形成问题解决方案的进一步完善意见。

学习成果的墙报展示可以在教室内完成，所有小组的学习成果墙报被粘贴在教室内，根据墙报内容以及墙报的排版设计等，各学习小组间对于彼此的墙报进行评估，并进行优秀墙报的评选。

学习成果展示结束后，各学习小组可根据学习成果展示过程中的讨论与交流情况，对学习成果进行修改，并将修改后的学习成果提交给教师，用于小组学习成绩的评估依据。教师也需要详细记录学生在学习过程中的表现，如学生资料查找情况、小组报告和 PPT 的完成情况、每个学生的参与度等，便于进行成绩评定和教学效果评估。

5.5.9 进行学习评价

为了确保 PBL 教学模式的有效实施，我们将基于 PBL 的问题解决过程的成绩纳入课程期末考核评定方案之中。综合考虑无机化学课程的特点以及学生的专业培养需求，拟定无机化学课程的成绩评价采用过程性评价（40%）和总结性评价（60%）相结合的方式进行。具体而言，学生成绩的构成如下：

（1）基于 PBL 问题解决过程成绩占比 10%。

（2）平时成绩（书后作业、考勤、课堂回答问题等）占比 10%。

（3）期中考试成绩占比 10%。

（4）线上 MOOC 自学成绩占比 10%。

（5）期末考试成绩占比 60%。

随着无机化学课程 PBL 教学的不断深入，逐渐增加过程化考核的占比，降低期末考试的比重，将学生的兴趣点转移到学习过程中而不仅仅是课程成绩上。

5.5.10　进行学习反思

学习反思贯穿于 PBL 项目学习实践的全过程。在 PBL 项目实践过程中，教师除了适时地引导学生完成学习任务以外，还应注意引导学生不断地进行思考。在学习问题的确定、知识缺口的查找、问题解决方案的形成以及最后的学习成果展示过程中，教师应参与到学习小组的日常讨论活动中，针对学生显露出的问题及时指出，引导学生剖析问题产生原因、问题的解决思路和方案以及在以后的工作中如何避免问题的发生。

在学习任务完成后，教师还应引导学生根据自己在小组学习过程中的表现及其学习结果进行反思：总结自己在小组学习过程中学习到的知识和工作技能及其在小组合作工作中的体会，形成具有学员特色的总结报告。

通过不断的反思、修正、完善学习过程，提升 PBL 教学模式在人才培养中的重要作用功能，促进基于 PBL 的教学目标的达成。

5.6　基于 PBL 的"深度学习技术"课程的教学设计

PBL 教学模式与传统教育模式存在较大的不同。在 PBL 中，所有的教学工作安排均围绕着实际问题的提出和解决展开。PBL 坚持以学生为中心，以问题为导向的教学设计，如主动学习的引导、发现问题和解决问题能力的培养以及自主学习能力和创新能力的培养等。此外，根据德格拉夫和科莫斯（De Graaff & Kolmos，2003）的观点，PBL 具有跨学科的属性，即鼓励具有不同专业背景的同学进行合作，共同完成某项任务，并在此过程中，培养学生的团队精神和合作学习能力。

随着计算机技术和互联网技术的发展，以深度学习技术为代表的人工智能受到了各个行业的关注。在不远的将来，几乎所有行业都会使用人工智能技术。在国内，已经出现了众多高科技人工智能企业，如旷视科技、科大讯飞、华为科技、阿里巴巴等，这些企业为各个行业以及政府部门提供人工智能和大数据分析的解决方案。东北大学为学生开设的"深度学习技术"课程，正是为了满足社会对人才培养的新要求而设立的。

"深度学习技术"是东北大学软件学院软件工程专业面向全校 13 个专业的本科生开设的一门通识类选修课，具体选课的学生来自环境工程专业、资源专业、冶金专业、机械工程专业、测控专业、自动化专业、信计专业、应用物理专业、应用化学专业、材料专业、成型专业、功能专业、材料物理专业等，每年选课的学生数量约为 120 人。由于来自不同专业的学生学科基础差别较大，有的专业（例如自动化专业）的学生已经熟练掌握 Python 和各种数据库的使用，而有的专业（例如环境工程专业）的学生对编程几乎没有概念，而作为人工智能的一个重要分支的"深度学习技术"课程，对数学和编程能力又有一定的要求。因此，若采用教师利用课件对内容进行讲授，辅助以课堂提问、课堂测验等手段对课程进行设计，成绩主要包括卷面成绩和平时成绩那样的传统教学模式授课，那么很多专业的学生不但有可能会对课程失去兴趣，教学效果也可能会不太好。

PBL 教学模式为解决这类问题提供了契机。以问题为导向，使用深度学习技术和人工智能技术，将各个专业的研究领域串联起来。以介绍各个行业面临的问题为主，并行介绍深度学习和人工智能的知识。在小组实践中，鼓励学生跨专业组建学习小组，使学生在彼此合作过程中增加阅历、开阔眼界，锻炼小组内部协调能力和合作能力。

5.6.1 明确教学目标

为来自 13 个不同专业的大三同学教授"深度学习技术"给教师带来了空前的挑战。如何提升学生对"深度学习技术"的学习兴趣，并将学到的知识有效地运用到自己所学专业当中，是"深度学习技术"课程设计的初衷和工作目标。具体而言，基于 PBL 的"深度学习技术"课程的教学目标如下：

（1）转变以知识讲授为主的教学模式，使用以问题为主的教学模式。来自不同专业的同学在选修"深度学习技术"课程之前，就已经思考过其原来专业中可能会使用到人工智能的相关问题。教师引导着学生，对问题进行阐述，并指导学生去寻找答案，培养学生的自主学习能力。

（2）采用基于 PBL 理论的项目综合评价机制，转变以平时成绩和结课试卷相结合的评价考核机制。参考了奥尔堡大学 PBL 模型，课程考核主要包括五个维度，即问题导向、项目组织管理、跨学科、参与度和模范作用。

（3）鼓励不同专业的学生组成学习小组，开展小组合作学习。小组内的每位成员要对项目的实施全过程有所了解，这不但可以扩大学生的知识面，使学生加深对各个专业的了解，而且可以培养学生的合作学习、人际沟通等能力。

5.6.2　创设问题情境

"深度学习技术"课程的问题情境为使用人工智能的相关技术解决学生所在专业的实际问题。为了更好地对问题情境进行设定，"深度学习技术"课程的教学内容大致分为两个部分：第一部分为课堂讲解，主要介绍深度学习的基础知识和基本的编程方法以及一些经常使用的数据库，旨在为后续的问题的提出和问题的解决奠定基础；第二部分为针对实际问题的小组项目的实施，这部分内容根据课堂讲解的基础知识，结合每个学生的专业背景，设计一种专业中实际问题的解决方案。

依据 PBL 教学模式的基本原则，针对第一部分课堂讲解的内容，主要做了以下设计：

（1）改变传统的授课方式。若单纯地介绍深度学习技术的知识体系，则无法帮助学生理解人工智能。因此，在讲授深度学习技术的理论和知识时，特别强调以问题为导向，将讲授的重点放在为解决某一个问题需要哪些知识体系上，而且有意识地打破了原有的学科边界，尽可能地覆盖多个学科的理论和知识，以兼顾来自不同专业学生的需求。

（2）改变传统的学习形式。将主动学习（active learning）、交互式学习、小组讨论、团队合作等形式引入"深度学习技术"课程中。

（3）联合多门课程和多个学科。问题的设置和课程的教授，综合考虑多门课程组成的知识体系，而不是各个课程各自为政、各自彼此独立，要避免同一个相关的知识在不同的课程中出现迥异的现象。这类现象容易对学生造成困惑。

依据 PBL 教学模式的基本原则，针对第二部分内容，即问题的设立和项目的实施进行以下设计：

（1）关于问题的提出。在课程初期，由教师根据各行业的情况，提出针对各行业中对深度学习技术使用中的问题，吸引学生的注意力。课程中期和后期，则由学生针对自己专业中存在的问题以及如何使用人工智能技术来提高自己所在专业的生产力的情况提出问题，使问题的提出由教师转移到学生。应当避免由任课教师仅凭经验而针对课程提出的非开放式的问题，这类问题无法培养学生的批判性思维和创造性思维。

（2）在小组讨论和小组项目实施过程中要转变教师的身份。在传统教学模式中同样存在实验项目，教师的身份更多的是答案的提供者和实施的监督者。在 PBL 环境下，要求所提出的问题是开放性的，也就是没有标准答案。教师在 PBL 中的身份更多的是参与者和项目的推进者。

在教学过程中，综合利用各个平台的优势解决教学活动中出现的各种问题。下一步可以开发一套类似奥尔堡大学的 Moodle 系统，实现在同一个平台下对学习资源的共享。

5.6.3　组成学习小组

在课程运行初期，学生对 PBL 教学模式比较陌生。为了帮助学生尽快进入角色，教师采用了一种类似于奥尔堡大学的帮助机制，包括在课程中介绍 PBL 的相关理论和优势、同学之间的互助、使用 QQ 向老师提问和求助以及向 PBL 中心的其他老师进行求助等。

在授课环节中，教师在课前将课程材料上传到指定平台（这里使用 BB 平台），鼓励学生进行课前预习、讨论和主动学习。课上的主要教学工作包括教师讲授、学生演讲、教师提问、学生提问、小组讨论、小组设计、师生讨论等。课后工作包括项目的实施、团队合作、推进会以及报告的提交和答辩等。

在组成学习小组时，鼓励来自不同专业的学生组成项目小组，这样可以扩展学生的知识面。通过和不同专业的学生进行深入的交流，可以锻炼学生的团队合作能力。每个小组设立小组长一名，每周由小组长定期为组员开推进会，并将会议内容报送主讲教师。主讲教师也会参与部分小组的讨论。

5.6.4　确认学习问题

在确认学习问题的过程中，"深度学习技术"课程采用学生自主命题，教师辅助指导的策略。在问题的设计过程中，教师只是指出问题的大的方向，由学生组成小组后，自主进行命题。如图 5.20 所示，显示的是"深度学习技术"课程中的一个确认学习问题的实际例子。

跨专业研究综述⊙

1.项目类型：研究综述–查找相关文献，阐述深度学习、机器学习和人工智能在你所在专业的应用。

2.研究形式:4~5人组成一个小组，围绕一个主题进行研究，题目自拟，以小组为单位进行研究，鼓励跨专业组队。

3.内容：查找相关文献，阐述深度学习、机器学习和人工智能在你所在专业的应用。请将参考文献附在作业最后。

4.形式：小组成员共同完成报告，并由组长提交到BB平台，每人至少完成2000字的撰写工作。

5.报告：请使用附件中的模板编写报告，并在最后部分阐述各位同学对该报告的贡献。

最终提交PDF和Word文件，文件命名规则为组长姓名–组员1姓名–组员2姓名–组员3姓名–组员4姓名 –组员5姓名.docx，

组长姓名–组员1姓名–组员2姓名–组员3姓名–组员4姓名 –组员5姓名.pdf。

图 5.20　确认学习问题实例

教师在学习平台中定义了两个问题情境：

第一个问题为跨专业综述。由于每一个小组的学生都来自不同的专业，他们可以根据自己的专业，对深度学习和人工智能进行综述。小组内每一个同学都要参与到项目中，并对报告的所有内容负责。这样就使得小组成员对各个不同的专业有所了解。

第二个项目为深度学习技术项目。在这个项目的实施过程中，教师提供一定的技术支持，教师已经将基础代码和部分深度学习框架上传到学习平台，学生可以下载和学习。在这个项目中，具体的问题是由学生根据自身的专业背景去企业进行调查，然后根据自己在企业中获得的知识设立的，小组长协调好自己的组员，设计一个综合类的问题，并根据问题的描述，设计实施方案。在项目的实施过程中，题目的选取、实施方案的确认都需要教师的参与和最终确认，以保证学生确定的题目的难度适中，并且能够在期末之前完成。在项目实施过程中，对于具体的技术应用教师不做限制，学生可以选择自己

喜欢的深度学习框架。例如,可以使用 keras、tensorflow、pytorch 等,最终需要提交小组报告并提交相关的代码。

根据 PBL 教学体系相关理论,在项目的开展过程中,采用每周例会的形式对项目已经开展的工作、仍然存在的问题以及未来的工作计划进行充分的讨论。由于每周需要和 30 个小组进行讨论,每次讨论一般在一个小时,故教师的工作量相当大。为解决这个问题,"深度学习技术"课程采用一种灵活时间推进会策略,可以借助一些在线的辅助平台,如腾讯会议、字节跳动的飞书系统、快手的轻雀系统等进行学习推进。有一些推进会可以采用文字讨论的形式进行。

5.6.5 寻找知识缺口

为了保证学生能够形成完整的知识体系,及时寻找学生的知识缺口并有针对性地进行补救至关重要。在课堂知识授课中,通过提问、答疑、课堂讨论、课堂小测验等形式及时查找学生存在的问题;也可以在 BB 平台上设立课程讨论区,学生可以针对课上的问题发帖询问,教师和其他学生参与讨论。

5.6.6 进行自主学习

在 PBL 教学模式下,学生始终占据中心地位,教师的作用更多地在于课程的设计和教学环节的引导和促进。在课程的设计过程中,为了加强学生的自主学习,需着重解决以下几个问题:

(1)全校通识课程选课的学生来自不同的专业,从艺术类学生到计算机类的学生,学生的知识结构差异巨大。艺术类的学生掌握的数学和计算机编程知识相对薄弱;而计算机专业或者软件工程专业的学生编程能力已经很强,如果课程中过多地介绍基础编程的内容,这类学生会对课程失去兴趣。然而对于艺术类学生,这块内容又是知识结构中重要的一环。因此,教师如何设计课程内容和设计恰当的实施过程,对课程的顺利开展至关重要。为此,"深度学习技术"课程为学生提供了丰富的阅读材料和学术论文,引导学生进行有针对性的自主学习。

（2）基于 PBL 的"深度学习技术"跨学科教学体系的设计问题。根据科莫斯等的研究成果，在设计一个基于 PBL 的教学体系时，需要考虑七个维度的问题，即目标和产出、课程设置和问题类型、项目的推进、学生学习、教师安排、空间和组织、测试与评价。自主学习在这七个维度中均扮演重要作用。

（3）如何能让来自 13 个专业的学生都从课程中受益。根据学习认知理论中的描述，当教师所讲授的内容远远超过学生的理解能力时，学生的学习兴趣会显著下降。如何让基础不同、专业背景不同的 13 个专业能够对课程感兴趣，并从中受益，是此类课程需要解决的问题。

（4）PBL 教学过程中的平台应用问题。自主学习过程中依赖于各种平台的使用。例如在奥尔堡大学，所有与教学相关的活动均使用 Moodle 平台。该平台包括学院教学计划的公告、学生的课程选择、教师对教学材料的分发、课程视频的播放、录制以及直播、教师对学生的答疑、学生的组队、队伍项目进度跟踪等。而我们目前需要在多个平台上处理不同的教学材料，例如，使用 BB 平台进行文本类资料的分发和作业提交；使用 QQ 进行信息类的通知和答疑，使用 B 站或者各种慕课网站对授课视频进行分享等。

（5）项目推进会的设立问题。每年都有 120 余名学生选修"深度学习技术"课程，却只有一名任课教师。在 PBL 实施的过程中，需要根据实际项目需求，设立项目小组，按照 4 ~ 5 人一组，则会有 25 ~ 30 个小组。而课程实施的时间只有 8 周。如何在短短的 8 周内为 30 个小组开设项目推进会，成为项目实施过程中的关键问题。

5.6.7　形成解决方案

在项目实施部分，题目的选择是小组讨论的结果，主要要求包括利用"深度学习技术"课程讲解的深度学习知识和框架以及机器学习结构和人工智能的相关案例，解决特定领域、特定专业中的一个实际问题，并在课程进行的第二周，报告给指导老师，由老师和小组成员进行第一次推进会议。每个小组的推进会大约 1 个小时，包括小组成员的报告 40 分钟以及教师和小组成员针对该项目的可行性进行分析和讨论 20 分钟。在第一次推进会后，形成项目解决方案修改意见，并由小组成员进行方案修订和论证，在第三周，进行第二次推进会。在第二次推进会中，形成最终的基于深度学习的解决方案，方案一旦形成，原则上不许修改。如果需要修改，则需要重新开会论证。在小组项目的设计和实施过程中，每周会有例会，教师会参加部分的例会。例会的形式多种多样，可以是线下见面会的形式，也可以是线上会议的形式。

5.6.8　展示学习成果

学习成果的展示可以采用线上、线下两种形式进行。正常情况下，学生应在线下进行学习成果的展示。但若受疫情等的影响，学生也可以借助线上工具进行学习成果展示，即学生将成果上传到 BB 平台，然后由多位老师组成的评价小组进行评价。

5.6.9　进行学习评价

"深度学习技术"课程的结课成绩由三部分组成。第一部分为平时表现，这部分主要根据平时课堂提问和课堂表现、目实施过程中推进会的参与度等进行评价。第二部分成绩为第一个项目，该项目为综述类项目，小组成员围绕各自的专业背景针对深度学习和人工智能这个主题撰写综述。该项目包括一次推进会、一份报告和一次答辩。第三部分成绩为实际问题项目类，小组成员根据自己的专业背景，根据企业实地调研设定一个实际问题，并为该问题设计一个与课程内容相关的解决方案，并与指导教师进行讨论，并形成最终的实施方案。该部分内容包括 2~3 次推进会，一份实验报告，一份代码清单和相关的代码以及实验结果的截屏和分析报告。最终成绩采用线下答辩的形式进行。答辩的过程中要求所有小组成员均要参加和发言，并依据以上考核形式的表现给出最终成绩。

5.6.10　进行学习反思

对学习过程的反思贯穿于课程的始终。

学习反思包括学生针对学习过程和学习效果的反思和教师针对教学过程的反思。在学生的学习反思方面，通过教师引导，由学生自主对所学知识体系中的弱点进行反思和进一步自主学习。主要的方法可以采用由教师引导的知识点归纳法、实际动手能力检测法等。教师的反思则贯穿教学实施的始终，并在学期结束时形成总结文档。

本章参考文献

［1］陈乐．培养怎样的人："双一流"高校人才培养的"制度化"安排：基于大学章程的文本分析［J］．现代教育管理，2018（11）：55．

［2］金一平，吴婧姗，陈劲．复合型人才培养模式创新的探索和成功实践：以浙江大学竺可桢学院强化班为例［J］．高等工程教育研究，2012（3）：132 – 136．

［3］罗映红．高校混合式教学模式构建与实践探索［J］．高教探索，2019（12）：48 – 55．

［4］于得仁，张振伟，刘莹，等．工程图学［M］．沈阳：东北大学出版社，2008．

［5］张学新．对分课堂：大学课堂教学改革的新探索［J］．复旦教育论坛，2014，12（5）：5 – 10．

［6］张兰霞，钱金花，孙新波，等．基于 PBL 的工商管理专业复合型人才培养模式［J］．高等农业教育，2021，6（3）：63 – 69．

［7］BOUD D，FELETTI G. The Challenge of Problem Based Learning［M］. New York：St Martin's Press，1991.

［8］BARROWS H S. Problem-Based Learning in Medicine and Beyond：A Brief Overview［A］//Bringing Problem-Based Learning to Higher Education：Theory and Practice［M］. San Francisco：Jossey-Bass，1996.

［9］DEGRAAFF E，KOLMOS A. Characteristics of Problem-Based Learning［J］. International Journal of Engineering Education，2003，19（5）：657 – 662.

［10］HMELO-SILVER C E. Problem-Based Learning：What and How Do Students Learn？［J］. Educational Psychology Review，2004，16（3）：235 – 266.